中国高校出版社发展报告 2005—2010

教育部社会科学司 编

中国人民大学出版社
· 北京 ·

前　　言

《中国高校出版社发展报告2005—2010》是重点反映我国高校出版社在"十一五"期间基本情况和改革与发展变化的资料性工具书。

本报告汇总、统计和分析了各高校出版社的基本情况、图书出版情况、经营情况、队伍建设情况和获奖情况。

本报告所涉及的出版社主要为主办单位是高等院校的高校出版社，不含军队院校出版社。本书不含中国台湾、香港和澳门地区的高校出版社。

为使出版界的同仁全面了解教育出版的情况，本书反映了我部主管的人民教育出版社、高等教育出版社、语文出版社和教育科学出版社的发展情况。

本报告所采用的数据、宣传报道材料均为各社提供。

我部原社政司曾组织出版了《中国高校出版社发展报告2001—2004》，为连续记录高校出版社的发展状况，并接续前期的出版工作，本书反映的时间段为2005—2010年。本书介绍了"十五"期末高校出版社的发展状况，以及在两个五年计划中，高校出版社的发展变化，重点介绍了"十一五"时期高校出版社的发展走向。

我们希望此书的出版能使业界更系统和全面地了解当前高校出版社的现状，更有效地促进各高校出版社之间的信息交流与情况沟通。

本报告由教育部社会科学司负责组织策划和出版。社会科学司出版管理处负责资料的具体搜集、整理和统计工作。

在此，我们诚挚地感谢各高校出版社提供的翔实数据和给予的大力支持。特别感谢中国人民大学出版社和中国高校教材图书网为本书的组稿、编辑、出版和配制光盘所做的大量细致而深入的工作。

教育部社会科学司

2011 年 6 月

目　　录

一、"十一五"时期高校出版社改革发展概述

"十一五"时期，高校出版社在党的十六大和十七大精神指引下，深入贯彻科学发展观，坚持正确的办社方向和办社宗旨，坚定地为教育事业的改革发展服务，传播先进文化，传递知识信息，促进教书育人，为培养和造就德智体美全面发展的社会主义建设者和接班人，提高全民族科学文化素质和思想道德素质提供精神动力和智力支持，繁荣我国社会科学研究和推进自然科学进步作出了新的贡献。

"十一五"时期，高校出版社的数量进一步增加，多种载体互动进一步拓展。截至2010年，全国高校出版社发展到104家，占全国581家出版社的18%。高校出版社门类齐全，布局广泛，遍布全国25个省、自治区、直辖市，其中，综合类出版社30家，理工类出版社43家，文科类出版社19家，师范类出版社12家；教育部主管的出版社60家，其他部委主管的出版社12家，各省市教育行政部门主管的出版社32家。高校出版社积极适应跨媒体出版的新趋势，部分出版社已发展成为多种载体互动、多种出版形式共存的出版社，绝大多数出版社已开始与数字出版企业合作，对拥有出版权的存量出版物进行数字化整理；有13家出版社同时拥有图书和音像两类出版权；18家同时拥有图书和电子出版物两类出版权；33家同时拥有图书、音像、电子出版物三类出版权；32家拥有网络出版权。

"十一五"时期，高校出版社按照中央部署，积极推进体制改革，有转制任务的98家高校出版社分三批进行了转制，各高校出版社按照教育部和新闻出版总署制定的《关于高等学校出版体制改革工作实施方案》、《关于高校出版社体制改革试点工作的若干意见》和《高校出版社转制工作规程》，以及相关文件要求，进行清产核资、资产评估和产权登记，注册有限责任公司，建立法人治理结构，提出人员安置方案，改革内部管理机制，制定和完善企业规章制度等。已有82家出版社按照现代企业制度的要求建设出版社，注册为有限责任公司，为逐步成为市场主体奠定了基础。高校出版社转制完成后，在全国出版业集团化发展的形势下进一步探索改革之路：有的出版社以资本为纽带，跨地区与其他高校出版社联合重组，走集团化发展之路；有的出版社内部拓展，自我裂变，走内涵式发展之路；有的出版社按照市场规则，拟引入战略投资者，借社会资本做强出版社；绝大多数高校出版社仍在积极探索走"专"、"精"、"特"专业化发展之路。高校出版社的新体制为其今后的发展奠定了良好基础，也为下一步的改革明确了方向与目标。

"十一五"时期，高校出版社不断提高发展质量，增强创新能力，优化出版物结构，积极主动地为我国教育事业的发展和国家社会经济发展服务。高校出版社坚持办社宗旨，以出版教材和学术著作为己任，根据教育事业发展需要和教育改革需求，出版了大量高等教育、基础教育、职业教育和社会教育的教材与教学用书。"十一五"时期，高校出版社共出版各级各类教材和教育用书99 597种，满足了各级各类教育的需要，特别是高校出版社紧密结合高校学科建设、课程改革、教材建设积极出版了大量高校教材，承担了"十一五"国家级规划教材3 756种。高校出版社积极组织出版原创性的、具有时代精神与特色的精品力作，出

版了研究和解决我国经济建设、政治建设、文化建设、社会建设中重大问题的学术著作，出版了反映我国哲学社会科学及自然科学研究最新成果的著作，开发有深度、有较高文化价值、社会价值和思想价值的出版项目。"十一五"时期，高校出版社共出版学术著作 27 262 种。多种出版物在国家出版物评奖中获奖，得到社会和业界的好评与赞誉。

"十一五"时期，高校出版社整体经营状况良好，继续保持较快发展态势，进一步提升了实力和竞争力。高校出版社"十一五"末比"十五"末出版图书品种增长 57.47%（2005 年 55 670 种，2010 年 87 661 种）；生产码洋增长 45.73%（2005 年 121.26 亿元，2010 年 176.71 亿元）；销售收入增长 39.09%（2005 年 57.41 亿元，2010 年 79.85 亿元）。2010 年，高校出版社生产码洋超过 1 亿元的有 40 家，超过 5 亿元的有 8 家，超过 10 亿元的有 3 家；销售收入超过 1 亿元的有 22 家。高校出版社在"十一五"期间共向学校上缴投资回报 16.72 亿元，积极支持了高等学校的建设，为学科建设、学术研究、人才培养提供支撑。根据《2010 年新闻出版产业分析报告》的综合分析，在全国单体出版社竞争力最强的前十名出版社中高校出版社占据两位：外语教学与研究出版社和北京师范大学出版社分别名列第四位与第九位。

"十一五"时期，高校出版社顺应我国数字出版形势，积极参与了数字出版。高校出版社充分利用高校人才优势和智力优势，研究探索数字化环境下高校出版的新途径、新模式，不断探索教育出版领域数字化发展模式。在数字出版迅猛来临之际，绝大多数高校出版社审时度势，积极应对，在机构、人员、制度、技术和管理方面进行了调整、充实和完善。高校出版社因社制宜地开展了数字出版工作：绝大多数出版社对具有出版权的出版物进行了数字化整理；有的出版社开发了数字产品，如在线词典、在线教育、在线学术出版、试题库产品、协同翻译、网络教材、手机词典、手机英语教程等；有的出版社充分发挥专业出版社的特点，利用专业出版资源建立起数字出版平台；有的出版社以精品教材作为切入点，将各个层次的教材进行碎片化、结构化，以知识体系为框架，将相关资源统合起来，形成可以提供全方位多维度教学服务的资源库；有的出版社积极搭建网络出版资源平台和网络出版技术平台，建立网上电子商务系统，实现了纸载体印刷型出版物向网络出版物的转型，实现了向数字出版的转型。全国高校出版社公共门户网站中国高校教材图书网，构建了集信息资讯、电子政务、电子商务三大功能于一体的数字化平台，在 2010 年全国出版业网站评选中，荣获"十一五"突出成就网站。

"十一五"时期，高校出版社积极开展对外交流，成效显著，为我国文化实施"走出去"战略作出了重要贡献。高校出版社"走出去"战略致力于汉语国际推广和中国传统文化、中国科学文化的世界传播；"走出去"战略的模式与途径主要是：自主版权的输出、建立海外营销网络销售本版图书、利用国外专家策划外向型选题、利用品牌产品带动其他产品"走出去"等。高校出版社积极参与北京、法兰克福、伦敦等国际书展，利用书展平台，与国外多家出版机构建立合作关系，不断加大对外出版交流，推广我国优秀的传统文化和高水平的学术研究成果。高校出版社还积极参与了"十一五"期间启动的"中国图书对外推广计划"和"经典中国国际出版工程"等国家对外重大文化工程，积极将优秀出版物向海外翻译、出版、推广。多家高校出版社获得"中国图书对外推广计划优秀奖"。在"中国图书对外推广计划"2010 年度综合排名单体出版社前十名中，中国人民大学出版社、北京大学出版社、北京语言大学出版社、浙江大学出版社、清华大学出版社和外语教学与研究出版社榜上有名。"十一五"期间高校出版社共输出版权 2 951 种，比"十五"期间 1 703 种增长 73.28%。高校出版社在"十一五"期间还积极稳妥地引进了我国教育需要的各类教材和教学用书，共引进版权 13 666 种，比"十五"期间 11 373 种增长 20.16%，将国外先进科学文化融入我国高校教学科研之中。

"十一五"时期，高校出版社队伍建设和人才培养工作取得了新进展。高校出版社的队伍建设制度逐渐完善，高校出版社负责人岗前培训、持证上岗和一般从业人员须具备国家规定的新闻出版职业资格条件已列入各社的出版队伍建设制度中，各出版社注重经营管理、专业技术和版权贸易等方面的专业人才队伍建设，建立了相应的培养、保障制度，保证了高校出版队伍的专业化。高校出版社适应高校出版业快速发展的要求，已基本上采用公开招聘人员、竞争上岗的用人机制，提升了出版队伍的竞争力。高校出版社人员队伍结构趋于合理化，并显示出较强的发展后劲。截至 2010 年，高校出版社有从业人员 10 934 人，与 2005 年相比，从业人员增长 18.23%；具有硕士研究生及以上学历的人数为 3 262 人，占总人数的 29.83%，具有大学本专科学历的人数为 6 325 人，占总人数的 57.85%；具有副高级及以上职称的人数为 1 787 人，占总人数的 16.34%，具有中级职称的人数为 3 127 人，占总人数的 28.60%。高校出版社已形成了一支素质高、业务精、精干优化、结构合理的出版队伍，领军人物脱颖而出，优秀人才不断涌现，有多人被评为中宣部"四个一批"人才、新闻出版总署"新闻出版行业领军人才"，以及国家出版行业先进人物。

"十一五"时期，中国大学出版社协会积极推进高校出版社的改革与发展。中国大学出版社协会团结广大高校出版工作者，紧紧围绕高校出版社改革发展的要求，认真贯彻党的出版方针政策，坚决落实中央关于出版体制改革的战略部署，深入开展编辑出版发行理论研究，积极开展优秀教材、图书评奖活动，积极组织国际交流和参与国际书展，大力开拓高校出版物市场，尽力维护高校出版社的权益，努力提高从业人员素质，主动向老少边穷地区和灾区捐赠教材与图书，积极建设中国高校教材图书网。中国大学出版社协会切实起到了密切党和政府与高校出版工作者之间桥梁与纽带的作用，切实按照新时期政府对协会提出的"提供服务，反映诉求，规范行为"要求，履行了协会的职责。

总之，"十一五"时期，高校出版社得到了持续健康的发展，发展速度快，发展质量好，好书累累，人才济济，成为我国出版业中有发展实力和潜力的生力军，并在实践中开辟了一条具有中国特色的高校出版社发展之路，为"十二五"时期的新发展奠定了坚实的基础。

二、高校出版社基本情况

2010 年高校出版社基本情况表

（以建社时间排序）

序号	出版社	建社时间	主管部门	类别	工商登记		音像出版权	电子出版权	网络出版权
					有限公司	全民所有制			
1	中国人民大学出版社	1955	教育部	文科	●		●	●	●
2	华东师范大学出版社	1957	教育部	师范	●		●	●	●
3	北京大学出版社	1979	教育部	综合	●		●	●	●
4	外语教学与研究出版社	1979	教育部	文科	●		●	●	●
5	上海外语教育出版社	1979	教育部	文科	●		●	●	●
6	清华大学出版社	1980	教育部	理工	●		●	●	●
7	北京师范大学出版社	1980	教育部	师范		●		●	●
8	复旦大学出版社	1980	教育部	综合	●		●	●	●
9	华中科技大学出版社	1980	教育部	理工	●		●		
10	中央广播电视大学出版社	1982	教育部	综合	●		●		
11	武汉大学出版社	1982	教育部	综合	●		●	●	●
12	南京大学出版社	1983	教育部	综合	●		●	●	
13	中山大学出版社	1983	教育部	综合	●		●		
14	浙江大学出版社	1983	教育部	综合	●		●	●	●
15	南开大学出版社	1983	教育部	综合		●	●		
16	上海交通大学出版社	1983	教育部	理工	●		●	●	●
17	吉林大学出版社	1983	教育部	综合		●	●		
18	东北师范大学出版社	1983	教育部	师范	●		●	●	●
19	西安交通大学出版社	1983	教育部	理工	●		●	●	●
20	山东大学出版社	1983	教育部	综合	●		●		
21	同济大学出版社	1983	教育部	理工	●		●		
22	哈尔滨工业大学出版社	1983	工信部	理工			●		●
23	西北大学出版社	1983	陕西省教育厅	综合	●			●	
24	西安电子科技大学出版社	1983	教育部	理工	●			●	●

序号	出版社	建社时间	主管部门	类别	工商登记		音像出版权	电子出版权	网络出版权
					有限公司	全民所有制			
25	对外经济贸易大学出版社	1983	教育部	文科	●		●	●	
26	东南大学出版社	1985	教育部	理工	●		●	●	
27	兰州大学出版社	1985	教育部	综合	●				
28	大连理工大学出版社	1985	教育部	理工	●		●	●	●
29	陕西师范大学出版社	1985	教育部	师范	●		●	●	
30	四川大学出版社	1985	教育部	综合	●		●	●	
31	厦门大学出版社	1985	教育部	综合		●		●	●
32	天津大学出版社	1985	教育部	理工	●		●	●	●
33	北京语言大学出版社	1985	教育部	文科	●		●	●	
34	华中师范大学出版社	1985	教育部	师范	●			●	
35	华南理工大学出版社	1985	教育部	理工	●			●	●
36	重庆大学出版社	1985	教育部	理工	●		●	●	
37	西南师范大学出版社	1985	教育部	师范	●		●	●	
38	东北大学出版社	1985	教育部	理工	●		●		
39	湖南大学出版社	1985	教育部	理工		●		●	●
40	中南大学出版社	1985	教育部	理工		●	●	●	●
41	电子科技大学出版社	1985	教育部	理工	●			●	
42	西南财经大学出版社	1985	教育部	文科	●				
43	河南大学出版社	1985	河南省教育厅	综合	●				●
44	中国美术学院出版社	1985	浙江省教育厅	文科	●				
45	中国矿业大学出版社	1985	教育部	理工			●		●
46	西南交通大学出版社	1985	教育部	理工	●		●	●	
47	中国科技大学出版社	1985	科技部	理工	●		●	●	
48	辽宁大学出版社	1985	辽宁省教育厅	综合	●				
49	西北工业大学出版社	1985	工信部	理工	●			●	●
50	中国政法大学出版社	1985	教育部	文科					
51	中国地质大学出版社	1985	教育部	理工	●				
52	中央民族大学出版社	1985	国家民委	文科					
53	中国农业大学出版社	1985	教育部	理工					
54	北京体育大学出版社	1985	国家体育总局	理工		●	●	●	
55	中国传媒大学出版社	1985	教育部	文科			●	●	
56	东北财经大学出版社	1985	辽宁省教育厅	文科	●			●	

序号	出版社	建社时间	主管部门	类别	工商登记		音像出版权	电子出版权	网络出版权
					有限公司	全民所有制			
57	哈尔滨工程大学出版社	1985	工信部	理工					
58	东北林业大学出版社	1985	教育部	理工					
59	上海中医药大学出版社	1985	上海市教委	理工	●		●		
60	中国人民公安大学出版社	1985	公安部	文科		●	●		
61	北京航空航天大学出版社	1985	工信部	理工	●			●	
62	北京理工大学出版社	1985	工信部	理工	●			●	
63	首都师范大学出版社	1985	北京市教委	师范	●				
64	内蒙古大学出版社	1985	内蒙古教育厅	综合	●				
65	华东理工大学出版社	1986	教育部	理工	●		●	●	
66	武汉理工大学出版社	1986	教育部	理工	●			●	
67	河海大学出版社	1986	教育部	理工	●			●	
68	新疆大学出版社	1986	新疆教育厅	综合		●			
69	大连海事大学出版社	1986	交通部	理工					
70	广西师范大学出版社	1986	广西教育厅	师范	●		●		●
71	延边大学出版社	1986	吉林省教育厅	综合	●				
72	立信会计出版社	1986	上海市教委	文科	●				
73	北京邮电大学出版社	1987	教育部	理工		●		●	
74	中国石油大学出版社	1987	教育部	理工	●		●		
75	旅游教育出版社	1987	北京市教委	文科	●		●		
76	首都经济贸易大学出版社	1987	北京市教委	文科	●				
77	北京工业大学出版社	1987	北京市教委	理工	●				
78	云南大学出版社	1988	云南省教育厅	综合		●		●	
79	中国海洋大学出版社	1989	教育部	理工	●				
80	河北大学出版社	1989	河北省教育厅	综合	●				
81	暨南大学出版社	1989	国务院侨办	文科	●			●	●
82	湖南师范大学出版社	1989	湖南省教育厅	师范		●			●
83	北京大学医学出版社	1989	教育部	理工	●			●	●
84	中国协和医科大学出版社	1989	卫生部	理工		●	●	●	
85	东华大学出版社	1992	教育部	理工	●				
86	苏州大学出版社	1992	江苏省教育厅	综合	●				●
87	汕头大学出版社	1992	广东省教育厅	综合	●				
88	辽宁师范大学出版社	1995	辽宁省教育厅	师范	●				

序号	出版社	建社时间	主管部门	类别	工商登记		音像出版权	电子出版权	网络出版权
					有限公司	全民所有制			
89	南京师范大学出版社	1995	江苏省教育厅	师范	●				●
90	安徽大学出版社	1995	安徽省教育厅	综合	●				
91	郑州大学出版社	1995	河南省教育厅	综合	●				
92	上海财经大学出版社	1995	教育部	文科	●			●	
93	上海大学出版社	1996	上海市教委	综合	●				
94	北京交通大学出版社	2001	教育部	理工	●		●	●	
95	合肥工业大学出版社	2002	教育部	理工	●		●		
96	西北农林科技大学出版社	2002	教育部	理工	●				
97	上海音乐学院出版社	2002	上海市教委	文科	●				
98	中央音乐学院出版社	2003	教育部	文科		●			
99	江苏大学出版社	2007	江苏省教育厅	综合	●				
100	贵州大学出版社	2007	贵州省教育厅	综合	●				
101	湘潭大学出版社	2007	湖南省出版局	综合	●				
102	黑龙江大学出版社	2007	黑龙江教育厅	综合	●				●
103	浙江工商大学出版社	2008	浙江省教育厅	理工	●				
104	安徽师范大学出版社	2010	安徽省教育厅	师范	●				

注：表中●表示"是"或"有"。

2010 年高校出版社全国地域分布情况表

各省（市、区）名称	教育部所属	其他部委所属	各省（市、区）所属	合计
北京市	15	6	4	25
天津市	2	0	0	2
河北省	0	0	1	1
内蒙古自治区	0	0	1	1
辽宁省	2	1	3	6
吉林省	2	0	1	3
黑龙江省	1	2	1	4
上海市	8	0	4	12
江苏省	4	0	3	7
浙江省	1	0	2	3
安徽省	1	1	2	4
福建省	1	0	0	1
山东省	3	0	0	3
河南省	0	0	2	2
湖北省	5	0	0	5
湖南省	2	0	2	4
广东省	2	1	1	4
广西壮族自治区	0	0	1	1
重庆市	2	0	0	2
四川省	4	0	0	4
云南省	0	0	1	1
贵州省	0	0	1	1
陕西省	4	1	1	6
甘肃省	1	0	0	1
新疆维吾尔自治区	0	0	1	1
总计	60	12	32	104

2010 年高校出版社在我国出版产业中的排名

根据《2010 年新闻出版产业分析报告》的综合分析，高校出版社的总体经济规模综合评价排名如下。综合评价系选取资产总额、所有者权益、主营业务收入和利润总额四项经济规模指标，采用主成分分析方法计算所得。

全国图书出版单位的总体经济规模综合评价中，前十名依次为人民教育出版社、高等教育出版社、重庆出版社、外语教学与研究出版社、科学出版社、人民卫生出版社、江苏教育出版社、机械工业出版社、北京师范大学出版社和中国地图出版社。

高校出版社总体经济规模综合评价中，前十名依次为外语教学与研究出版社、北京师范大学出版社、清华大学出版社、上海外语教育出版社、中国人民大学出版社、北京大学出版社、中央广播电视大学出版社、广西师范大学出版社、华东师范大学出版社和西南师范大学出版社。

(摘自《2010 年新闻出版产业分析报告》)

三、高校出版社整体发展情况

2005—2010 年高校出版社人员情况

（1）2005—2010 年高校出版社人员基本情况

（单位：人）

统计项目	2005 年	2006 年	2007 年	2008 年	2009 年	2010 年
职工总数	9 248	9 506	10 089	10 171	10 427	10 934
事业编制人数	4 542	4 378	4 231	4 066	3 789	3 452
其他人员人数	4 706	5 128	5 858	6 105	6 638	7 482
30 岁及以下人数	2 929	3 223	3 491	3 467	3 469	3 653
31～50 岁人数	5 062	5 043	5 224	5 361	5 612	5 944
51 岁及以上人数	1 257	1 240	1 374	1 343	1 346	1 337

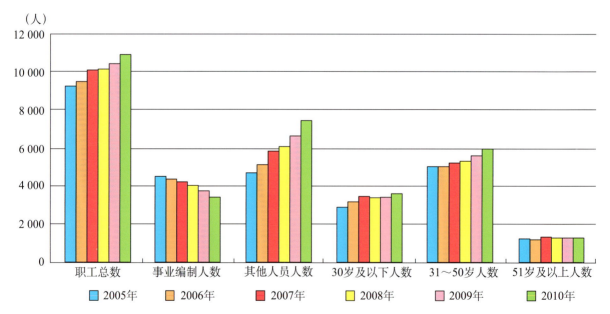

2005—2010 年高校出版社人员编制及年龄结构情况

（2）2005—2010 年高校出版社人员职称结构基本情况

（单位：人）

统计项目	2005 年	2006 年	2007 年	2008 年	2009 年	2010 年
正高职称人数	446	433	464	441	422	522
副高职称人数	1 398	1 334	1 364	1 317	1 272	1 265
中级职称人数	2 262	2 435	2 617	2 639	3 019	3 127
初级职称人数	1 681	1 563	1 653	1 777	1 856	1 645

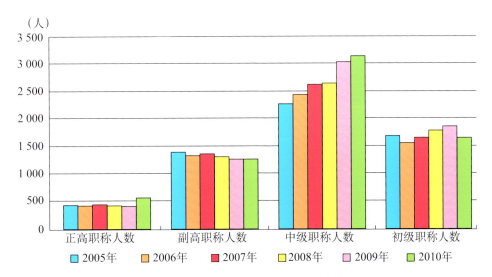

2005—2010 年高校出版社人员职称结构情况

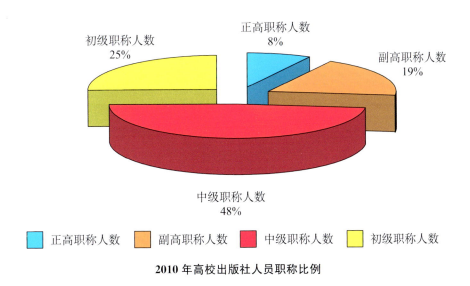

2010 年高校出版社人员职称比例

（3）2005—2010 年高校出版社人员学历结构基本情况

（单位：人）

统计项目	2005 年	2006 年	2007 年	2008 年	2009 年	2010 年
博士研究生人数	225	235	279	283	279	340
硕士研究生人数	1 811	1 983	2 270	2 486	2 672	2 922
大学本科人数	3 707	3 945	4 219	4 240	4 304	4 595
大学专科人数	1 851	1 825	1 813	1 752	1 800	1 730
高中及以下人数	1 654	1 518	1 508	1 410	1 372	1 347

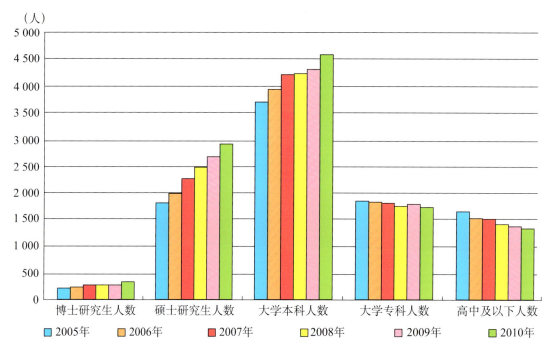

2005—2010 年高校出版社人员学历结构情况

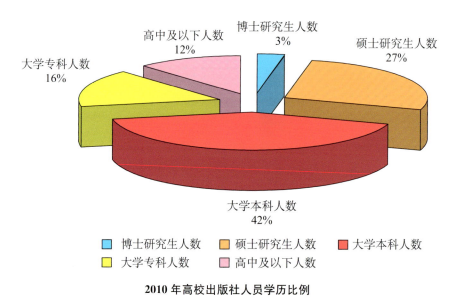

2010 年高校出版社人员学历比例

2005—2010 年高校出版社图书出版情况

（1）2005—2010 年高校出版社图书出版基本情况

统计项目	2005 年	2006 年	2007 年	2008 年	2009 年	2010 年
全年出版图书品种（含重印）	55 670	60 839	67 300	77 160	83 478	87 661
新版图书品种	24 029	24 654	27 189	30 786	37 816	39 711
重版、重印图书品种	31 641	36 185	40 111	46 374	45 662	47 950

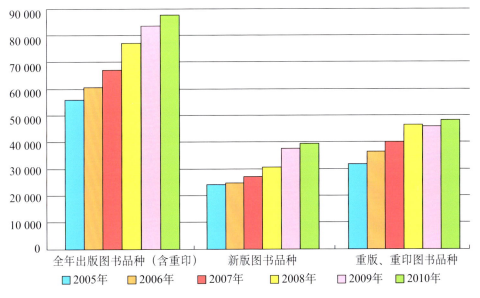

2005—2010 年高校出版社图书出版基本情况

（2）2005—2010 年高校出版社版权贸易情况

统计项目	2005 年	2006 年	2007 年	2008 年	2009 年	2010 年
版权引进品种	2 175	2 887	1 979	2 715	3 060	3 025
版权输出品种	417	502	427	421	734	867

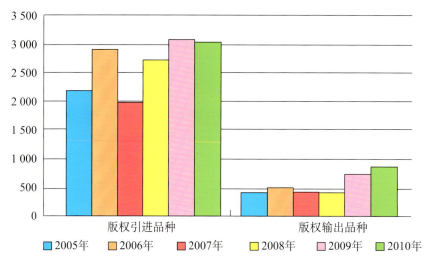

（3）2005—2010 年高校出版社新版图书构成情况

统计项目	2005 年	2006 年	2007 年	2008 年	2009 年	2010 年
高等教育	9 681	9 735	11 130	12 431	14 301	15 123
基础教育	3 405	3 475	3 104	3 357	4 773	5 214
职业成人教育	1 203	1 496	1 618	1 769	1 778	2 473
社会教育	994	1 302	1 232	1 456	1 884	1 946
学术著作	4 183	4 328	4 810	5 503	5 900	6 721
一般图书	4 563	4 318	5 295	6 270	9 180	8 234

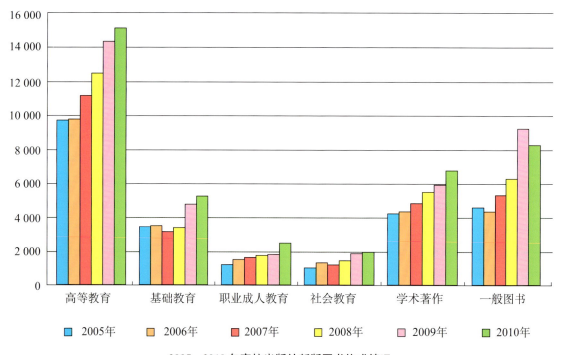

2005—2010 年高校出版社新版图书构成情况

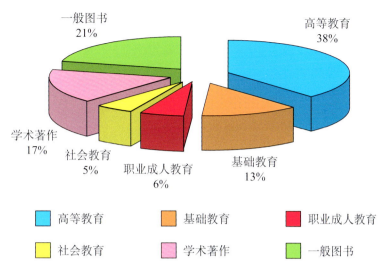

2010 年高校出版社新版图书构成比例

2005—2010 年高校出版社经营情况

（单位：万元）

统计项目	2005 年	2006 年	2007 年	2008 年	2009 年	2010 年
生产码洋	1 212 597.49	1 275 878.49	1 430 892.30	1 613 388.83	1 614 078.92	1 767 116.74
销售码洋	1 066 294.33	1 154 494.25	1 218 739.52	1 399 046.35	1 435 801.34	1 544 665.00
销售实洋	653 987.89	699 198.80	731 854.87	856 641.26	867 446.75	921 562.00
销售收入	574 126.23	599 385.43	648 018.12	713 494.01	759 850.58	798 493.56
成本及费用	496 022.68	520 713.94	550 042.58	595 967.13	632 164.63	671 000.01
税前纯利润	86 005.16	106 910.60	108 969.79	127 560.81	126 934.40	135 455.28

2005—2010 年高校出版社经营情况（1）

（单位：万元）

统计项目	2005 年	2006 年	2007 年	2008 年	2009 年	2010 年
上缴学校利润	23 467.62	27 740.34	30 673.22	35 429.11	37 122.19	37 567.02
企业所得税	18 024.90	18 566.10	13 925.54	10 054.16	16 940.01	11 604.31

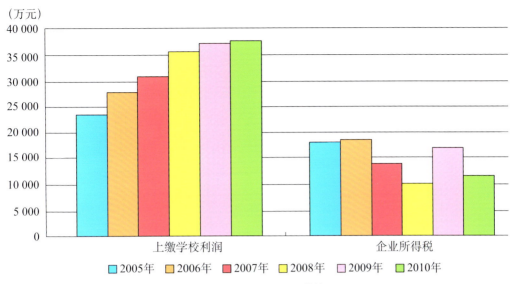

（万元）

2005—2010 年高校出版社经营情况（2）

2005—2010 年各高校

序号	出版社	年份	职工总数	其中		专业职称			
				事业编制	其他人员	正高职称	副高职称	中级职称	初级职称
1	北京大学出版社	2005	310	112	198	12	46	57	47
		2006	326	103	223	6	41	61	69
		2007	347	98	249	10	40	93	86
		2008	340	98	242	12	38	97	86
		2009	323	78	245	9	30	95	70
		2010	360	80	280	14	39	116	30
2	北京大学医学出版社	2005	57	34	23	9	8	8	12
		2006	57	34	23	9	8	16	8
		2007	64	34	30	10	7	15	10
		2008	70	34	36	10	8	27	13
		2009	74	34	40	10	11	27	7
		2010	67	33	34	9	10	23	21
3	北京工业大学出版社	2005	53	20	33	7	5	17	4
		2006	47	22	25	1	7	14	0
		2007	45	20	25	0	6	11	10
		2008	47	18	29	0	6	14	8
		2009	57	15	42	0	6	10	4
		2010	63	13	50	3	8	22	6
4	北京航空航天大学出版社	2005	63	23	40	4	7	11	20
		2006	54	18	36	4	9	12	20
		2007	69	18	51	4	9	12	21
		2008	82	17	65	1	10	13	39
		2009	77	17	60	3	9	39	26
		2010	69	0	69	3	9	43	14
5	北京交通大学出版社	2005	69	10	59	8	10	39	12
		2006	76	10	66	9	10	41	16
		2007	79	16	63	8	15	27	15
		2008	78	15	63	10	26	34	7
		2009	82	15	67	10	26	34	12
		2010	92	15	77	12	16	38	26

发展情况

出版社人员情况表

单位：人

文化程度					年龄结构			
博士研究生	硕士研究生	大学本科	大学专科	高中及以下	30 岁及以下	31～40 岁	41～50 岁	51 岁及以上
15	111	81	33	70	115	69	92	34
13	112	84	39	78	114	106	75	31
12	119	91	40	85	146	94	71	36
12	117	86	38	87	137	102	68	33
13	122	83	36	69	97	128	70	28
17	141	91	41	70	103	156	71	30
1	12	20	9	15	23	7	12	15
1	15	18	8	15	23	7	12	15
2	18	21	10	13	29	8	12	15
6	21	22	7	14	30	10	15	15
6	22	22	8	16	30	14	15	15
6	25	22	8	6	25	13	14	15
0	6	25	10	12	9	14	15	15
1	8	27	4	7	16	18	8	5
1	6	10	7	21	14	11	9	11
1	9	14	7	16	12	11	12	12
0	11	24	11	11	18	15	9	15
0	12	37	3	11	18	20	10	15
1	6	31	15	10	31	12	11	9
1	7	33	11	2	28	9	11	6
1	11	39	11	7	31	12	15	11
1	20	42	9	10	32	24	17	9
1	23	35	12	6	27	25	17	8
1	18	36	4	10	29	23	11	6
1	25	39	4	0	24	22	9	14
1	28	41	6	0	29	23	9	15
1	21	36	18	3	30	18	12	19
2	30	42	3	1	30	19	15	14
2	30	42	7	1	32	21	15	14
2	34	45	9	2	35	24	18	15

序号	出版社	年份	职工总数	其中		专业职称			
				事业编制	其他人员	正高职称	副高职称	中级职称	初级职称
6	北京理工大学出版社	2005	141	50	91	11	26	45	36
		2006	92	51	41	3	24	18	10
		2007	95	51	44	2	17	23	10
		2008	96	50	46	2	17	24	9
		2009	105	45	60	1	15	24	12
		2010	119	38	81	2	14	20	7
7	北京师范大学出版社	2005	236	61	175	12	21	30	97
		2006	262	62	200	14	27	37	5
		2007	256	60	196	11	25	60	35
		2008	232	57	175	10	28	56	31
		2009	241	56	185	11	28	59	48
		2010	238	6	232	12	25	56	61
8	北京体育大学出版社	2005	60	38	22	4	16	15	25
		2006	68	43	25	6	14	24	24
		2007	70	40	30	5	15	27	23
		2008	68	43	25	6	14	24	24
		2009	65	43	22	6	14	24	21
		2010	70	26	44	6	18	18	15
9	北京邮电大学出版社	2005	69	24	45	1	15	21	28
		2006	71	25	46	5	7	26	14
		2007	79	23	56	5	7	30	24
		2008	67	23	44	1	5	24	30
		2009	66	20	46	1	5	30	4
		2010	60	20	40	1	4	24	4
10	北京语言大学出版社	2005	84	44	40	3	11	22	8
		2006	102	42	60	2	12	15	6
		2007	105	41	64	4	10	15	6
		2008	104	40	64	4	10	17	7
		2009	100	38	62	6	21	28	3
		2010	102	38	64	8	18	46	13
11	对外经济贸易大学出版社	2005	45	30	15	3	7	7	11
		2006	48	30	18	2	5	13	7
		2007	46	27	19	2	5	14	6
		2008	66	25	41	2	5	9	12
		2009	67	24	43	3	4	12	3
		2010	69	20	49	3	3	12	2

文化程度					年龄结构			
博士研究生	硕士研究生	大学本科	大学专科	高中及以下	30岁及以下	31～40岁	41～50岁	51岁及以上
6	36	56	21	22	43	38	39	21
2	26	38	17	9	31	15	32	14
3	22	35	20	15	36	17	28	14
2	21	39	18	16	36	17	25	18
1	25	46	17	16	45	20	24	16
2	36	61	17	3	54	29	27	9
8	67	54	46	61	81	63	59	33
10	73	58	50	71	108	54	61	39
8	81	62	32	73	95	66	53	42
9	78	61	31	53	76	68	51	37
10	82	67	31	51	70	82	50	39
15	81	71	28	43	76	83	47	32
2	5	25	18	10	17	15	15	13
1	8	34	16	9	13	21	15	19
2	5	39	14	10	14	20	14	22
1	8	34	16	9	13	21	15	19
1	8	31	16	9	10	21	15	19
1	11	38	15	5	22	15	15	18
2	15	36	12	4	27	18	19	5
2	14	31	22	2	35	12	19	5
2	20	47	8	2	49	15	7	8
1	17	41	8	0	37	16	8	6
1	16	34	14	1	36	12	10	8
0	12	33	13	2	22	13	16	9
7	26	22	11	18	19	32	20	13
8	22	31	14	27	38	27	25	12
9	35	29	17	15	37	31	22	15
9	38	27	16	14	35	33	23	13
9	39	27	13	12	27	34	23	16
11	47	23	11	10	34	31	23	14
0	15	12	14	4	15	10	11	9
0	17	12	17	2	11	13	13	11
1	9	20	14	2	11	13	10	12
0	18	14	17	17	22	18	16	10
0	11	14	18	24	14	20	14	19
0	19	14	14	22	16	21	14	18

序号	出版社	年份	职工总数	其中		专业职称			
				事业编制	其他人员	正高职称	副高职称	中级职称	初级职称
12	河北大学出版社	2005	48	31	17	5	5	12	6
		2006	44	27	17	2	7	10	3
		2007	58	29	29	5	7	13	6
		2008	58	29	29	5	7	13	6
		2009	58	28	30	7	6	8	3
		2010	58	28	30	7	6	8	3
13	旅游教育出版社	2005	50	37	13	4	9	14	10
		2006	54	38	16	4	9	16	12
		2007	54	38	16	4	9	16	12
		2008	45	24	21	1	7	20	15
		2009	44	21	23	1	7	20	14
		2010	40	17	23	0	5	17	3
14	内蒙古大学出版社	2005	45	19	26	4	6	5	11
		2006	42	19	23	5	5	9	10
		2007	42	19	23	5	5	9	10
		2008	42	18	24	6	6	10	8
		2009	43	16	27	5	6	12	3
		2010	43	16	27	7	4	15	14
15	南开大学出版社	2005	83	50	33	11	15	20	2
		2006	84	49	35	11	15	18	0
		2007	83	48	35	10	15	18	1
		2008	84	46	38	9	14	18	1
		2009	87	47	40	10	15	19	1
		2010	85	45	40	11	15	17	3
16	清华大学出版社	2005	491	32	459	23	45	107	73
		2006	435	59	376	17	46	101	54
		2007	482	60	422	23	48	116	53
		2008	486	59	427	19	48	120	39
		2009	486	46	440	17	51	109	56
		2010	539	45	494	16	56	126	87
17	首都经济贸易大学出版社	2005	40	25	15	1	9	8	22
		2006	32	24	8	1	9	9	13
		2007	38	23	15	2	8	10	10
		2008	37	24	13	2	8	16	4
		2009	36	23	13	1	8	16	4
		2010	34	20	14	1	6	23	4

文化程度					年龄结构			
博士研究生	硕士研究生	大学本科	大学专科	高中及以下	30岁及以下	31～40岁	41～50岁	51岁及以上
4	9	16	17	2	7	26	10	5
2	4	21	14	3	6	25	6	7
3	11	19	18	7	16	26	9	7
3	11	19	18	7	22	18	12	6
3	12	24	14	5	8	27	18	5
3	12	24	14	5	8	27	18	5
0	15	16	12	7	14	14	10	12
0	18	17	12	7	17	15	10	12
1	18	16	12	7	17	15	10	12
1	16	16	10	2	6	24	10	5
1	16	16	9	2	7	22	10	5
2	15	12	10	1	11	20	8	1
2	2	13	15	13	17	14	8	6
2	2	23	8	7	9	19	7	7
0	2	22	8	10	12	15	5	10
2	4	24	7	5	11	16	6	9
1	5	24	8	5	9	19	7	8
1	5	25	9	3	6	23	7	7
3	12	29	19	20	14	22	28	19
3	12	26	21	22	13	28	24	19
5	10	26	20	22	11	30	21	21
5	13	25	19	22	14	30	21	19
7	14	25	19	22	16	31	20	20
7	14	26	18	20	18	19	31	17
9	100	208	78	96	193	180	74	44
10	92	189	60	84	166	155	81	33
12	96	208	75	91	167	183	94	38
12	104	210	73	87	185	183	89	29
14	104	224	61	83	166	199	100	21
16	117	245	70	91	184	222	111	22
1	14	13	4	8	13	9	10	8
1	13	14	3	1	11	5	8	8
1	15	13	4	5	3	12	13	10
1	17	13	3	3	7	10	13	7
1	16	13	3	3	5	11	12	8
1	13	9	7	4	1	13	10	10

序号	出版社	年份	职工总数	其中		专业职称			
				事业编制	其他人员	正高职称	副高职称	中级职称	初级职称
18	首都师范大学出版社	2005	72	40	32	6	18	17	10
		2006	56	31	25	4	8	23	4
		2007	58	31	27	5	5	13	12
		2008	53	28	25	3	5	10	11
		2009	53	26	27	3	7	10	7
		2010	60	21	39	2	5	13	4
19	天津大学出版社	2005	108	91	17	14	27	28	28
		2006	122	92	30	14	26	28	35
		2007	127	94	33	12	28	26	25
		2008	89	51	38	9	16	21	43
		2009	95	44	51	1	16	26	2
		2010	92	46	46	1	15	37	39
20	外语教学与研究出版社	2005	641	161	480	7	22	74	42
		2006	676	120	556	8	17	105	34
		2007	657	123	534	9	19	157	29
		2008	805	112	693	9	19	156	29
		2009	868	130	738	2	29	214	43
		2010	929	106	823	8	25	176	15
21	中国传媒大学出版社	2005	44	15	29	3	4	9	5
		2006	50	18	32	3	8	21	18
		2007	50	18	32	3	8	21	18
		2008	50	18	32	3	8	21	18
		2009	50	18	32	3	8	21	18
		2010	42	15	27	3	4	19	16
22	中国农业大学出版社	2005	48	26	22	1	9	8	24
		2006	50	29	21	1	11	11	13
		2007	55	27	28	2	13	14	13
		2008	54	27	27	2	13	14	13
		2009	53	26	27	2	15	11	13
		2010	56	25	31	3	15	16	9
23	中国人民大学出版社	2005	363	172	191	14	38	89	58
		2006	372	169	203	15	40	105	47
		2007	413	155	258	15	39	106	61
		2008	452	154	298	15	40	101	73
		2009	486	149	337	14	39	130	80
		2010	490	144	346	14	34	131	69

文化程度					年龄结构			
博士研究生	硕士研究生	大学本科	大学专科	高中及以下	30岁及以下	31～40岁	41～50岁	51岁及以上
3	8	41	8	12	15	24	22	11
3	6	29	6	12	10	15	14	17
3	5	32	6	12	14	12	16	16
2	4	28	6	13	10	13	17	13
2	4	26	7	14	10	15	14	14
3	4	29	9	15	17	17	15	11
2	14	55	21	16	22	26	24	36
1	13	57	23	28	23	45	38	16
6	24	42	16	39	40	25	21	41
3	16	59	8	3	33	27	10	19
2	23	50	13	7	28	28	12	27
2	16	48	12	14	36	28	18	10
6	184	151	158	142	365	190	76	10
6	244	216	141	69	402	179	58	37
6	229	217	115	90	383	201	59	14
7	278	273	135	112	424	282	74	25
11	332	289	132	104	415	347	78	28
11	387	296	116	119	393	398	105	33
8	17	19	0	0	1	33	8	2
5	15	21	5	4	12	20	8	10
5	15	21	5	4	12	20	8	10
5	15	21	5	4	12	20	8	10
6	14	12	7	3	6	20	8	8
1	16	16	3	12	20	14	12	2
2	15	14	6	13	17	16	13	4
2	18	17	7	11	13	23	15	4
2	18	17	7	10	12	23	15	4
2	18	17	7	9	12	20	17	4
2	17	19	6	12	10	21	19	6
16	99	101	67	80	147	105	79	32
16	96	101	90	69	161	110	75	26
16	110	125	100	62	210	95	72	36
19	111	132	98	92	187	139	76	50
19	135	140	100	92	223	135	78	50
15	147	157	72	99	217	155	76	42

序号	出版社	年份	职工总数	其中		专业职称			
				事业编制	其他人员	正高职称	副高职称	中级职称	初级职称
24	中国人民公安大学出版社	2005	132	64	68	4	28	33	7
		2006	149	38	111	1	19	58	6
		2007	154	53	101	0	20	3	4
		2008	92	34	58	1	13	31	2
		2009	153	42	111	2	13	34	2
		2010	157	33	124	2	10	34	2
25	中国协和医科大学出版社	2005	45	17	28	4	2	11	6
		2006	45	14	31	4	1	8	4
		2007	55	6	49	5	3	15	11
		2008	55	7	48	5	3	19	11
		2009	65	16	49	5	1	29	30
		2010	72	21	51	7	12	24	0
26	中国政法大学出版社	2005	70	40	30	4	16	18	12
		2006	70	40	30	4	16	18	12
		2007	70	40	30	4	16	18	12
		2008	70	40	30	4	16	20	10
		2009	83	21	62	4	6	16	3
		2010	80	11	69	4	11	17	6
27	中央广播电视大学出版社	2005	188	99	89	1	30	26	20
		2006	202	68	134	0	13	18	18
		2007	226	66	160	0	12	20	17
		2008	244	65	179	0	12	19	17
		2009	178	64	114	0	13	35	19
		2010	309	61	248	0	11	44	12
28	中央民族大学出版社	2005	40	32	8	2	12	12	5
		2006	35	31	4	2	12	13	3
		2007	39	31	8	3	12	14	3
		2008	39	31	8	4	11	14	4
		2009	37	29	8	5	8	13	4
		2010	37	26	11	5	8	14	4
29	中央音乐学院出版社	2005	23	17	6	8	4	6	5
		2006	24	18	6	5	6	2	7
		2007	28	9	19	3	1	3	7
		2008	23	11	12	3	1	7	5
		2009	21	11	10	1	1	4	4
		2010	20	9	11	1	1	2	6

文化程度					年龄结构			
博士研究生	硕士研究生	大学本科	大学专科	高中及以下	30岁及以下	31～40岁	41～50岁	51岁及以上
0	15	53	34	30	45	34	37	16
0	10	73	41	25	50	31	39	29
0	14	64	50	26	47	30	66	11
2	11	58	18	3	30	28	28	6
1	11	73	41	27	51	44	38	20
2	13	78	44	20	61	40	34	22
2	2	15	18	8	10	13	12	10
1	3	13	21	7	6	14	14	11
2	5	40	5	3	14	13	14	14
3	10	35	6	1	10	19	14	12
6	8	27	19	5	15	22	14	14
8	14	25	21	4	21	25	14	12
0	12	16	30	12	18	30	16	6
0	12	16	30	12	18	30	16	6
0	12	32	10	16	18	30	16	6
0	14	34	12	10	20	28	17	5
0	9	37	18	19	38	23	13	9
0	13	40	16	11	40	21	12	7
1	15	66	66	40	3	45	85	55
1	14	75	68	44	69	55	57	21
2	23	89	64	48	89	60	39	38
1	33	98	77	35	94	67	54	29
1	24	65	74	14	71	30	40	37
1	31	153	75	49	155	78	47	29
0	6	17	15	2	4	8	21	7
0	7	16	11	1	2	8	17	8
0	6	18	12	3	4	6	16	13
0	7	17	10	5	3	4	17	15
0	8	14	10	5	4	3	14	16
0	8	13	12	4	2	6	16	13
3	9	6	4	1	8	4	6	5
3	8	8	2	3	9	6	4	5
2	8	8	3	7	10	5	7	6
0	5	8	5	5	5	10	3	5
0	5	7	5	4	3	7	3	8
0	8	6	2	4	3	7	3	7

序号	出版社	年份	职工总数	其中		专业职称			
				事业编制	其他人员	正高职称	副高职称	中级职称	初级职称
30	大连海事大学出版社	2005	40	31	9	2	9	12	4
		2006	40	31	9	2	9	12	4
		2007	40	29	11	2	8	11	4
		2008	42	31	11	3	8	11	4
		2009	43	29	14	3	7	15	18
		2010	41	26	15	3	9	12	2
31	大连理工大学出版社	2005	155	40	115	1	15	36	52
		2006	160	39	121	0	12	34	52
		2007	155	36	119	0	15	31	57
		2008	181	36	145	2	13	56	57
		2009	176	34	142	1	16	94	9
		2010	143	33	110	1	17	81	20
32	东北财经大学出版社	2005	88	38	50	4	12	33	13
		2006	85	37	48	5	10	37	7
		2007	90	37	53	5	12	35	6
		2008	88	36	52	5	14	38	6
		2009	92	34	58	7	12	48	4
		2010	103	33	70	7	9	41	4
33	东北大学出版社	2005	49	41	8	2	14	15	9
		2006	49	41	8	2	14	15	9
		2007	45	38	7	2	14	8	10
		2008	43	28	15	1	11	9	14
		2009	43	24	19	1	9	9	15
		2010	43	22	21	1	8	9	15
34	东北林业大学出版社	2005	47	39	8	5	13	8	5
		2006	47	38	9	5	13	8	5
		2007	43	36	7	4	12	7	5
		2008	43	36	7	4	12	7	5
		2009	33	26	7	3	6	8	4
		2010	36	16	20	1	7	5	8
35	东北师范大学出版社	2005	209	78	131	5	22	20	21
		2006	196	79	117	7	22	20	29
		2007	260	76	184	7	23	24	32
		2008	237	71	166	7	23	29	20
		2009	220	69	151	6	24	34	19
		2010	193	66	127	7	25	35	39

文化程度					年龄结构			
博士研究生	硕士研究生	大学本科	大学专科	高中及以下	30岁及以下	31～40岁	41～50岁	51岁及以上
0	7	15	12	6	4	13	13	10
0	7	14	12	7	4	13	10	13
0	10	11	12	7	7	5	14	14
0	12	11	12	7	6	5	16	15
0	13	13	10	7	6	8	15	14
0	16	11	12	2	7	11	14	9
3	13	84	24	31	74	44	26	11
4	14	126	10	6	64	65	18	13
3	31	91	17	13	31	62	38	24
3	51	96	18	13	45	54	46	36
3	45	112	16	0	35	71	50	20
3	37	88	12	3	62	41	28	12
1	13	56	12	6	39	27	17	5
1	23	43	13	5	32	30	19	4
3	26	50	7	4	32	34	19	5
4	26	47	7	4	24	41	17	6
4	31	46	7	4	30	36	19	7
4	39	42	13	5	38	42	12	11
0	8	23	14	4	9	6	20	14
0	8	23	14	4	9	6	20	14
0	7	22	13	3	9	4	20	12
0	8	20	15	0	10	6	15	12
0	8	20	15	0	12	6	14	11
0	10	20	13	0	14	6	13	10
2	9	16	7	13	5	15	19	8
2	9	16	7	13	5	15	19	8
2	13	12	8	8	5	14	19	5
2	13	12	8	8	5	14	19	5
0	7	13	6	7	3	8	14	8
0	12	13	7	4	11	3	16	6
1	17	89	36	66	68	72	46	23
8	17	90	36	45	56	72	46	22
8	18	129	50	55	98	76	59	27
1	26	119	43	48	75	103	33	26
3	20	107	36	54	67	82	46	25
7	22	97	33	34	56	92	23	22

序号	出版社	年份	职工总数	其中		专业职称			
				事业编制	其他人员	正高职称	副高职称	中级职称	初级职称
36	哈尔滨工程大学出版社	2005	42	33	9	2	5	12	16
		2006	51	30	21	1	6	10	10
		2007	57	17	40	1	3	8	16
		2008	71	38	33	2	11	21	23
		2009	68	24	44	5	4	20	15
		2010	78	12	66	6	4	27	16
37	哈尔滨工业大学出版社	2005	55	30	25	4	12	11	11
		2006	64	28	36	4	11	12	6
		2007	65	25	40	4	9	20	11
		2008	71	39	32	7	12	18	21
		2009	74	34	40	7	12	20	21
		2010	82	32	50	9	13	20	20
38	黑龙江大学出版社	2005	0	0	0	0	0	0	0
		2006	0	0	0	0	0	0	0
		2007	41	8	33	10	6	9	16
		2008	40	16	24	6	5	10	19
		2009	33	7	26	1	2	10	3
		2010	44	13	31	4	7	9	11
39	吉林大学出版社	2005	39	39	0	7	9	19	1
		2006	38	38	0	3	11	23	1
		2007	51	38	13	9	14	13	6
		2008	64	37	27	9	11	12	2
		2009	80	32	48	11	14	7	1
		2010	97	32	65	15	9	4	1
40	辽宁大学出版社	2005	61	42	19	9	14	18	5
		2006	70	63	7	11	13	24	10
		2007	69	62	7	9	13	26	10
		2008	64	53	11	7	13	19	6
		2009	77	55	22	8	14	21	6
		2010	79	55	24	9	9	12	11
41	辽宁师范大学出版社	2005	96	18	78	2	6	8	36
		2006	92	92	0	3	9	15	31
		2007	92	16	76	3	9	15	31
		2008	90	90	0	4	8	15	29
		2009	92	72	20	4	6	26	27
		2010	84	16	68	4	6	37	18

文化程度					年龄结构			
博士研究生	硕士研究生	大学本科	大学专科	高中及以下	30岁及以下	31～40岁	41～50岁	51岁及以上
3	6	25	8	0	15	12	10	5
3	5	21	13	9	17	16	14	4
1	8	23	12	13	16	15	12	14
4	18	33	10	6	23	18	22	8
1	11	30	12	14	17	18	17	16
2	10	39	15	12	23	18	18	19
1	12	25	10	7	20	8	17	10
1	13	29	15	6	20	18	14	12
1	12	31	15	6	19	21	13	12
4	16	37	12	2	20	22	15	14
4	16	40	12	2	19	26	15	14
4	14	39	20	5	21	26	17	18
0	0	0	0	0	0	0	0	0
0	0	0	0	0	0	0	0	0
10	15	10	6	0	10	15	9	7
7	15	13	5	0	14	16	5	5
6	10	15	2	0	4	25	1	3
6	17	20	1	0	21	12	6	5
2	10	22	3	2	0	6	23	10
2	10	19	5	2	0	10	18	10
3	11	27	8	2	7	4	25	15
4	11	29	7	13	22	8	21	13
4	11	44	12	9	37	7	21	15
5	11	49	18	14	44	12	23	18
1	8	17	27	8	0	9	28	24
1	9	19	36	5	3	10	29	28
1	9	18	36	5	6	9	29	25
1	11	15	32	5	9	6	28	21
1	16	18	34	8	15	8	29	25
3	10	21	34	11	17	9	23	30
0	10	61	8	17	57	20	13	6
0	14	49	10	19	50	28	10	4
0	10	59	7	16	61	13	14	4
0	14	47	10	19	48	28	10	4
0	14	54	9	15	42	32	13	5
1	15	55	6	7	22	41	12	9

序号	出版社	年份	职工总数	其中		专业职称			
				事业编制	其他人员	正高职称	副高职称	中级职称	初级职称
42	延边大学出版社	2005	86	27	59	3	8	28	35
		2006	71	27	44	4	7	18	42
		2007	42	24	18	4	7	9	4
		2008	106	25	81	5	15	17	24
		2009	106	22	84	5	15	17	24
		2010	108	22	86	46	11	20	11
43	安徽大学出版社	2005	43	30	13	5	7	9	6
		2006	30	28	2	5	7	9	4
		2007	42	30	12	5	8	7	4
		2008	48	32	16	4	10	8	3
		2009	48	24	24	3	5	16	3
		2010	52	20	32	2	6	14	30
44	安徽师范大学出版社	2005	0	0	0	0	0	0	0
		2006	0	0	0	0	0	0	0
		2007	0	0	0	0	0	0	0
		2008	0	0	0	0	0	0	0
		2009	0	0	0	0	0	0	0
		2010	35	11	24	7	4	11	12
45	东华大学出版社	2005	42	23	19	1	6	14	14
		2006	44	29	15	2	7	17	12
		2007	44	26	18	2	6	18	11
		2008	45	26	19	2	7	18	11
		2009	42	20	22	1	4	21	16
		2010	46	20	26	1	5	19	16
46	东南大学出版社	2005	113	40	73	3	22	39	18
		2006	134	40	94	4	15	38	18
		2007	123	39	84	3	15	56	12
		2008	114	36	78	1	10	51	13
		2009	108	36	72	1	13	54	2
		2010	105	31	74	0	12	65	2
47	复旦大学出版社	2005	129	115	14	5	37	45	18
		2006	126	106	20	8	29	43	9
		2007	138	106	32	9	29	49	33
		2008	147	105	42	9	29	54	34
		2009	149	92	57	7	26	53	51
		2010	181	113	68	9	27	54	47

文化程度					年龄结构			
博士研究生	硕士研究生	大学本科	大学专科	高中及以下	30岁及以下	31～40岁	41～50岁	51岁及以上
0	18	45	13	10	8	46	18	14
0	9	34	22	6	34	18	11	8
0	5	22	10	5	11	15	9	7
0	14	41	45	6	48	29	11	18
0	14	41	45	6	48	27	14	17
5	16	54	26	7	34	27	23	24
0	12	17	5	9	12	12	11	8
0	12	11	7	0	4	8	10	8
1	11	9	18	3	14	10	10	8
2	13	20	7	6	12	14	13	9
0	14	19	9	6	16	14	8	10
0	10	28	9	5	14	20	10	8
0	0	0	0	0	0	0	0	0
0	0	0	0	0	0	0	0	0
0	0	0	0	0	0	0	0	0
0	0	0	0	0	0	0	0	0
0	0	0	0	0	0	0	0	0
3	26	6	0	0	10	11	9	5
1	10	22	2	7	10	12	10	10
3	16	11	8	6	11	10	13	10
3	16	12	9	4	11	15	11	7
3	17	13	8	4	12	15	11	7
3	18	13	8	0	7	17	13	5
4	21	15	6	0	15	14	15	2
2	31	61	18	1	47	31	27	8
2	37	65	27	3	67	25	25	17
2	29	62	28	2	55	25	26	17
2	25	58	27	2	49	29	21	15
2	24	54	26	2	46	28	21	13
2	22	53	26	2	45	29	20	11
5	29	46	32	17	21	31	37	40
6	28	48	22	22	24	34	34	34
8	37	52	25	16	28	39	36	35
8	38	60	23	18	31	42	38	36
10	41	68	18	12	43	40	39	27
12	50	69	23	27	45	48	49	39

序号	出版社	年份	职工总数	其中		专业职称			
				事业编制	其他人员	正高职称	副高职称	中级职称	初级职称
48	合肥工业大学出版社	2005	34	15	19	2	10	5	0
		2006	31	10	21	1	6	10	10
		2007	28	11	17	1	7	7	9
		2008	28	11	17	1	10	5	6
		2009	31	11	20	1	10	5	6
		2010	36	11	25	1	10	7	14
49	河海大学出版社	2005	39	33	6	1	12	13	1
		2006	39	33	6	1	12	13	1
		2007	41	35	6	0	14	13	2
		2008	39	33	6	0	8	22	1
		2009	40	31	9	0	11	12	1
		2010	36	29	7	0	9	12	1
50	华东理工大学出版社	2005	52	32	20	1	10	18	5
		2006	65	29	36	2	10	13	5
		2007	63	23	40	1	9	28	12
		2008	61	22	39	2	8	24	10
		2009	62	17	45	1	6	21	8
		2010	68	18	50	1	6	24	9
51	华东师范大学出版社	2005	196	86	110	7	22	44	13
		2006	192	74	118	7	17	44	20
		2007	211	73	138	7	19	42	11
		2008	252	67	185	5	18	61	23
		2009	285	63	222	5	21	65	22
		2010	284	63	221	6	22	83	21
52	江苏大学出版社	2005	0	0	0	0	0	0	0
		2006	0	0	0	0	0	0	0
		2007	44	27	17	2	11	7	0
		2008	48	28	20	1	12	20	0
		2009	30	12	18	0	8	12	1
		2010	36	12	24	0	8	11	0
53	立信会计出版社	2005	61	51	10	1	5	11	10
		2006	55	41	14	1	8	17	4
		2007	56	37	19	1	7	16	4
		2008	42	26	16	1	7	12	9
		2009	55	30	25	1	8	12	4
		2010	44	25	19	1	10	13	3

文化程度					年龄结构			
博士研究生	硕士研究生	大学本科	大学专科	高中及以下	30 岁及以下	31～40 岁	41～50 岁	51 岁及以上
0	9	15	7	3	5	15	9	5
0	10	10	9	2	5	15	7	4
1	8	5	13	1	6	10	9	3
2	7	9	9	1	5	11	7	5
3	10	9	8	1	8	12	7	4
3	15	10	7	1	11	12	9	4
0	11	18	8	2	3	20	12	4
1	10	18	8	2	3	20	12	4
1	10	20	8	2	2	20	15	4
0	9	22	7	1	4	8	15	12
0	12	15	11	2	4	8	20	8
0	11	14	9	2	1	8	20	7
2	12	19	12	7	19	13	13	7
3	15	22	13	12	28	15	17	5
1	17	23	13	9	30	11	15	7
3	17	23	7	11	30	13	11	7
1	23	16	9	13	30	15	12	5
1	26	17	9	15	34	17	11	6
5	31	45	43	72	59	38	56	43
5	42	46	44	55	72	38	45	37
3	51	54	55	48	85	44	45	37
2	61	63	64	62	106	59	43	44
2	78	76	66	63	122	78	44	41
2	76	78	64	64	115	76	42	51
0	0	0	0	0	0	0	0	0
0	0	0	0	0	0	0	0	0
1	23	15	3	2	12	16	11	5
1	27	15	3	2	11	22	11	4
0	15	10	3	2	6	11	7	6
0	19	11	6	0	12	12	8	4
0	7	17	17	20	11	13	22	15
0	8	14	10	23	11	11	23	10
0	16	11	11	18	15	12	22	7
0	12	11	9	10	12	10	14	6
0	11	10	8	26	12	14	20	9
0	9	16	18	1	13	11	14	6

序号	出版社	年份	职工总数	其中		专业职称			
				事业编制	其他人员	正高职称	副高职称	中级职称	初级职称
54	南京大学出版社	2005	98	48	50	2	16	22	17
		2006	92	45	47	2	14	30	24
		2007	105	42	63	2	17	26	28
		2008	111	43	68	3	16	28	28
		2009	119	43	76	4	15	39	16
		2010	135	43	92	4	15	45	16
55	南京师范大学出版社	2005	75	32	43	2	14	9	8
		2006	80	31	49	2	15	11	8
		2007	79	30	49	2	14	24	30
		2008	84	29	55	3	13	36	28
		2009	86	26	60	4	10	37	35
		2010	97	27	70	6	8	39	44
56	山东大学出版社	2005	62	48	14	14	18	11	2
		2006	64	52	12	11	12	14	12
		2007	54	43	11	13	20	18	3
		2008	52	40	12	10	13	23	6
		2009	52	38	14	10	13	23	6
		2010	52	38	14	11	12	21	8
57	上海财经大学出版社	2005	70	43	27	3	9	21	25
		2006	67	19	48	2	3	19	25
		2007	78	34	44	3	11	24	22
		2008	73	30	43	3	11	27	15
		2009	74	30	44	3	11	32	10
		2010	69	28	41	2	8	34	11
58	上海大学出版社	2005	83	83	0	5	16	27	18
		2006	85	35	50	7	20	25	3
		2007	95	72	23	8	25	36	26
		2008	37	21	16	2	8	2	2
		2009	35	19	16	2	7	6	6
		2010	43	22	21	2	7	12	6
59	上海交通大学出版社	2005	80	62	18	2	22	23	12
		2006	100	66	34	4	23	16	7
		2007	109	61	48	4	25	27	16
		2008	109	57	52	4	22	26	48
		2009	121	51	70	4	23	43	23
		2010	123	39	84	3	14	33	31

文化程度					年龄结构			
博士研究生	硕士研究生	大学本科	大学专科	高中及以下	30岁及以下	31～40岁	41～50岁	51岁及以上
2	13	41	19	23	29	30	26	13
1	16	44	16	15	26	31	28	7
2	15	43	17	28	28	32	31	14
3	16	45	19	28	31	34	32	14
3	23	53	18	22	32	37	37	13
3	23	66	22	21	45	42	35	13
4	16	30	16	9	28	17	20	10
4	16	30	17	13	28	18	22	12
4	17	28	19	11	25	19	22	13
3	28	32	15	6	34	19	19	12
3	30	29	20	4	30	25	21	10
3	33	37	20	4	30	33	22	12
3	21	22	13	3	12	15	27	8
4	13	29	16	2	12	12	32	8
4	19	22	7	2	10	10	27	7
4	15	29	4	0	10	10	27	5
4	15	29	4	0	10	10	27	5
4	16	28	4	0	10	10	27	5
2	21	29	12	6	20	25	17	8
2	16	26	12	11	25	22	15	5
3	26	38	11	0	22	28	18	10
3	25	26	11	8	24	29	9	11
3	25	26	11	9	24	30	9	11
3	18	30	18	0	11	24	27	7
6	22	29	12	14	15	16	39	13
5	13	53	10	4	30	23	22	10
5	28	34	13	15	22	19	38	16
1	8	9	3	16	18	1	13	5
1	6	9	3	16	19	1	13	2
2	10	18	6	7	10	9	13	11
2	13	30	23	12	17	20	20	23
4	18	19	12	47	23	17	36	24
2	28	38	14	27	33	18	29	29
2	35	35	16	21	24	35	21	29
2	37	45	19	18	33	34	26	28
3	41	42	24	13	50	33	22	18

序号	出版社	年份	职工总数	其中		专业职称			
				事业编制	其他人员	正高职称	副高职称	中级职称	初级职称
60	上海外语教育出版社	2005	160	58	102	3	14	40	43
		2006	166	51	115	2	14	60	30
		2007	172	44	128	2	13	71	38
		2008	193	43	150	2	16	71	44
		2009	196	40	156	2	17	77	41
		2010	198	36	162	2	18	75	40
61	上海音乐学院出版社	2005	15	10	5	2	2	4	2
		2006	15	9	6	1	2	4	1
		2007	16	8	8	1	2	4	2
		2008	16	8	8	1	2	7	1
		2009	16	7	9	1	2	7	2
		2010	16	7	9	1	3	4	0
62	上海中医药大学出版社	2005	42	36	6	0	8	11	12
		2006	42	35	7	0	9	11	11
		2007	39	33	6	1	7	12	8
		2008	29	23	6	1	4	7	7
		2009	26	20	6	0	2	7	9
		2010	27	21	6	1	3	7	6
63	苏州大学出版社	2005	80	50	30	7	22	21	19
		2006	83	57	26	8	22	22	14
		2007	81	51	30	6	18	25	16
		2008	78	49	29	6	14	22	8
		2009	81	49	32	7	13	24	6
		2010	92	44	48	5	17	25	18
64	同济大学出版社	2005	95	51	44	4	19	27	7
		2006	104	63	41	4	21	30	11
		2007	108	60	48	3	21	34	14
		2008	101	56	45	4	18	28	16
		2009	103	41	62	4	20	32	47
		2010	96	48	48	5	20	30	23
65	厦门大学出版社	2005	51	27	24	2	10	13	2
		2006	52	26	26	3	7	12	1
		2007	60	24	36	3	7	9	11
		2008	61	24	37	3	9	16	13
		2009	63	24	39	3	9	17	18
		2010	64	22	42	3	9	17	20

文化程度					年龄结构			
博士研究生	硕士研究生	大学本科	大学专科	高中及以下	30岁及以下	31～40岁	41～50岁	51岁及以上
3	45	44	38	30	67	34	33	26
3	57	53	32	21	69	44	26	27
4	65	53	31	19	81	44	27	20
4	77	59	34	19	67	71	30	25
4	83	58	33	18	73	72	30	21
4	89	58	33	14	80	72	27	19
1	2	8	3	1	5	1	4	5
1	1	8	3	2	4	1	4	6
1	2	6	3	4	6	1	3	6
2	2	7	2	3	5	2	2	7
2	2	6	4	2	4	4	1	7
1	3	8	4	0	3	4	3	6
3	11	9	9	10	9	12	13	8
3	10	12	9	8	9	12	12	9
4	10	12	10	3	7	20	6	6
2	6	8	7	6	8	8	5	8
1	7	4	7	7	3	12	4	7
1	6	7	6	7	5	9	3	10
0	25	34	11	10	26	21	16	17
1	29	33	11	9	24	24	15	20
1	34	26	5	15	25	22	16	18
1	32	25	12	8	22	23	19	14
1	35	25	10	10	19	25	21	16
0	42	31	10	9	31	21	22	18
2	13	30	23	27	11	15	35	34
5	13	29	25	32	14	19	43	28
4	12	42	26	24	25	13	36	34
5	14	38	23	21	22	13	35	31
5	16	41	9	32	23	13	39	28
6	18	32	18	22	23	18	28	27
0	11	16	10	14	18	10	18	5
0	12	20	7	13	22	6	18	6
2	10	25	11	12	19	14	21	6
2	12	27	8	12	17	15	22	7
2	14	27	8	12	18	16	23	6
3	16	25	12	8	25	16	13	10

序号	出版社	年份	职工总数	其中		专业职称			
				事业编制	其他人员	正高职称	副高职称	中级职称	初级职称
66	浙江大学出版社	2005	116	80	36	10	30	33	29
		2006	125	77	48	9	32	36	28
		2007	143	76	67	11	30	41	26
		2008	140	75	65	10	31	42	35
		2009	162	70	92	10	30	42	49
		2010	147	66	81	10	30	43	52
67	浙江工商大学出版社	2005	0	0	0	0	0	0	0
		2006	0	0	0	0	0	0	0
		2007	0	0	0	0	0	0	0
		2008	21	4	17	3	4	3	3
		2009	31	3	28	4	6	7	4
		2010	34	3	31	4	7	11	3
68	中国海洋大学出版社	2005	49	37	12	11	10	6	5
		2006	52	31	21	11	10	8	5
		2007	50	20	30	9	7	12	8
		2008	44	20	24	6	8	12	7
		2009	44	18	26	6	8	11	9
		2010	38	18	20	5	3	8	6
69	西北农林科技大学出版社	2005	59	28	31	5	8	12	13
		2006	48	27	21	4	6	11	19
		2007	59	28	31	6	11	18	11
		2008	34	16	18	4	3	15	3
		2009	62	17	45	4	3	22	12
		2010	70	0	70	4	2	15	6
70	中国矿业大学出版社	2005	55	34	21	6	11	21	12
		2006	58	46	12	6	11	25	15
		2007	58	46	12	6	13	25	14
		2008	66	37	29	4	14	22	13
		2009	66	42	24	4	11	26	14
		2010	57	31	26	3	13	34	7
71	中国美术学院出版社	2005	45	25	20	3	4	13	5
		2006	43	37	6	3	3	17	9
		2007	40	25	15	3	2	11	4
		2008	37	22	15	2	1	12	6
		2009	35	20	15	2	1	12	6
		2010	36	21	15	3	2	12	6

文化程度					年龄结构			
博士研究生	硕士研究生	大学本科	大学专科	高中及以下	30岁及以下	31～40岁	41～50岁	51岁及以上
7	27	50	21	11	27	29	36	24
6	32	59	15	13	41	32	33	19
8	34	75	23	3	52	32	33	26
9	40	63	22	6	52	30	30	28
10	47	75	24	6	63	33	42	24
11	50	70	10	6	50	31	43	23
0	0	0	0	0	0	0	0	0
0	0	0	0	0	0	0	0	0
0	0	0	0	0	0	0	0	0
0	8	10	3	0	11	3	4	3
0	8	17	6	0	18	3	4	6
0	9	18	7	0	16	5	5	8
1	8	22	11	7	8	18	16	7
1	11	23	11	6	12	18	16	6
2	13	23	12	0	10	20	13	7
2	14	16	9	3	12	14	13	5
3	14	15	9	3	13	17	9	5
3	11	15	8	1	12	12	8	6
0	5	38	14	2	21	16	14	8
1	5	27	10	5	16	10	11	11
1	5	38	13	2	21	16	14	8
1	7	19	3	4	11	10	9	4
1	18	25	9	9	36	13	8	5
2	17	32	8	11	39	12	10	9
2	9	31	7	6	14	16	20	5
3	8	36	8	3	12	19	21	6
3	10	38	4	3	12	19	21	6
3	22	33	5	3	29	17	17	3
6	26	27	6	1	24	18	18	6
6	20	27	3	1	15	18	21	3
0	5	9	6	25	0	7	24	14
0	7	9	7	20	1	10	25	7
0	7	7	6	20	2	5	23	10
0	5	7	4	21	1	6	13	17
0	5	8	3	19	0	7	12	16
1	5	7	6	17	2	7	11	16

序号	出版社	年份	职工总数	其中		专业职称			
				事业编制	其他人员	正高职称	副高职称	中级职称	初级职称
72	中国石油大学出版社	2005	72	40	32	2	17	19	17
		2006	72	44	28	2	16	28	13
		2007	70	32	38	2	16	19	12
		2008	69	30	39	2	13	21	13
		2009	70	30	40	2	13	26	8
		2010	75	29	46	2	14	29	10
73	广西师范大学出版社	2005	301	70	231	13	32	58	77
		2006	410	87	323	14	28	87	85
		2007	405	91	314	19	22	120	81
		2008	267	70	197	17	18	81	49
		2009	260	66	194	14	18	98	34
		2010	251	62	189	15	16	94	33
74	河南大学出版社	2005	57	46	11	6	12	17	10
		2006	60	47	13	6	11	19	12
		2007	69	47	22	7	12	21	10
		2008	78	46	32	6	11	25	20
		2009	81	42	39	6	11	24	20
		2010	79	41	38	6	11	24	14
75	湖南大学出版社	2005	38	28	10	1	8	12	12
		2006	61	34	27	1	8	12	8
		2007	57	32	25	2	7	11	10
		2008	55	33	22	2	7	19	12
		2009	58	33	25	2	7	19	12
		2010	53	31	22	2	8	17	8
76	湖南师范大学出版社	2005	60	39	21	3	6	18	9
		2006	61	40	21	3	7	18	10
		2007	60	40	20	3	7	23	7
		2008	59	37	22	3	8	19	12
		2009	54	34	20	2	8	18	7
		2010	57	34	23	2	9	22	7
77	华南理工大学出版社	2005	67	44	23	0	12	17	14
		2006	65	45	20	0	10	25	8
		2007	65	45	20	1	13	27	10
		2008	67	43	24	1	11	19	11
		2009	67	44	23	1	12	19	7
		2010	67	44	23	0	15	17	7

文化程度					年龄结构			
博士研究生	硕士研究生	大学本科	大学专科	高中及以下	30岁及以下	31～40岁	41～50岁	51岁及以上
0	11	35	21	5	32	20	13	7
0	16	35	16	5	37	16	14	5
0	15	35	13	7	35	17	13	5
0	16	34	14	5	37	15	13	4
0	21	30	14	5	35	16	14	5
0	24	32	14	5	37	17	15	6
10	41	168	41	41	154	83	43	21
9	62	210	45	84	216	104	66	24
10	76	214	65	40	197	116	64	28
9	56	130	31	41	106	81	58	22
9	40	138	30	43	73	97	67	23
6	36	138	30	41	56	101	66	28
1	13	26	13	4	11	11	20	15
1	16	26	13	4	13	11	22	14
3	17	21	17	11	12	16	24	17
3	28	26	16	5	22	16	24	16
3	29	21	16	12	21	22	24	14
3	28	26	12	10	11	29	26	13
2	9	20	2	5	2	23	7	6
2	9	27	6	17	10	26	15	10
1	10	26	4	16	10	23	16	8
1	14	30	4	6	16	15	17	7
1	16	31	4	6	15	17	19	7
2	14	29	4	4	11	19	17	6
7	7	26	7	13	19	26	12	3
7	8	29	7	10	11	28	17	5
7	9	27	7	10	11	26	18	5
7	12	22	8	10	16	24	14	5
5	12	28	4	5	16	17	18	3
5	14	29	4	5	12	20	21	4
0	8	26	20	13	15	29	14	9
1	14	24	16	10	14	30	14	7
1	14	27	14	9	12	31	15	7
1	13	30	9	14	14	29	17	7
1	13	30	11	12	13	23	26	5
1	13	33	10	10	13	22	27	5

序号	出版社	年份	职工总数	其中		专业职称			
				事业编制	其他人员	正高职称	副高职称	中级职称	初级职称
78	华中科技大学出版社	2005	109	80	29	6	21	37	12
		2006	125	78	47	7	22	40	9
		2007	215	75	140	5	25	32	2
		2008	220	73	147	5	22	30	2
		2009	252	73	179	5	30	73	144
		2010	256	70	186	6	27	81	22
79	华中师范大学出版社	2005	76	61	15	4	16	26	1
		2006	74	52	22	4	14	14	20
		2007	77	52	25	4	16	14	23
		2008	80	50	30	5	15	16	21
		2009	82	50	32	5	15	16	23
		2010	91	46	45	5	16	23	17
80	暨南大学出版社	2005	79	41	38	1	6	18	26
		2006	65	36	29	1	6	18	14
		2007	64	33	31	0	6	21	14
		2008	63	28	35	0	3	17	13
		2009	67	27	40	0	4	23	21
		2010	73	26	47	1	4	24	44
81	汕头大学出版社	2005	76	6	70	0	4	37	6
		2006	71	5	66	0	4	31	7
		2007	63	5	58	0	4	29	7
		2008	40	6	34	—	—	—	—
		2009	42	4	38	0	1	8	2
		2010	51	0	51	3	11	11	2
82	武汉大学出版社	2005	134	127	7	8	34	43	4
		2006	140	123	17	13	34	36	14
		2007	146	119	27	12	33	35	17
		2008	149	115	34	13	32	30	27
		2009	151	108	43	14	26	35	33
		2010	145	105	40	15	24	45	31
83	武汉理工大学出版社	2005	63	37	26	3	10	18	1
		2006	68	39	29	3	11	18	2
		2007	74	35	39	3	14	29	11
		2008	79	34	45	3	15	29	11
		2009	80	34	46	4	16	29	11
		2010	76	34	42	3	16	29	8

文化程度					年龄结构			
博士研究生	硕士研究生	大学本科	大学专科	高中及以下	30岁及以下	31～40岁	41～50岁	51岁及以上
1	23	52	12	21	21	30	46	12
1	27	65	14	18	34	30	45	16
1	55	119	19	21	100	48	51	16
2	62	101	36	19	93	63	49	15
3	72	123	37	17	123	56	52	21
5	76	118	37	20	115	68	53	20
2	21	35	10	8	14	16	34	12
2	21	39	6	6	17	13	28	16
2	25	34	9	7	20	9	37	11
2	27	33	10	8	24	11	32	13
2	28	34	10	8	26	11	32	13
2	39	32	11	7	24	25	30	12
1	12	20	35	11	17	29	22	11
1	16	26	17	5	11	30	20	4
1	21	19	10	13	16	27	15	6
0	20	25	10	8	12	29	15	7
0	20	29	13	5	15	29	18	5
1	20	26	8	18	26	24	18	5
0	5	55	2	14	56	16	4	0
0	5	50	4	12	35	30	4	2
0	4	42	6	11	27	30	4	2
0	3	24	13	0	12	15	9	4
0	6	23	7	6	7	24	8	3
3	13	24	4	7	6	19	18	8
2	27	70	23	12	18	56	38	22
2	34	69	22	13	23	51	44	22
3	41	66	24	12	31	48	46	21
4	43	69	24	9	30	43	53	23
4	43	71	26	7	31	44	57	19
4	43	70	25	3	26	40	62	17
1	10	23	19	10	19	19	18	7
2	8	30	20	8	19	17	22	10
1	19	30	12	12	24	20	19	11
1	22	31	12	13	28	21	19	11
1	22	31	12	14	29	21	19	11
1	18	31	12	14	26	21	19	10

序号	出版社	年份	职工总数	其中		专业职称			
				事业编制	其他人员	正高职称	副高职称	中级职称	初级职称
84	湘潭大学出版社	2005	0	0	0	0	0	0	0
		2006	0	0	0	0	0	0	0
		2007	17	10	7	5	0	5	7
		2008	29	11	18	5	2	9	11
		2009	30	11	19	5	2	12	11
		2010	27	11	16	5	2	11	9
85	郑州大学出版社	2005	60	28	32	5	8	24	6
		2006	52	26	26	4	8	22	8
		2007	73	33	40	1	13	22	8
		2008	72	32	40	4	12	20	6
		2009	73	29	44	9	6	22	6
		2010	103	26	77	9	7	23	7
86	中国地质大学出版社	2005	42	30	12	2	11	17	0
		2006	33	25	8	1	10	9	13
		2007	35	25	10	1	9	12	7
		2008	35	25	10	1	9	12	7
		2009	37	25	12	2	8	12	7
		2010	42	21	21	3	8	16	15
87	中南大学出版社	2005	57	52	5	2	13	14	3
		2006	58	52	6	4	13	17	4
		2007	61	53	8	4	13	17	12
		2008	65	52	13	4	13	21	17
		2009	65	51	14	3	13	21	17
		2010	65	49	16	3	10	21	17
88	中山大学出版社	2005	95	69	26	2	17	29	20
		2006	160	34	126	7	24	70	31
		2007	152	31	121	4	17	79	26
		2008	133	31	102	4	17	42	25
		2009	78	28	50	1	9	30	7
		2010	77	27	50	1	10	32	8
89	电子科技大学出版社	2005	64	64	0	2	16	9	3
		2006	64	64	0	1	18	10	5
		2007	74	47	27	1	16	8	2
		2008	74	42	32	1	16	6	4
		2009	63	41	22	1	14	19	11
		2010	63	41	22	1	13	17	0

文化程度					年龄结构			
博士研究生	硕士研究生	大学本科	大学专科	高中及以下	30 岁及以下	31～40 岁	41～50 岁	51 岁及以上
0	0	0	0	0	0	0	0	0
0	0	0	0	0	0	0	0	0
2	7	6	2	0	5	5	6	1
4	13	6	4	2	11	9	8	1
4	13	7	4	2	11	10	8	1
5	12	6	4	0	11	7	8	1
0	8	30	14	8	12	23	19	6
0	8	31	11	2	7	21	19	5
0	10	40	11	12	15	21	28	9
1	8	38	11	14	19	22	21	10
1	14	38	11	9	13	28	21	11
1	18	64	11	9	34	36	22	11
7	3	22	4	6	5	11	22	4
1	7	14	5	6	3	8	14	8
4	7	17	2	5	5	9	14	7
4	7	17	2	5	5	9	14	7
4	7	19	2	5	7	9	14	7
4	13	19	2	4	11	10	14	7
1	10	22	15	9	5	12	34	6
2	9	24	16	7	5	11	32	10
2	15	20	16	8	8	10	34	9
2	18	21	16	8	12	10	34	9
1	19	21	16	8	12	10	34	9
1	19	21	16	8	12	10	34	9
2	14	37	31	11	10	33	30	22
6	25	78	30	21	41	49	38	32
8	24	77	27	16	33	42	50	27
8	21	61	25	18	30	39	48	16
4	15	28	18	13	19	22	28	9
3	15	30	19	10	17	23	28	9
0	5	19	15	25	1	29	28	6
1	6	20	21	16	2	29	28	5
1	12	38	16	7	27	25	19	3
1	10	45	10	8	24	22	22	6
1	9	39	9	5	18	22	20	3
0	9	45	2	7	16	23	21	3

序号	出版社	年份	职工总数	其中		专业职称			
				事业编制	其他人员	正高职称	副高职称	中级职称	初级职称
90	贵州大学出版社	2005	0	0	0	0	0	0	0
		2006	0	0	0	0	0	0	0
		2007	25	12	13	1	1	11	0
		2008	—	—	—	—	—	—	—
		2009	—	—	—	—	—	—	—
		2010	25	1	24	2	2	3	10
91	四川大学出版社	2005	100	82	18	3	31	28	12
		2006	100	77	23	5	28	25	13
		2007	108	81	27	5	27	24	10
		2008	103	77	26	6	26	26	8
		2009	99	74	25	6	25	25	7
		2010	96	73	23	8	23	28	28
92	西南财经大学出版社	2005	66	23	43	4	5	5	0
		2006	64	22	42	3	6	10	7
		2007	67	22	45	4	5	18	7
		2008	57	24	33	4	5	19	5
		2009	56	20	36	4	5	28	5
		2010	56	18	38	3	5	19	5
93	西南交通大学出版社	2005	32	26	6	2	9	11	5
		2006	37	27	10	2	11	10	4
		2007	48	30	18	2	12	16	12
		2008	52	37	15	4	14	18	16
		2009	58	36	22	5	16	20	16
		2010	60	31	29	5	16	20	16
94	西南师范大学出版社	2005	150	128	22	6	42	50	33
		2006	168	106	62	6	34	62	45
		2007	170	103	67	6	33	60	46
		2008	148	77	71	4	27	53	45
		2009	148	78	70	4	28	53	44
		2010	148	54	94	8	32	47	47
95	云南大学出版社	2005	55	27	28	8	14	14	8
		2006	52	27	25	8	11	15	11
		2007	60	27	33	7	14	13	10
		2008	56	26	30	8	12	13	10
		2009	59	21	38	8	9	15	11
		2010	57	20	37	8	8	12	6

文化程度					年龄结构			
博士研究生	硕士研究生	大学本科	大学专科	高中及以下	30岁及以下	31～40岁	41～50岁	51岁及以上
0	0	0	0	0	0	0	0	0
0	0	0	0	0	0	0	0	0
1	1	23	0	0	2	15	7	1
—	—	—	—	—	—	—	—	—
—	—	—	—	—	—	—	—	—
2	10	11	2	0	5	17	1	2
2	10	57	19	12	16	28	22	34
2	8	65	15	10	24	23	32	21
2	14	62	17	13	24	26	37	21
2	18	54	17	12	19	20	37	27
2	17	52	16	12	18	20	37	24
4	18	53	16	5	14	29	36	17
3	5	31	10	17	28	20	17	1
2	3	36	12	11	20	19	22	3
2	6	44	10	5	20	21	21	5
2	7	29	13	6	15	14	20	8
2	8	31	10	5	22	12	15	7
1	8	31	12	4	18	15	15	8
0	7	14	6	5	3	16	11	2
0	8	17	8	4	7	16	13	1
0	9	24	12	3	13	23	10	2
1	17	30	4	0	16	16	16	4
1	22	32	3	0	18	20	16	4
1	23	33	3	0	20	20	16	4
4	53	65	23	5	71	45	22	12
4	62	72	27	3	80	51	24	13
4	63	73	27	3	82	51	24	13
4	56	62	24	2	69	45	22	12
4	57	61	24	2	70	45	22	11
16	43	68	20	1	55	40	37	16
1	13	19	14	8	15	18	13	9
1	16	16	13	6	14	14	11	13
1	17	20	15	7	15	17	13	15
1	12	25	10	8	11	16	13	16
1	14	25	11	8	17	16	10	16
1	12	25	12	7	16	16	9	16

序号	出版社	年份	职工总数	其中		专业职称			
				事业编制	其他人员	正高职称	副高职称	中级职称	初级职称
96	重庆大学出版社	2005	137	49	88	2	12	27	61
		2006	163	48	115	3	12	28	75
		2007	119	38	81	3	11	20	48
		2008	136	39	97	3	13	27	4
		2009	127	37	90	2	12	36	77
		2010	136	31	105	3	11	37	6
97	兰州大学出版社	2005	83	40	43	1	11	28	43
		2006	82	39	43	1	11	22	13
		2007	76	36	40	3	12	26	6
		2008	71	34	37	1	14	19	15
		2009	76	30	46	0	10	16	21
		2010	76	30	46	0	10	16	21
98	陕西师范大学出版社	2005	170	53	117	5	10	99	36
		2006	129	53	76	4	13	34	45
		2007	134	51	83	3	15	34	64
		2008	215	97	118	4	31	64	86
		2009	289	100	189	4	34	55	86
		2010	294	103	191	5	37	58	23
99	西安电子科技大学出版社	2005	106	36	70	2	8	16	33
		2006	119	35	84	1	16	27	33
		2007	108	34	74	1	14	15	22
		2008	105	33	72	1	14	12	65
		2009	92	29	63	1	13	10	6
		2010	87	29	58	1	12	15	6
100	西安交通大学出版社	2005	73	52	21	2	15	10	13
		2006	72	49	23	2	16	38	16
		2007	75	48	27	2	15	12	1
		2008	115	53	62	2	15	13	5
		2009	106	45	61	3	11	23	41
		2010	143	51	92	3	15	29	44
101	西北大学出版社	2005	47	35	12	2	7	11	16
		2006	47	22	25	2	8	11	14
		2007	51	22	29	3	8	12	8
		2008	53	22	31	5	7	14	15
		2009	55	22	33	5	5	15	15
		2010	58	21	37	5	5	17	13

文化程度					年龄结构			
博士研究生	硕士研究生	大学本科	大学专科	高中及以下	30岁及以下	31～40岁	41～50岁	51岁及以上
0	30	54	28	25	67	34	30	6
1	36	74	21	31	95	34	28	6
2	34	57	9	17	49	31	29	10
1	21	88	11	15	70	32	24	10
2	19	79	13	14	61	31	27	8
3	26	84	10	13	57	45	27	7
4	10	30	23	16	17	27	35	4
3	10	29	24	16	17	25	34	6
6	10	36	14	10	21	18	31	6
6	12	34	11	8	21	10	34	6
2	7	31	14	22	14	32	26	4
2	7	31	14	22	14	32	26	4
1	16	94	26	33	60	74	26	10
0	14	71	24	20	41	40	30	18
0	21	77	23	13	44	43	32	15
1	32	147	19	16	51	78	65	21
1	67	174	35	12	72	101	88	28
1	71	169	32	21	121	68	74	31
0	0	51	41	14	39	23	37	7
0	2	59	35	23	33	59	19	8
0	1	48	29	30	36	33	29	10
0	2	61	36	6	40	25	31	9
0	1	33	58	0	32	19	31	10
0	1	51	30	5	18	22	39	8
0	5	45	6	17	20	19	27	7
2	11	38	5	16	10	28	25	9
2	5	47	7	14	14	24	24	13
2	11	54	24	24	37	37	27	14
2	25	63	11	5	36	27	28	15
2	34	65	12	30	43	40	38	22
0	2	23	11	11	15	14	15	3
0	2	20	16	9	12	12	18	5
0	3	24	14	10	15	11	17	8
0	3	25	16	9	15	13	17	8
0	3	24	16	12	15	11	16	13
0	3	27	16	12	19	11	16	12

序号	出版社	年份	职工总数	其中		专业职称			
				事业编制	其他人员	正高职称	副高职称	中级职称	初级职称
102	西北工业大学出版社	2005	82	30	52	4	7	21	10
		2006	74	28	46	4	9	21	24
		2007	73	28	45	4	8	11	8
		2008	83	27	56	4	9	11	27
		2009	76	27	49	4	9	21	24
		2010	79	27	52	4	9	22	24
103	西北农林科技大学出版社	2005	32	19	13	0	6	11	10
		2006	27	17	10	0	7	10	4
		2007	34	21	13	0	5	11	3
		2008	32	19	13	1	5	11	12
		2009	30	17	13	1	5	10	11
		2010	32	19	13	5	2	12	5
104	新疆大学出版社	2005	36	33	3	2	4	17	10
		2006	33	33	0	2	4	15	12
		2007	34	29	5	1	4	15	9
		2008	33	26	7	1	5	18	5
		2009	34	25	9	0	5	15	2
		2010	36	24	12	0	6	15	3
105	人民教育出版社	2005	674	457	217	29	125	202	61
		2006	658	434	224	55	127	210	118
		2007	566	461	105	39	101	163	38
		2008	620	422	198	70	123	179	86
		2009	561	444	117	42	121	197	62
		2010	530	0	530	47	149	194	54
106	高等教育出版社	2005	730	372	358	39	126	210	120
		2006	718	600	118	46	132	224	175
		2007	929	625	304	49	159	275	143
		2008	965	625	340	56	159	300	336
		2009	983	625	358	58	167	293	306
		2010	808	625	183	51	149	458	125
107	教育科学出版社	2005	134	45	89	5	18	37	15
		2006	156	46	110	5	18	46	15
		2007	163	45	118	3	17	61	11
		2008	170	46	124	5	22	66	12
		2009	193	47	146	8	21	76	12
		2010	167	0	167	4	16	68	8

文化程度					年龄结构			
博士研究生	硕士研究生	大学本科	大学专科	高中及以下	30岁及以下	31～40岁	41～50岁	51岁及以上
2	7	30	17	26	26	28	19	9
0	9	33	18	14	30	28	10	6
0	7	27	16	23	17	28	20	8
1	9	37	21	15	16	41	17	9
0	9	33	20	14	30	30	10	6
1	11	31	20	16	13	27	29	10
0	1	21	10	0	6	19	6	1
0	3	20	4	0	6	19	2	0
1	1	23	9	0	6	20	7	1
0	0	21	11	0	9	10	12	1
0	1	20	9	0	9	10	11	0
1	3	19	7	2	9	18	5	0
0	2	25	5	4	2	13	13	8
0	1	24	6	2	2	12	11	8
0	1	22	7	4	3	4	23	4
0	2	19	5	7	3	5	20	5
0	2	26	3	3	1	2	25	6
0	3	20	10	3	2	0	28	6
34	237	298	77	28	217	174	185	98
37	225	177	123	96	183	185	140	150
38	277	152	74	25	72	193	148	153
41	299	169	77	34	116	223	139	142
42	231	203	67	18	74	230	152	105
42	296	115	57	20	67	223	142	98
33	198	296	87	116	224	230	186	90
45	255	295	65	58	239	247	145	87
54	301	324	105	145	242	320	231	136
50	344	336	98	137	246	345	235	139
67	358	344	95	119	231	366	251	135
69	386	283	48	22	231	338	159	80
0	33	47	29	25	44	32	32	26
2	41	54	30	29	59	37	31	29
2	51	56	29	25	66	38	33	26
1	53	63	26	27	62	44	38	26
3	63	67	28	32	68	55	42	28
2	63	57	20	25	58	63	34	12

序号	出版社	年份	职工总数	其中		专业职称			
				事业编制	其他人员	正高职称	副高职称	中级职称	初级职称
108	语文出版社	2005	173	98	75	7	33	28	13
		2006	100	90	10	3	21	20	7
		2007	103	89	14	3	20	22	6
		2008	103	89	14	3	20	22	6
		2009	103	89	14	3	20	22	6
		2010	103	84	19	2	20	22	7

注：表中"—"表示数据未报送。

文化程度					年龄结构			
博士研究生	硕士研究生	大学本科	大学专科	高中及以下	30岁及以下	31～40岁	41～50岁	51岁及以上
2	31	59	73	8	35	52	35	51
2	11	36	39	12	19	28	24	29
2	13	35	37	16	22	28	24	29
2	13	35	37	16	22	28	24	29
2	13	35	37	16	22	28	24	29
2	13	35	37	16	23	28	24	28

序号	出版社	年份	全年出版图书（含重印）	其中			新版图书						学术著作	一般图书
				新版	重版	重印	教育图书							
							高等教育		基础教育		职业成人教育	社会教育		
							教材	教辅	教材	教辅				
1	北京大学出版社	2005	3 211	1 731	289	1 191	730	88	15	143	73	57	495	130
		2006	3 309	1 497	430	1 382	575	66	9	139	33	56	475	144
		2007	3 353	1 379	470	1 504	493	48	16	98	18	25	396	285
		2008	3 324	1 579	374	1 371	613	17	1	65	5	12	453	413
		2009	3 998	1 535	396	2 067	682	6	13	1	17	12	449	355
		2010	3 069	1 660	151	1 258	667	13	16	33	5	10	686	230
2	北京大学医学出版社	2005	360	143	14	203	41	33	0	0	3	0	66	0
		2006	370	200	21	149	73	14	69	14	0	0	18	12
		2007	473	243	21	209	64	44	0	0	0	0	54	81
		2008	625	284	64	277	81	27	0	0	0	0	159	17
		2009	592	182	48	362	19	21	0	0	1	35	61	45
		2010	697	227	12	458	66	29	13	0	2	0	111	6
3	北京工业大学出版社	2005	231	155	0	76	48	0	0	29	19	57	1	1
		2006	193	104	0	89	42	1	0	5	29	27	0	0
		2007	208	146	0	62	29	0	0	16	13	64	4	20
		2008	222	146	0	76	20	0	0	13	20	82	2	9
		2009	229	174	0	55	21	0	0	0	48	55	1	49
		2010	448	396	0	52	52	0	0	9	8	109	125	0	93
4	北京航空航天大学出版社	2005	305	163	24	118	77	12	0	0	5	0	5	64
		2006	329	196	17	116	0	0	0	0	0	0	5	191
		2007	375	249	0	126	72	0	0	0	37	0	12	128
		2008	465	283	0	182	80	0	0	0	35	0	8	160
		2009	501	306	0	195	82	0	0	0	29	0	3	192
		2010	571	333	0	238	121	0	0	0	9	0	4	199
5	北京交通大学出版社	2005	460	240	0	220	236	0	0	0	0	0	4	0
		2006	531	243	0	288	221	5	0	0	1	0	1	15
		2007	606	250	0	356	249	0	0	0	0	0	1	0
		2008	640	288	23	329	288	0	0	0	0	0	0	0
		2009	946	418	20	508	398	7	0	0	0	0	12	1
		2010	1 281	487	29	765	456	8	9	0	1	0	11	2
6	北京理工大学出版社	2005	433	230	27	176	68	9	0	41	35	0	12	65
		2006	541	282	0	259	151	8	0	19	2	29	15	58
		2007	905	423	58	424	270	4	0	20	0	18	29	82
		2008	1 166	499	55	612	213	0	0	32	1	25	25	203
		2009	1 984	963	110	911	485	0	0	80	76	15	34	273
		2010	1 643	938	73	632	513	0	0	40	127	19	13	226

出版社图书出版情况表

版权贸易								全年出版新书作者总人数	其中	
版权引进	其中			版权输出	其中				校内作者人数	校外作者人数
	教材	学术著作	一般图书		教材	学术著作	一般图书			
309	65	103	141	51	43	5	3	1 443	334	1 109
396	160	173	63	51	32	6	13	1 484	284	1 200
185	69	53	63	59	47	5	7	1 385	325	1 060
255	76	137	42	73	60	3	10	1 925	433	1 492
183	91	65	27	48	33	10	5	1 881	280	1 601
108	34	51	23	71	44	14	13	1 921	380	1 541
38	11	27	0	11	7	1	3	1 883	753	1 130
42	1	35	6	0	0	0	0	2 070	621	1 449
66	7	56	3	1	0	1	0	2 478	816	1 662
67	0	66	1	1	0	1	0	3 175	1 030	2 145
60	19	41	0	0	0	0	0	3 669	917	2 752
58	11	47	0	0	0	0	0	2 341	468	1 873
0	0	0	0	2	0	0	2	120	36	84
0	0	0	0	2	0	0	2	150	30	120
0	0	0	0	0	0	0	0	146	9	137
0	0	0	0	2	0	0	2	20	8	12
0	0	0	0	0	0	0	0	255	35	220
0	0	0	0	1	0	0	1	387	17	370
10	0	0	10	0	0	0	0	137	59	78
9	0	0	9	0	0	0	0	154	36	118
11	0	0	11	0	0	0	0	234	47	187
18	0	0	18	3	0	0	3	283	26	257
19	0	0	19	4	0	0	4	306	30	276
7	0	0	7	2	0	0	2	333	8	325
0	0	0	0	0	0	0	0	316	86	230
0	0	0	0	0	0	0	0	438	68	370
1	1	0	0	0	0	0	0	1 200	256	944
0	0	0	0	0	0	0	0	1 520	306	1 214
0	0	0	0	0	0	0	0	1 752	206	1 546
1	0	0	1	0	0	0	0	1 985	213	1 772
9	1	3	5	1	1	0	0	407	43	364
14	2	3	9	0	0	0	0	461	45	416
25	0	4	21	0	0	0	0	703	60	643
33	0	4	29	3	0	0	3	670	30	640
5	1	1	3	11	0	0	11	1 623	60	1 563
29	14	0	15	2	0	0	2	1 269	55	1 214

序号	出版社	年份	全年出版图书（含重印）	其中			新版图书							
				新版	重版	重印	教育图书				职业成人教育	社会教育	学术著作	一般图书
							高等教育		基础教育					
							教材	教辅	教材	教辅				
7	北京师范大学出版社	2005	2 067	441	841	785	14	0	100	198	36	23	41	29
		2006	1 781	593	182	1 006	70	0	124	106	122	33	59	79
		2007	2 495	782	375	1 338	150	0	61	370	75	0	85	41
		2008	4 195	785	584	2 826	113	0	70	394	84	0	106	18
		2009	3 993	862	443	2 688	96	16	29	312	138	18	181	72
		2010	3 136	1 028	251	1 857	134	22	15	125	273	137	230	92
8	北京体育大学出版社	2005	458	194	0	264	46	0	0	0	6	0	9	133
		2006	480	188	0	292	0	0	0	0	0	20	0	168
		2007	527	244	0	283	14	0	0	0	0	0	23	207
		2008	490	193	297	0	21	0	0	0	0	0	25	147
		2009	521	206	315	0	37	0	0	0	0	0	40	129
		2010	510	261	87	162	87	0	0	0	0	0	78	96
9	北京邮电大学出版社	2005	285	148	15	122	54	13	0	16	11	3	9	42
		2006	625	198	7	420	137	20	0	10	12	3	12	4
		2007	711	242	13	456	179	25	0	0	10	3	15	10
		2008	651	234	21	396	158	20	0	0	30	11	5	10
		2009	686	245	19	422	130	21	0	0	15	10	9	60
		2010	847	359	20	468	240	32	0	17	44	0	8	18
10	北京语言大学出版社	2005	485	198	9	278	37	6	0	0	0	0	12	143
		2006	618	236	10	372	0	0	0	0	0	149	11	76
		2007	752	286	8	458	0	0	0	0	0	252	20	14
		2008	725	304	12	409	0	0	0	0	0	271	25	8
		2009	890	278	4	608	140	0	70	0	0	0	21	47
		2010	1 017	402	0	615	225	0	88	0	0	0	22	67
11	对外经济贸易大学出版社	2005	364	186	7	171	70	42	0	2	23	22	13	14
		2006	420	198	12	210	95	8	0	5	33	25	14	18
		2007	436	218	26	192	131	15	0	8	20	10	33	1
		2008	431	251	20	160	127	28	0	0	21	25	33	17
		2009	426	246	48	132	147	39	1	0	3	11	36	9
		2010	508	281	32	195	171	12	0	0	0	29	50	19
12	河北大学出版社	2005	120	76	0	44	4	1	20	8	0	4	5	34
		2006	104	42	1	61	2	0	0	9	2	1	9	19
		2007	114	63	1	50	0	0	0	3	0	0	13	47
		2008	162	124	0	38	13	0	0	13	2	3	26	67
		2009	193	150	0	43	12	10	0	31	9	0	20	68
		2010	283	213	24	46	91	12	0	41	1	0	12	56

| 版权引进 | 其中 | | | 版权输出 | 其中 | | | 全年出版新书作者总人数 | 其中 | |
	教材	学术著作	一般图书		教材	学术著作	一般图书		校内作者人数	校外作者人数
66	0	42	24	16	14	0	2	440	160	280
43	10	8	25	3	1	0	2	1 400	400	1 000
24	0	24	0	2	0	0	2	800	300	500
8	0	4	4	0	0	0	0	1 200	400	800
37	0	37	0	54	0	0	54	1 761	345	1 416
27	0	27	0	118	4	114	0	2 143	411	1 732
6	6	0	0	21	21	0	0	210	53	157
27	0	0	27	9	0	0	9	220	66	154
9	0	0	9	0	0	0	0	244	76	168
10	1	2	7	0	0	0	0	156	61	95
99	19	29	51	5	0	0	5	206	47	159
11	0	0	11	7	0	0	7	347	51	296
6	0	0	6	0	0	0	0	178	95	83
4	0	4	0	1	0	0	1	232	112	120
3	0	3	0	1	0	0	1	255	115	140
5	1	2	2	2	0	0	2	255	105	150
3	0	3	0	2	1	0	1	220	65	155
0	0	0	0	0	0	0	0	806	20	786
22	2	0	20	149	140	0	9	265	150	115
30	0	1	29	236	219	0	17	295	185	110
18	16	0	2	114	94	0	20	395	255	140
24	5	0	19	46	46	0	0	382	251	131
94	82	0	12	99	95	0	4	1 128	677	451
32	15	0	17	97	97	0	0	1 136	683	453
1	0	1	0	0	0	0	0	186	74	112
4	0	1	3	0	0	0	0	198	83	115
1	0	0	1	0	0	0	0	244	94	150
2	0	1	1	0	0	0	0	271	79	192
2	1	0	1	0	0	0	0	294	78	216
2	0	1	1	0	0	0	0	313	77	236
1	0	0	1	0	0	0	0	76	9	67
1	0	0	1	0	0	0	0	218	54	164
0	0	0	0	1	0	0	1	63	12	51
9	0	5	4	0	0	0	0	173	10	163
2	0	0	2	0	0	0	0	516	156	360
0	0	0	0	0	0	0	0	280	110	170

序号	出版社	年份	全年出版图书(含重印)	其中			新版图书						学术著作	一般图书
				新版	重版	重印	教育图书				职业成人教育	社会教育		
							高等教育		基础教育					
							教材	教辅	教材	教辅				
13	旅游教育出版社	2005	233	94	23	116	31	0	0	0	28	3	9	23
		2006	256	108	23	125	26	0	0	0	21	0	21	40
		2007	293	147	13	133	42	0	0	0	33	35	16	21
		2008	327	144	32	151	21	0	0	0	57	35	20	11
		2009	303	132	27	144	29	0	0	0	20	9	16	58
		2010	377	169	49	159	67	0	10	0	15	10	26	41
14	内蒙古大学出版社	2005	215	145	70	0	79	0	0	10	1	0	35	20
		2006	228	150	70	8	99	0	0	2	0	0	48	1
		2007	330	200	130	0	69	0	15	0	25	60	30	1
		2008	388	249	139	0	102	0	0	21	0	0	57	69
		2009	357	227	0	130	86	9	12	19	0	20	75	6
		2010	286	122	0	164	59	4	0	2	3	0	34	20
15	南开大学出版社	2005	498	207	22	269	95	53	15	4	8	14	36	1
		2006	517	213	107	197	114	25	0	0	4	5	33	32
		2007	435	174	55	206	74	14	0	0	6	34	34	12
		2008	435	229	17	189	106	46	0	0	11	0	49	17
		2009	498	227	90	181	89	24	0	0	6	1	68	39
		2010	498	265	26	207	157	16	0	0	0	0	60	32
16	清华大学出版社	2005	4 175	2 216	45	1 914	1 041	99	15	4	49	173	34	801
		2006	4 689	2 073	100	2 516	882	48	162	8	125	186	26	636
		2007	5 523	2 115	190	3 218	1 119	83	18	6	126	153	55	555
		2008	5 735	2 016	196	3 523	1 231	40	8	1	126	156	52	402
		2009	5 957	3 630	276	2 051	1 439	47	253	1	0	236	74	1 580
		2010	6 447	2 593	0	3 854	1 118	38	437	0	31	208	94	667
17	首都经济贸易大学出版社	2005	292	72	23	197	50	3	0	2	0	0	12	5
		2006	226	85	30	111	50	1	0	0	5	3	16	10
		2007	226	80	40	106	60	0	0	0	0	0	13	7
		2008	244	113	33	98	82	3	0	0	4	0	13	11
		2009	243	118	0	125	80	0	0	0	0	0	20	18
		2010	270	107	4	159	70	0	0	0	0	6	30	1
18	首都师范大学出版社	2005	254	139	51	64	15	3	10	32	7	36	15	21
		2006	344	171	50	123	5	1	38	88	4	4	24	7
		2007	361	144	0	217	11	9	16	39	31	1	14	23
		2008	489	214	65	210	25	23	28	56	34	2	16	30
		2009	501	265	68	168	20	33	23	74	32	15	21	47
		2010	621	338	74	209	18	96	6	116	37	8	15	42

版权引进	版权贸易			版权输出				全年出版新书作者总人数	其中	
	其中				其中				校内作者人数	校外作者人数
	教材	学术著作	一般图书		教材	学术著作	一般图书			
11	0	10	1	0	0	0	0	121	46	75
27	0	6	21	0	0	0	0	132	49	83
12	0	0	12	2	2	0	0	185	72	113
31	0	0	31	2	2	0	0	182	32	150
51	0	1	50	0	0	0	0	156	42	114
0	0	0	0	0	0	0	0	182	35	147
0	0	0	0	1	0	0	1	135	12	123
1	0	1	0	1	0	1	0	159	31	128
0	0	0	0	0	0	0	0	147	39	108
0	0	0	0	0	0	0	0	161	69	92
1	0	1	0	0	0	0	0	227	89	138
0	0	0	0	0	0	0	0	150	38	112
15	15	0	0	4	4	0	0	580	276	304
23	23	0	0	0	0	0	0	575	330	245
23	23	0	0	0	0	0	0	480	230	250
2	1	1	0	0	0	0	0	480	228	252
3	1	2	0	0	0	0	0	508	241	267
25	7	2	16	0	0	0	0	508	241	267
217	172	3	42	20	18	1	1	2 216	288	1 928
316	207	11	98	32	6	22	4	2 716	358	2 358
284	137	111	36	16	2	10	4	2 534	224	2 310
268	107	35	126	28	7	18	3	2 478	220	2 258
322	177	32	113	13	0	10	3	2 726	242	2 484
324	215	12	97	70	0	11	59	2 726	242	2 484
0	0	0	0	0	0	0	0	288	71	217
1	0	1	0	0	0	0	0	425	201	224
0	0	0	0	0	0	0	0	700	280	420
0	0	0	0	0	0	0	0	880	95	785
0	0	0	0	0	0	0	0	332	126	206
0	0	0	0	0	0	0	0	374	112	262
3	0	3	0	0	0	0	0	510	170	340
3	0	0	3	0	0	0	0	390	146	244
4	0	0	4	0	0	0	0	404	80	324
6	0	0	6	0	0	0	0	424	85	339
17	0	0	17	0	0	0	0	432	96	336
16	0	5	11	4	0	0	4	546	87	459

序号	出版社	年份	全年出版图书(含重印)	其中			新版图书						学术著作	一般图书
				新版	重版	重印	教育图书 高等教育 教材	教辅	基础教育 教材	教辅	职业成人教育	社会教育		
19	天津大学出版社	2005	339	132	4	203	72	14	0	0	32	0	7	7
		2006	384	177	16	191	83	54	0	0	12	0	0	28
		2007	453	268	1	184	73	57	0	0	22	0	20	96
		2008	481	275	0	206	124	20	0	0	0	0	3	128
		2009	647	444	53	150	220	0	0	0	0	0	0	224
		2010	788	489	4	295	127	48	0	0	156	0	14	144
20	外语教学与研究出版社	2005	2 541	718	0	1 823	65	30	133	51	21	16	55	347
		2006	3 519	766	0	2 753	174	49	103	201	5	70	44	120
		2007	4 343	972	0	3 371	145	71	42	103	30	39	94	448
		2008	4 987	1 274	0	3 713	466	16	15	110	16	38	81	532
		2009	4 616	1 306	0	3 310	263	102	56	125	40	165	153	402
		2010	3 974	1 224	0	2 750	199	58	39	129	31	105	157	506
21	中国传媒大学出版社	2005	290	202	6	82	18	12	11	12	22	8	89	30
		2006	335	244	0	91	0	0	0	19	0	0	150	75
		2007	338	230	2	106	65	18	0	0	45	0	80	22
		2008	362	266	0	96	36	34	2	0	38	0	113	43
		2009	338	230	2	106	65	18	0	0	45	0	80	22
		2010	397	272	0	125	136	0	0	0	0	0	101	35
22	中国农业大学出版社	2005	233	150	0	83	97	0	4	0	0	0	9	40
		2006	256	124	0	132	49	46	0	0	27	0	0	2
		2007	493	256	12	225	116	0	0	0	42	0	18	80
		2008	549	222	17	310	116	0	0	0	0	0	22	84
		2009	762	253	0	509	100	15	0	0	0	0	30	108
		2010	557	222	0	335	115	19	0	0	0	0	10	78
23	中国人民大学出版社	2005	1 588	864	73	651	371	84	0	51	25	34	247	52
		2006	1 687	902	86	699	263	160	0	22	38	10	250	159
		2007	2 196	1 199	174	823	478	95	0	11	89	34	290	202
		2008	2 196	1 144	205	847	340	176	0	1	107	19	278	223
		2009	2 503	1 395	197	911	396	222	0	0	151	27	247	352
		2010	2 765	1 442	205	1 118	447	187	0	8	173	86	275	266
24	中国人民公安大学出版社	2005	672	314	23	335	117	13	0	0	30	53	63	38
		2006	673	255	30	388	106	11	0	0	28	48	58	4
		2007	727	342	23	362	106	12	0	1	7	2	91	123
		2008	670	390	20	260	195	0	0	0	20	10	124	41
		2009	751	445	34	272	243	22	0	0	20	4	116	40
		2010	640	399	21	220	210	18	0	0	15	3	96	57

| 版权引进 | 其中 | | | 版权输出 | 其中 | | | 全年出版新书作者总人数 | 其中 | |
	教材	学术著作	一般图书		教材	学术著作	一般图书		校内作者人数	校外作者人数
7	0	0	7	0	0	0	0	128	77	51
6	0	0	6	1	0	0	1	123	48	75
6	0	0	6	5	0	0	5	161	62	99
5	0	0	5	0	0	0	0	196	118	78
9	0	0	9	5	0	0	5	1 000	100	900
0	0	0	0	0	0	0	0	515	478	37
273	100	50	123	16	7	0	9	1 436	195	1 241
629	311	74	244	30	11	5	14	1 915	208	1 707
189	120	23	46	30	16	11	3	2 320	212	2 108
499	127	31	341	45	28	0	17	2 837	224	2 613
499	227	30	242	46	18	17	11	2 852	211	2 641
902	524	42	336	182	143	2	37	2 697	186	2 511
6	0	0	6	6	0	0	6	170	84	86
14	0	14	0	1	0	0	1	244	120	124
3	0	0	3	0	0	0	0	256	74	182
14	0	14	0	0	0	0	0	251	99	152
3	0	0	3	0	0	0	0	256	74	182
21	0	2	19	0	0	0	0	283	176	107
5	0	0	5	0	0	0	0	175	95	80
8	0	0	8	2	1	0	1	124	50	74
9	0	9	0	1	0	1	0	208	58	150
14	0	5	9	0	0	0	0	239	45	194
9	0	9	0	0	0	0	0	253	72	181
0	0	0	0	0	0	0	0	238	59	179
216	71	130	15	3	1	2	0	2 700	1 100	1 600
285	39	146	100	43	4	20	19	1 800	1 080	720
382	229	118	35	69	14	35	20	2 900	1 305	1 595
375	0	199	176	89	48	33	8	5 500	1 650	3 850
520	219	234	67	129	10	81	38	6 507	2 928	3 579
419	159	82	178	124	15	44	65	5 921	1 761	4 160
10	0	6	4	0	0	0	0	610	122	488
5	0	4	1	0	0	0	0	615	123	492
18	0	18	0	0	0	0	0	442	200	242
3	0	3	0	0	0	0	0	1 170	390	780
6	0	4	2	0	0	0	0	890	356	534
9	0	6	3	0	0	0	0	880	368	512

序号	出版社	年份	全年出版图书（含重印）	其中			新版图书							
							教育图书						学术著作	一般图书
				新版	重版	重印	高等教育		基础教育		职业成人教育	社会教育		
							教材	教辅	教材	教辅				
25	中国协和医科大学出版社	2005	206	109	0	97	7	11	0	0	20	0	41	30
		2006	217	107	5	105	7	15	0	0	0	0	70	15
		2007	213	82	35	96	4	4	0	0	5	5	35	29
		2008	264	119	43	102	9	3	0	0	42	0	50	15
		2009	194	142	10	42	5	78	0	0	0	0	51	8
		2010	243	134	9	100	12	58	0	0	0	0	48	16
26	中国政法大学出版社	2005	404	182	15	207	38	2	0	0	9	0	133	0
		2006	378	153	12	213	68	4	0	0	8	0	72	1
		2007	447	190	77	180	81	13	0	0	0	0	96	0
		2008	434	190	22	222	79	24	0	0	0	0	76	11
		2009	385	207	8	170	49	11	0	0	0	0	93	54
		2010	432	224	19	189	113	5	0	0	0	0	87	19
27	中央广播电视大学出版社	2005	1 174	345	12	817	96	161	0	18	52	0	13	5
		2006	981	231	32	718	96	46	0	0	33	16	28	12
		2007	802	183	43	576	98	35	0	0	22	10	0	18
		2008	840	183	12	645	52	27	0	2	44	0	0	58
		2009	990	423	16	551	52	27	0	31	68	32	19	194
		2010	868	285	12	571	137	34	0	0	15	9	8	82
28	中央民族大学出版社	2005	135	121	0	14	14	36	0	0	2	1	30	38
		2006	253	209	0	44	44	9	3	27	5	0	120	1
		2007	209	168	0	41	16	0	0	16	17	0	84	35
		2008	144	129	0	15	19	0	1	0	2	1	93	13
		2009	193	167	0	26	16	0	0	0	0	1	143	7
		2010	173	154	0	19	9	0	1	5	0	0	122	17
29	中央音乐学院出版社	2005	62	56	0	6	13	10	0	5	0	8	9	11
		2006	69	49	0	20	3	4	5	3	0	4	11	19
		2007	60	43	0	17	9	13	1	0	0	1	6	13
		2008	56	39	0	17	5	3	0	4	1	2	18	6
		2009	41	26	0	15	7	4	4	0	0	0	9	2
		2010	51	24	0	27	3	7	0	0	0	0	10	4
30	大连海事大学出版社	2005	276	89	2	185	35	16	0	0	13	0	9	16
		2006	285	125	3	157	51	27	0	3	6	0	20	18
		2007	248	94	4	150	15	0	0	1	27	0	24	27
		2008	327	128	6	193	78	0	0	3	32	0	7	8
		2009	312	138	2	172	86	0	0	0	17	0	10	25
		2010	302	122	0	180	62	1	0	0	30	0	9	20

版权引进	其中			版权输出	其中			全年出版新书作者总人数	其中	
	教材	学术著作	一般图书		教材	学术著作	一般图书		校内作者人数	校外作者人数
4	0	4	0	1	0	1	0	1 630	540	1 090
3	0	3	0	0	0	0	0	1 545	480	1 065
4	0	4	0	0	0	0	0	1 980	476	1 504
7	0	0	7	0	0	0	0	1 980	320	1 660
5	1	4	0	0	0	0	0	184	73	111
1	0	1	0	0	0	0	0	184	73	111
3	0	3	0	0	0	0	0	297	79	218
5	0	5	0	0	0	0	0	263	149	114
3	0	3	0	0	0	0	0	275	155	120
6	0	6	0	0	0	0	0	415	280	135
12	1	11	0	0	0	0	0	1 230	740	490
21	0	21	0	0	0	0	0	1 165	692	473
0	0	0	0	0	0	0	0	251	26	225
18	18	0	0	0	0	0	0	659	30	629
0	0	0	0	0	0	0	0	678	271	407
7	0	0	7	0	0	0	0	530	30	500
18	0	0	18	0	0	0	0	680	272	408
0	0	0	0	0	0	0	0	705	272	433
0	0	0	0	0	0	0	0	142	32	110
0	0	0	0	0	0	0	0	253	138	115
0	0	0	0	0	0	0	0	209	75	134
1	0	1	0	0	0	0	0	150	90	60
8	0	8	0	0	0	0	0	202	133	69
0	0	0	0	0	0	0	0	201	130	71
4	3	1	0	0	0	0	0	56	32	24
5	0	5	0	0	0	0	0	41	23	18
3	1	2	0	0	0	0	0	32	21	11
8	0	8	0	0	0	0	0	39	13	26
3	0	1	2	0	0	0	0	26	15	11
2	0	2	0	0	0	0	0	24	15	9
0	0	0	0	0	0	0	0	190	115	75
0	0	0	0	0	0	0	0	516	143	373
0	0	0	0	0	0	0	0	316	68	248
0	0	0	0	0	0	0	0	365	125	240
0	0	0	0	0	0	0	0	430	185	245
0	0	0	0	0	0	0	0	340	128	212

序号	出版社	年份	全年出版图书(含重印)	其中			新版图书							
				新版	重版	重印	教育图书						学术著作	一般图书
							高等教育		基础教育		职业成人教育	社会教育		
							教材	教辅	教材	教辅				
31	大连理工大学出版社	2005	794	280	150	364	92	67	7	17	0	36	6	55
		2006	979	348	126	505	126	81	8	27	27	21	16	42
		2007	1 144	391	150	603	158	41	16	15	6	5	21	129
		2008	1 750	702	230	818	382	20	22	40	0	3	43	192
		2009	1 897	663	308	926	345	25	18	55	0	15	20	185
		2010	1 991	670	283	1 038	409	71	21	56	0	10	17	86
32	东北财经大学出版社	2005	574	181	52	341	93	5	0	0	0	23	24	36
		2006	640	161	43	436	116	2	0	0	0	19	23	1
		2007	649	234	55	360	122	10	0	0	15	0	36	51
		2008	697	246	89	362	159	8	0	0	0	0	44	35
		2009	707	255	88	364	165	10	0	0	0	0	27	53
		2010	770	210	114	446	135	8	0	0	0	0	27	40
33	东北大学出版社	2005	211	122	0	89	62	20	0	2	4	0	28	6
		2006	203	120	0	83	60	13	0	1	1	0	33	12
		2007	213	145	4	64	57	24	3	13	1	0	32	15
		2008	230	148	6	76	39	5	18	30	1	0	47	8
		2009	259	139	0	120	40	3	2	28	0	0	60	6
		2010	225	125	0	100	46	0	0	2	24	0	38	15
34	东北林业大学出版社	2005	181	122	13	46	50	9	0	1	10	6	36	10
		2006	159	133	2	24	42	13	0	5	19	11	30	13
		2007	182	159	8	15	68	21	0	9	18	6	31	6
		2008	217	198	9	10	50	43	0	9	19	18	49	10
		2009	173	156	3	14	51	21	0	4	13	2	50	15
		2010	183	141	3	39	51	20	0	8	8	11	37	6
35	东北师范大学出版社	2005	2 669	350	485	1 834	18	0	0	223	81	0	15	13
		2006	1 352	340	60	952	48	0	30	123	98	0	38	3
		2007	1 596	415	64	1 117	23	0	2	285	80	0	23	2
		2008	2 408	597	29	1 782	33	0	0	364	115	0	60	25
		2009	2 001	738	211	1 052	16	34	6	282	146	66	134	54
		2010	2 284	802	65	1 417	16	16	0	185	313	90	85	97
36	哈尔滨工程大学出版社	2005	385	116	125	144	50	20	0	0	21	0	15	10
		2006	222	155	65	2	55	23	0	19	41	10	4	3
		2007	338	217	101	20	160	29	0	2	0	4	2	20
		2008	481	255	23	203	120	40	0	0	35	0	20	40
		2009	362	219	38	105	95	15	0	0	38	0	38	33
		2010	547	308	0	239	140	53	0	0	40	0	30	45

| 版权引进 | 版权贸易 | | | 版权输出 | | | | 全年出版新书作者总人数 | 其中 | |
	教材	学术著作	一般图书		教材	学术著作	一般图书		校内作者人数	校外作者人数
44	10	0	34	1	0	0	1	2 520	1 764	756
22	4	1	17	2	0	0	2	1 040	410	630
62	16	0	46	3	0	0	3	2 280	910	1 370
91	5	2	84	7	0	0	7	501	175	326
61	0	5	56	0	0	0	0	655	153	502
21	5	0	16	8	0	0	8	2 840	145	2 695
46	24	2	20	0	0	0	0	956	305	651
21	20	1	0	0	0	0	0	161	49	112
30	14	0	16	1	1	0	0	234	85	149
45	27	3	15	0	0	0	0	246	84	162
37	26	1	10	0	0	0	0	343	95	248
43	30	4	9	0	0	0	0	210	63	147
0	0	0	0	0	0	0	0	600	220	380
0	0	0	0	0	0	0	0	502	170	332
0	0	0	0	0	0	0	0	725	255	470
0	0	0	0	0	0	0	0	740	285	455
1	1	0	0	0	0	0	0	690	138	552
0	0	0	0	0	0	0	0	520	120	400
0	0	0	0	0	0	0	0	302	181	121
0	0	0	0	0	0	0	0	332	187	145
0	0	0	0	0	0	0	0	371	205	166
0	0	0	0	0	0	0	0	441	225	216
0	0	0	0	0	0	0	0	419	217	202
0	0	0	0	0	0	0	0	434	237	197
0	0	0	0	0	0	0	0	346	68	278
2	2	0	0	0	0	0	0	388	78	310
8	0	0	8	55	0	0	55	415	175	240
7	0	0	7	4	0	0	4	560	116	444
7	0	0	7	0	0	0	0	720	145	575
0	0	0	0	0	0	0	0	760	545	215
0	0	0	0	0	0	0	0	120	70	50
196	84	4	108	0	0	0	0	126	92	34
0	0	0	0	0	0	0	0	170	30	140
0	0	0	0	0	0	0	0	230	50	180
0	0	0	0	0	0	0	0	182	73	109
0	0	0	0	0	0	0	0	260	70	190

序号	出版社	年份	全年出版图书（含重印）	其中			新版图书							
				新版	重版	重印	教育图书				职业成人教育	社会教育	学术著作	一般图书
							高等教育		基础教育					
							教材	教辅	教材	教辅				
37	哈尔滨工业大学出版社	2005	367	165	112	90	105	9	0	9	4	14	15	9
		2006	308	153	10	145	59	31	0	27	0	0	22	14
		2007	459	221	52	186	112	28	0	32	0	0	27	22
		2008	479	211	119	149	98	8	0	42	0	0	41	22
		2009	452	168	131	153	82	10	0	28	0	0	38	10
		2010	504	216	37	251	130	10	0	7	0	0	49	20
38	黑龙江大学出版社	2005	0	0	0	0	0	0	0	0	0	0	0	0
		2006	0	0	0	0	0	0	0	0	0	0	0	0
		2007	10	10	0	0	4	0	0	0	0	0	5	1
		2008	99	90	1	8	23	0	0	0	0	0	50	17
		2009	108	95	0	13	22	1	0	0	0	0	40	32
		2010	133	107	0	26	11	5	0	1	0	1	75	14
39	吉林大学出版社	2005	239	210	9	20	30	14	1	40	5	7	45	68
		2006	184	159	4	21	21	8	0	45	10	5	49	21
		2007	268	229	7	32	39	0	0	25	10	5	119	31
		2008	384	342	6	36	130	2	0	4	13	7	131	55
		2009	1 111	1 012	20	79	245	28	0	59	57	54	296	273
		2010	1 868	1 436	113	319	361	180	126	216	13	7	264	269
40	辽宁大学出版社	2005	368	221	57	90	16	5	17	41	21	5	23	93
		2006	308	222	24	62	20	40	12	30	23	10	47	40
		2007	476	271	82	123	24	6	0	24	18	15	146	38
		2008	403	209	78	116	43	7	2	4	9	26	78	40
		2009	415	260	14	141	75	9	0	30	4	6	95	41
		2010	407	262	21	124	51	7	7	8	0	16	133	40
41	辽宁师范大学出版社	2005	573	198	133	242	13	7	79	21	4	11	12	51
		2006	1 371	181	0	1 190	8	0	18	0	0	5	0	150
		2007	765	195	0	570	0	8	49	82	2	0	16	38
		2008	551	162	0	389	5	4	13	121	0	3	7	9
		2009	777	261	0	516	4	1	15	209	0	0	13	19
		2010	1 032	280	0	752	3	0	21	156	0	0	30	70
42	延边大学出版社	2005	171	118	0	53	4	0	0	31	0	0	24	59
		2006	153	129	0	24	14	1	0	35	1	3	23	52
		2007	245	130	0	115	11	0	0	0	0	10	23	86
		2008	338	175	0	163	33	0	0	98	12	0	12	20
		2009	550	380	0	170	5	13	0	307	0	0	15	40
		2010	747	453	0	294	4	0	0	385	0	0	30	34

| 版权贸易 | | | | | | | | 全年出版新书作者总人数 | 其中 | |
| 版权引进 | 其中 | | | 版权输出 | 其中 | | | | 校内作者人数 | 校外作者人数 |
	教材	学术著作	一般图书		教材	学术著作	一般图书			
0	0	0	0	0	0	0	0	435	170	265
0	0	0	0	0	0	0	0	3 674	2 215	1 459
2	1	0	1	1	0	0	1	1 218	961	257
12	0	0	12	0	0	0	0	1 159	856	303
16	0	0	16	0	0	0	0	1 078	642	436
2	0	0	2	0	0	0	0	976	597	379
0	0	0	0	0	0	0	0	0	0	0
0	0	0	0	0	0	0	0	0	0	0
0	0	0	0	0	0	0	0	10	9	1
0	0	0	0	0	0	0	0	111	71	40
0	0	0	0	0	0	0	0	72	40	32
0	0	0	0	0	0	0	0	133	77	56
0	0	0	0	0	0	0	0	187	79	108
0	0	0	0	0	0	0	0	184	71	113
0	0	0	0	0	0	0	0	236	98	138
0	0	0	0	0	0	0	0	280	87	193
0	0	0	0	0	0	0	0	1 450	623	827
0	0	0	0	6	0	0	6	2 606	325	2 281
0	0	0	0	0	0	0	0	260	50	210
1	0	0	1	1	0	0	1	222	135	87
0	0	0	0	0	0	0	0	280	84	196
0	0	0	0	0	0	0	0	303	38	265
0	0	0	0	0	0	0	0	400	75	325
0	0	0	0	1	0	1	0	336	63	273
0	0	0	0	0	0	0	0	436	54	382
0	0	0	0	0	0	0	0	543	20	523
0	0	0	0	0	0	0	0	390	38	352
0	0	0	0	0	0	0	0	543	78	465
0	0	0	0	0	0	0	0	780	109	671
0	0	0	0	0	0	0	0	840	126	714
0	0	0	0	0	0	0	0	163	49	114
0	0	0	0	0	0	0	0	129	42	87
1	0	1	0	1	0	0	1	140	40	100
0	0	0	0	0	0	0	0	265	82	183
0	0	0	0	0	0	0	0	120	28	92
0	0	0	0	0	0	0	0	364	64	300

序号	出版社	年份	全年出版图书（含重印）	其中			新版图书							
				新版	重版	重印	教育图书						学术著作	一般图书
							高等教育		基础教育		职业成人教育	社会教育		
							教材	教辅	教材	教辅				
43	安徽大学出版社	2005	282	140	37	105	36	8	3	8	16	3	58	8
		2006	253	134	15	104	25	11	4	23	14	6	39	12
		2007	299	135	16	148	15	16	4	14	12	5	54	15
		2008	305	157	63	85	54	9	0	1	0	0	67	26
		2009	355	161	167	27	48	10	1	14	2	0	67	19
		2010	326	165	9	152	51	15	2	14	2	0	67	14
44	安徽师范大学出版社	2005	0	0	0	0	0	0	0	0	0	0	0	0
		2006	0	0	0	0	0	0	0	0	0	0	0	0
		2007	0	0	0	0	0	0	0	0	0	0	0	0
		2008	0	0	0	0	0	0	0	0	0	0	0	0
		2009	0	0	0	0	0	0	0	0	0	0	0	0
		2010	104	85	19	0	5	4	0	18	1	4	9	44
45	东华大学出版社	2005	296	141	0	155	74	36	0	0	0	0	0	31
		2006	302	154	20	128	89	25	0	21	0	0	9	10
		2007	295	157	21	117	108	21	0	9	0	0	9	10
		2008	290	160	20	110	105	15	0	0	0	0	5	35
		2009	327	182	0	145	94	52	0	21	0	0	4	11
		2010	258	147	15	96	75	33	0	15	0	0	3	21
46	东南大学出版社	2005	1 158	372	9	777	123	15	0	68	31	6	62	67
		2006	1 033	395	105	533	171	2	0	50	46	12	50	64
		2007	1 650	425	25	1 200	210	40	0	40	30	10	70	25
		2008	1 646	406	40	1 200	220	35	0	40	25	11	60	15
		2009	1 760	500	60	1 200	280	50	0	45	26	12	75	12
		2010	1 330	500	80	750	210	58	0	46	28	10	78	70
47	复旦大学出版社	2005	1 015	513	31	471	278	50	8	8	4	0	127	38
		2006	1 030	442	28	560	237	34	3	5	20	4	106	33
		2007	1 066	475	23	568	244	28	1	3	9	7	128	55
		2008	1 147	485	78	584	231	28	8	0	0	0	145	73
		2009	1 606	546	90	970	385	0	0	0	0	0	0	161
		2010	1 715	570	116	1 029	263	0	0	13	0	0	192	102
48	合肥工业大学出版社	2005	216	175	0	41	56	8	1	19	0	10	37	44
		2006	366	203	0	163	105	8	0	27	0	43	20	0
		2007	404	170	0	234	54	10	0	15	15	3	61	12
		2008	448	179	0	269	82	0	0	2	0	18	50	27
		2009	646	296	7	343	216	11	0	3	0	2	38	26
		2010	468	199	2	267	89	2	0	5	0	1	46	56

| 版权引进 | 版权贸易 | | | 版权输出 | | | | 全年出版新书作者总人数 | 其中 | |
| | 其中 | | | | 其中 | | | | 校内作者人数 | 校外作者人数 |
	教材	学术著作	一般图书		教材	学术著作	一般图书			
0	0	0	0	0	0	0	0	128	42	86
0	0	0	0	0	0	0	0	134	36	98
0	0	0	0	0	0	0	0	135	38	97
0	0	0	0	0	0	0	0	146	35	111
2	0	1	1	0	0	0	0	143	30	113
0	0	0	0	0	0	0	0	162	33	129
0	0	0	0	0	0	0	0	0	0	0
0	0	0	0	0	0	0	0	0	0	0
0	0	0	0	0	0	0	0	0	0	0
0	0	0	0	0	0	0	0	0	0	0
0	0	0	0	0	0	0	0	104	24	80
4	4	0	0	0	0	0	0	176	98	78
0	0	0	0	0	0	0	0	203	145	58
0	0	0	0	0	0	0	0	165	103	62
0	0	0	0	0	0	0	0	160	105	55
0	0	0	0	0	0	0	0	156	89	67
0	0	0	0	0	0	0	0	135	57	78
19	0	0	19	0	0	0	0	782	93	689
39	0	0	39	0	0	0	0	1 180	600	580
35	0	0	35	0	0	0	0	1 500	900	600
32	0	0	32	0	0	0	0	1 450	870	580
27	0	0	27	0	0	0	0	1 680	1 008	672
58	0	0	58	0	0	0	0	1 740	1 044	696
17	6	7	4	25	23	1	1	544	142	402
40	24	13	3	5	3	1	1	470	125	345
46	27	19	0	5	0	5	0	498	172	326
20	2	9	9	8	4	4	0	563	210	353
28	5	10	13	9	0	3	6	546	117	429
33	16	14	3	8	1	7	0	620	280	340
0	0	0	0	0	0	0	0	236	129	107
0	0	0	0	0	0	0	0	1 328	108	1 220
0	0	0	0	0	0	0	0	526	132	394
1	0	0	1	0	0	0	0	718	236	482
0	0	0	0	5	0	0	5	528	96	432
0	0	0	0	1	1	0	0	556	122	434

序号	出版社	年份	全年出版图书(含重印)	新版	重版	重印	高等教育 教材	高等教育 教辅	基础教育 教材	基础教育 教辅	职业成人教育	社会教育	学术著作	一般图书
49	河海大学出版社	2005	298	188	15	95	44	20	0	41	10	5	38	30
		2006	217	110	107	0	23	5	0	16	15	5	30	16
		2007	275	116	44	115	23	2	0	40	6	13	20	12
		2008	241	99	33	109	52	0	0	4	0	1	20	22
		2009	256	106	28	122	31	7	0	12	0	2	21	33
		2010	234	105	25	104	27	0	0	32	0	0	20	26
50	华东理工大学出版社	2005	382	171	29	182	88	6	8	7	12	25	18	7
		2006	383	185	12	186	82	9	18	10	16	10	19	21
		2007	415	181	29	205	83	7	19	20	19	8	0	25
		2008	474	226	19	229	96	9	26	15	19	15	25	21
		2009	423	166	22	235	72	9	0	29	10	12	19	15
		2010	454	232	31	191	86	61	0	31	11	13	18	12
51	华东师范大学出版社	2005	2 164	407	1 086	671	12	4	33	59	25	0	246	28
		2006	1 579	511	244	824	38	0	87	128	46	73	90	49
		2007	1 853	513	288	1 052	89	93	54	92	13	33	115	24
		2008	2 105	743	292	1 070	113	12	48	128	70	152	153	67
		2009	2 485	796	375	1 314	75	11	60	181	69	270	84	46
		2010	2 784	824	220	1 740	127	0	78	226	30	8	225	130
52	江苏大学出版社	2005	0	0	0	0	0	0	0	0	0	0	0	0
		2006	0	0	0	0	0	0	0	0	0	0	0	0
		2007	18	18	0	0	7	0	0	0	6	0	5	0
		2008	52	43	1	8	22	0	0	0	3	0	9	9
		2009	91	73	0	18	19	0	0	0	9	0	31	14
		2010	114	92	0	22	28	0	0	0	0	0	41	23
53	立信会计出版社	2005	445	193	0	252	73	53	0	0	50	0	12	5
		2006	516	171	0	345	88	0	0	0	63	0	12	8
		2007	488	180	0	308	67	18	0	0	40	30	15	10
		2008	524	240	0	284	140	0	0	0	30	35	25	10
		2009	486	217	23	246	117	0	0	0	20	30	19	31
		2010	665	263	21	381	91	0	0	0	60	30	33	49
54	南京大学出版社	2005	735	191	45	499	35	22	0	58	7	6	50	13
		2006	861	266	65	530	66	26	0	60	15	1	43	55
		2007	860	360	140	360	122	0	0	57	17	0	104	60
		2008	1 085	485	113	487	114	14	0	113	0	0	49	195
		2009	1 415	833	52	530	168	19	0	138	0	0	66	442
		2010	1 673	940	35	698	313	18	0	189	0	0	57	363

版权引进	教材	学术著作	一般图书	版权输出	教材	学术著作	一般图书	全年出版新书作者总人数	校内作者人数	校外作者人数
0	0	0	0	0	0	0	0	180	60	120
0	0	0	0	0	0	0	0	160	58	102
0	0	0	0	0	0	0	0	170	68	102
1	0	1	0	0	0	0	0	320	30	290
0	0	0	0	0	0	0	0	120	30	90
0	0	0	0	0	0	0	0	120	30	90
11	3	8	0	1	1	0	0	356	96	260
26	9	5	12	2	2	0	0	346	123	223
15	0	5	10	0	0	0	0	375	133	242
46	21	7	18	15	11	0	4	396	143	253
8	0	4	4	6	0	0	6	236	98	138
16	0	1	15	40	0	0	40	268	92	176
101	0	47	54	21	1	1	19	400	100	300
142	6	113	23	20	0	2	18	420	126	294
57	8	49	0	9	3	0	6	450	200	250
126	0	84	42	32	0	0	32	700	300	400
155	1	57	97	42	0	1	41	850	255	595
82	0	58	24	25	0	0	25	1 650	750	900
0	0	0	0	0	0	0	0	0	0	0
0	0	0	0	0	0	0	0	0	0	0
0	0	0	0	0	0	0	0	39	23	16
1	0	0	1	0	0	0	0	43	16	27
0	0	0	0	0	0	0	0	73	16	57
0	0	0	0	0	0	0	0	92	16	76
0	0	0	0	0	0	0	0	262	40	222
2	0	0	2	0	0	0	0	300	76	224
0	0	0	0	0	0	0	0	180	70	110
0	0	0	0	0	0	0	0	600	50	550
1	1	0	0	0	0	0	0	300	40	260
0	0	0	0	0	0	0	0	526	131	395
8	8	0	0	0	0	0	0	391	132	259
39	3	24	12	2	0	2	0	532	160	372
77	8	45	24	1	0	0	1	360	50	310
150	64	0	86	2	1	0	1	510	75	435
43	2	19	22	0	0	0	0	1 042	312	730
39	2	7	30	4	1	0	3	1 504	198	1 306

序号	出版社	年份	全年出版图书（含重印）	其中			新版图书								
				新版	重版	重印	教育图书						学术著作	一般图书
							高等教育		基础教育		职业成人教育	社会教育		
							教材	教辅	教材	教辅				
55	南京师范大学出版社	2005	442	172	64	206	13	1	27	38	1	2	15	75
		2006	684	196	168	320	40	5	8	16	6	62	47	12
		2007	779	155	154	470	23	0	9	15	3	39	48	18
		2008	778	179	179	420	22	0	0	15	0	16	33	93
		2009	858	368	114	376	27	2	0	8	0	252	58	21
		2010	811	221	83	507	32	1	0	81	0	3	36	68
56	山东大学出版社	2005	264	164	32	68	20	12	10	21	25	3	54	19
		2006	344	160	59	125	40	12	0	27	0	11	66	4
		2007	351	155	30	166	39	4	0	23	21	15	33	20
		2008	355	163	10	182	41	26	0	29	6	4	35	22
		2009	446	236	12	198	39	0	9	19	38	16	91	24
		2010	425	227	0	198	15	11	5	59	2	9	14	112
57	上海财经大学出版社	2005	538	247	18	273	82	15	0	0	20	34	72	24
		2006	548	280	19	249	85	6	0	0	29	32	99	29
		2007	598	336	38	224	94	5	0	0	47	22	113	55
		2008	625	272	54	299	111	6	0	0	2	9	109	35
		2009	630	256	51	323	65	4	0	0	24	15	108	40
		2010	553	207	66	280	45	1	0	0	14	17	94	36
58	上海大学出版社	2005	278	129	1	148	42	12	11	0	0	3	33	28
		2006	312	126	7	179	63	3	0	0	0	2	38	20
		2007	340	152	0	188	45	0	0	0	0	0	47	60
		2008	336	150	6	180	46	8	0	0	0	19	50	27
		2009	180	125	0	55	40	33	7	13	0	1	20	11
		2010	191	121	23	47	30	7	0	7	5	2	22	48
59	上海交通大学出版社	2005	660	329	0	331	52	15	0	48	4	0	37	173
		2006	944	386	352	206	69	60	0	99	5	12	16	125
		2007	752	388	96	268	103	44	1	32	4	18	12	174
		2008	954	458	18	478	155	34	0	29	16	16	58	150
		2009	1 088	618	18	452	200	51	0	53	22	61	89	142
		2010	1 286	722	77	487	207	61	0	95	29	96	176	58
60	上海外语教育出版社	2005	1 163	448	16	699	85	92	49	49	60	35	65	13
		2006	1 205	388	17	800	65	92	40	52	47	30	52	10
		2007	1 049	279	0	770	88	32	15	12	10	26	58	38
		2008	1 217	438	46	733	148	34	36	35	18	56	70	41
		2009	1 193	440	52	701	120	40	60	40	45	50	60	25
		2010	1 231	438	0	793	142	52	39	48	21	43	56	37

版权贸易								全年出版新书作者总人数	其中	
版权引进	其中			版权输出	其中				校内作者人数	校外作者人数
	教材	学术著作	一般图书		教材	学术著作	一般图书			
18	0	4	14	0	0	0	0	358	69	289
5	0	5	0	0	0	0	0	509	187	322
8	2	6	0	0	0	0	0	184	71	113
6	0	0	6	0	0	0	0	403	269	134
159	157	1	1	0	0	0	0	552	249	303
38	24	14	0	0	0	0	0	138	35	103
12	0	12	0	0	0	0	0	164	38	126
5	0	5	0	0	0	0	0	321	109	212
0	0	0	0	0	0	0	0	321	109	212
2	0	2	0	0	0	0	0	322	110	212
3	0	3	0	0	0	0	0	321	109	212
0	0	0	0	0	0	0	0	336	72	264
36	14	12	10	8	8	0	0	290	132	158
36	8	7	21	18	10	8	0	301	98	203
24	4	1	19	1	1	0	0	373	149	224
15	3	2	10	0	0	0	0	369	150	219
14	1	3	10	0	0	0	0	339	156	183
21	1	5	15	0	0	0	0	290	153	137
0	0	0	0	2	0	0	2	154	92	62
0	0	0	0	0	0	0	0	146	87	59
0	0	0	0	0	0	0	0	208	85	123
0	0	0	0	4	0	0	4	162	102	60
1	0	0	1	3	0	0	3	163	49	114
1	0	0	1	1	0	0	1	165	70	95
10	2	1	7	1	0	0	1	274	44	230
10	0	0	10	0	0	0	0	312	94	218
7	1	2	4	0	0	0	0	455	58	397
9	0	0	9	0	0	0	0	428	98	330
47	4	25	18	4	2	2	0	618	117	501
50	14	15	21	21	0	2	19	708	139	569
55	31	17	7	0	0	0	0	1 250	75	1 175
60	16	15	29	1	0	0	1	858	239	619
41	19	7	15	4	0	0	4	582	175	407
101	39	32	30	1	0	0	1	920	158	762
19	6	6	7	2	1	0	1	850	180	670
78	7	9	62	9	8	0	1	858	176	682

序号	出版社	年份	全年出版图书（含重印）	其中			新版图书							
				新版	重版	重印	教育图书						学术著作	一般图书
							高等教育		基础教育		职业成人教育	社会教育		
							教材	教辅	教材	教辅				
61	上海音乐学院出版社	2005	129	100	0	29	13	0	10	0	0	0	27	50
		2006	81	70	0	11	21	3	0	0	0	16	22	8
		2007	123	87	6	30	9	3	3	3	2	4	43	20
		2008	113	61	6	46	11	2	0	0	0	12	18	18
		2009	139	73	6	60	13	0	0	4	12	18	21	5
		2010	178	84	4	90	10	5	7	5	0	8	26	23
62	上海中医药大学出版社	2005	103	70	0	33	0	0	0	0	0	0	27	43
		2006	125	85	5	35	0	0	0	0	0	0	45	40
		2007	75	61	0	14	0	0	0	0	0	0	50	11
		2008	60	55	0	5	0	0	0	0	3	2	47	3
		2009	48	46	0	2	0	0	0	0	0	0	40	6
		2010	27	27	0	0	0	0	0	0	0	0	21	6
63	苏州大学出版社	2005	398	179	0	219	64	12	1	0	0	3	27	72
		2006	464	201	0	263	62	13	0	3	1	2	26	94
		2007	492	210	0	282	99	18	0	11	0	1	9	72
		2008	519	179	0	340	70	9	0	29	0	0	22	49
		2009	517	219	0	298	125	10	0	18	0	12	13	41
		2010	594	221	0	373	78	16	1	24	0	4	14	84
64	同济大学出版社	2005	560	279	26	255	78	46	5	29	0	24	70	27
		2006	508	234	16	258	64	29	4	5	5	23	74	30
		2007	522	312	17	193	129	21	0	5	9	7	108	33
		2008	511	215	42	254	81	18	0	3	34	3	60	16
		2009	568	218	38	312	85	18	0	5	0	7	71	32
		2010	518	224	39	255	109	11	0	0	6	7	66	25
65	厦门大学出版社	2005	380	183	47	150	44	27	0	0	4	0	87	21
		2006	415	198	2	215	58	11	0	0	6	0	93	30
		2007	420	208	0	212	99	8	0	0	0	0	82	19
		2008	448	210	86	152	53	5	0	0	0	0	68	84
		2009	459	239	55	165	73	24	0	0	5	0	121	16
		2010	513	290	60	163	97	12	0	0	0	14	135	32
66	浙江大学出版社	2005	1 220	530	26	664	180	50	50	148	11	14	35	42
		2006	2 048	565	212	1 271	265	10	18	139	17	23	56	37
		2007	2 198	751	85	1 362	197	71	31	201	23	2	137	89
		2008	2 192	779	36	1 377	319	103	0	0	21	77	220	39
		2009	2 158	825	148	1 185	242	0	0	187	16	0	193	187
		2010	2 794	1 284	70	1 440	246	211	0	0	10	367	213	237

版权贸易								全年出版新书作者总人数	其中	
版权引进	其中			版权输出	其中				校内作者人数	校外作者人数
	教材	学术著作	一般图书		教材	学术著作	一般图书			
1	0	1	0	0	0	0	0	91	36	55
4	2	2	0	1	0	0	1	64	25	39
0	0	0	0	0	0	0	0	80	35	45
3	0	3	0	0	0	0	0	65	28	37
2	0	2	0	0	0	0	0	85	23	62
0	0	0	0	0	0	0	0	90	20	70
1	0	1	0	1	0	1	0	79	29	50
1	0	0	1	1	0	1	0	255	85	170
0	0	0	0	5	0	5	0	350	150	200
0	0	0	0	5	0	5	0	234	140	94
0	0	0	0	0	0	0	0	66	21	45
0	0	0	0	0	0	0	0	35	25	10
3	0	3	0	0	0	0	0	212	64	148
0	0	0	0	0	0	0	0	280	84	196
3	3	0	0	0	0	0	0	350	105	245
1	0	0	1	0	0	0	0	459	56	403
2	0	0	2	0	0	0	0	571	78	493
4	0	4	0	0	0	0	0	800	80	720
5	1	3	1	1	0	0	1	650	350	300
5	1	4	0	2	1	0	1	295	93	202
5	0	5	0	1	0	1	0	302	196	106
11	9	2	0	0	0	0	0	365	216	149
7	2	4	1	0	0	0	0	354	201	153
10	3	5	2	0	0	0	0	366	210	156
0	0	0	0	0	0	0	0	232	97	135
0	0	0	0	0	0	0	0	198	75	123
0	0	0	0	1	1	0	0	208	62	146
0	0	0	0	0	0	0	0	210	70	140
1	0	0	1	0	0	0	0	239	69	170
0	0	0	0	0	0	0	0	290	80	210
4	4	0	0	16	13	0	3	709	501	208
8	2	6	0	15	15	0	0	847	465	382
28	14	14	0	0	0	0	0	925	416	509
25	3	21	1	12	1	11	0	821	417	404
45	0	45	0	33	0	33	0	900	300	600
46	0	46	0	29	0	24	5	1 351	695	656

序号	出版社	年份	全年出版图书（含重印）	其中			新版图书							
				新版	重版	重印	教育图书						学术著作	一般图书
							高等教育		基础教育		职业成人教育	社会教育		
							教材	教辅	教材	教辅				
67	浙江工商大学出版社	2005	0	0	0	0	0	0	0	0	0	0	0	0
		2006	0	0	0	0	0	0	0	0	0	0	0	0
		2007	0	0	0	0	0	0	0	0	0	0	0	0
		2008	32	31	0	1	9	3	0	2	0	0	9	8
		2009	118	94	0	24	14	5	0	2	0	9	17	47
		2010	249	157	0	92	44	21	0	18	20	0	28	26
68	中国海洋大学出版社	2005	160	108	0	52	38	5	0	10	1	1	16	37
		2006	219	172	1	46	60	0	0	30	0	0	34	48
		2007	227	154	6	67	38	18	0	9	1	4	49	35
		2008	195	149	1	45	30	13	1	12	10	20	43	20
		2009	173	109	4	60	37	2	0	6	3	5	20	36
		2010	177	144	4	29	58	8	0	4	4	6	19	45
69	西北农林科技大学出版社	2005	159	102	0	57	50	6	0	0	0	0	20	26
		2006	228	146	13	69	42	30	0	0	33	0	23	18
		2007	159	102	0	57	50	6	0	0	0	0	0	46
		2008	264	123	45	96	60	14	0	0	0	12	31	6
		2009	322	166	54	102	100	4	0	0	0	9	49	4
		2010	258	127	25	106	80	0	0	0	0	0	0	47
70	中国矿业大学出版社	2005	359	183	49	127	87	11	0	13	6	7	56	3
		2006	411	219	63	129	108	23	0	8	21	3	51	5
		2007	581	296	12	273	132	8	0	9	51	32	47	17
		2008	752	362	33	357	211	10	0	7	65	11	34	24
		2009	965	471	60	434	195	25	0	5	32	113	51	50
		2010	693	292	38	363	75	5	0	0	26	109	32	45
71	中国美术学院出版社	2005	144	77	61	6	25	0	0	0	0	0	52	0
		2006	170	115	55	0	15	0	16	0	6	0	71	7
		2007	212	119	1	92	42	0	0	0	58	0	12	7
		2008	210	124	0	86	5	0	0	0	51	5	33	30
		2009	134	94	0	40	5	0	0	0	78	0	6	5
		2010	169	123	0	46	5	0	0	0	108	0	5	5
72	中国石油大学出版社	2005	416	170	59	187	37	20	0	41	50	3	19	0
		2006	459	162	11	286	45	9	4	24	46	12	15	7
		2007	462	153	47	262	42	9	16	3	42	4	15	22
		2008	466	187	61	218	56	10	6	1	52	6	19	37
		2009	420	187	40	193	75	11	1	4	45	5	22	24
		2010	666	365	54	247	91	34	4	49	57	35	57	38

版权贸易								全年出版新书作者总人数	其中	
版权引进	其中			版权输出	其中				校内作者人数	校外作者人数
	教材	学术著作	一般图书		教材	学术著作	一般图书			
0	0	0	0	0	0	0	0	0	0	0
0	0	0	0	0	0	0	0	0	0	0
0	0	0	0	0	0	0	0	0	0	0
0	0	0	0	0	0	0	0	70	55	15
0	0	0	0	0	0	0	0	119	55	64
0	0	0	0	0	0	0	0	143	63	80
1	0	1	0	0	0	0	0	84	27	57
10	10	0	0	0	0	0	0	151	37	114
7	0	7	0	0	0	0	0	267	56	211
6	6	0	0	0	0	0	0	198	38	160
4	0	2	2	0	0	0	0	212	41	171
0	0	0	0	0	0	0	0	176	32	144
3	0	1	2	0	0	0	0	30	30	0
0	0	0	0	0	0	0	0	146	24	122
3	0	1	2	0	0	0	0	30	30	0
2	0	2	0	0	0	0	0	282	67	215
0	0	0	0	0	0	0	0	333	79	254
1	0	1	0	0	0	0	0	144	35	109
1	1	0	0	0	0	0	0	368	95	273
2	1	1	0	0	0	0	0	433	116	317
0	0	0	0	0	0	0	0	636	190	446
2	0	2	0	0	0	0	0	857	215	642
2	0	2	0	1	0	0	1	753	236	517
1	0	1	0	1	0	0	1	552	110	442
1	0	0	1	0	0	0	0	66	28	38
1	0	1	0	0	0	0	0	115	40	75
1	0	0	1	0	0	0	0	120	60	60
2	0	2	0	0	0	0	0	150	90	60
0	0	0	0	0	0	0	0	100	70	30
3	0	3	0	0	0	0	0	130	100	30
0	0	0	0	0	0	0	0	687	291	396
0	0	0	0	0	0	0	0	532	203	329
1	1	0	0	0	0	0	0	357	108	249
1	1	0	0	0	0	0	0	394	127	267
0	0	0	0	0	0	0	0	421	134	287
0	0	0	0	0	0	0	0	576	199	377

序号	出版社	年份	全年出版图书（含重印）	其中			新版图书							
				新版	重版	重印	教育图书				职业成人教育	社会教育	学术著作	一般图书
							高等教育		基础教育					
							教材	教辅	教材	教辅				
73	广西师范大学出版社	2005	1 497	550	597	350	34	7	18	186	15	1	80	209
		2006	3 188	597	1 800	791	15	10	20	94	0	6	70	382
		2007	2 776	565	1 566	645	14	42	5	188	19	4	70	223
		2008	3 651	607	2 594	450	11	30	1	297	7	0	70	191
		2009	3 658	1 274	1 541	843	38	10	28	711	0	0	55	432
		2010	3 916	1 067	1 689	1 160	35	6	16	501	39	11	77	382
74	河南大学出版社	2005	331	147	0	184	32	0	0	0	4	0	50	61
		2006	308	138	0	170	33	8	0	0	3	0	54	40
		2007	318	133	2	183	41	3	0	7	1	0	29	52
		2008	419	189	0	230	31	2	0	16	0	0	45	95
		2009	475	222	11	242	35	0	0	17	4	0	96	70
		2010	465	190	12	263	30	0	0	23	18	6	71	42
75	湖南大学出版社	2005	279	138	26	115	89	0	1	0	1	4	36	7
		2006	238	113	10	115	36	0	0	0	3	4	51	19
		2007	250	146	28	76	42	5	0	20	3	0	66	10
		2008	354	241	22	91	22	0	0	22	38	55	67	37
		2009	323	172	30	121	54	0	0	33	0	15	46	24
		2010	298	165	48	85	42	0	0	19	21	7	56	20
76	湖南师范大学出版社	2005	245	76	0	169	2	0	5	14	0	0	28	27
		2006	365	120	10	235	35	2	13	12	5	10	37	6
		2007	230	119	4	107	23	3	11	7	12	8	38	17
		2008	306	189	15	102	38	22	17	50	5	11	27	19
		2009	362	210	6	146	2	14	0	149	2	3	29	11
		2010	326	160	2	164	4	8	0	80	11	3	20	34
77	华南理工大学出版社	2005	514	153	10	351	100	6	0	11	0	0	20	16
		2006	546	168	50	328	52	6	0	9	36	0	39	26
		2007	508	168	51	289	79	8	0	6	5	2	40	28
		2008	510	160	48	302	97	4	0	0	0	7	40	12
		2009	537	175	36	326	93	5	0	10	0	2	29	36
		2010	523	166	42	315	68	5	0	6	4	8	45	30
78	华中科技大学出版社	2005	694	262	40	392	155	46	13	10	8	6	8	16
		2006	702	298	52	352	205	60	0	0	0	0	11	22
		2007	870	425	40	405	139	49	21	1	52	0	34	129
		2008	1 180	684	87	409	272	42	19	0	0	6	50	295
		2009	1 278	762	84	432	281	57	8	0	0	0	65	351
		2010	1 532	894	101	537	364	51	9	0	149	0	44	277

| 版权贸易 | | | | | | | | 全年出版新书作者总人数 | 其中 | |
| 版权引进 | 其中 | | | 版权输出 | 其中 | | | | 校内作者人数 | 校外作者人数 |
	教材	学术著作	一般图书		教材	学术著作	一般图书			
137	1	88	48	18	0	2	16	560	86	474
104	0	58	46	9	0	4	5	1 412	63	1 349
97	0	50	47	9	0	3	6	1 695	90	1 605
86	0	49	37	10	0	2	8	617	22	595
82	0	32	50	16	5	2	9	1 920	95	1 825
166	0	68	98	21	0	4	17	1 120	105	1 015
0	0	0	0	0	0	0	0	151	28	123
0	0	0	0	0	0	0	0	134	49	85
0	0	0	0	0	0	0	0	125	27	98
3	0	3	0	0	0	0	0	146	24	122
6	0	6	0	0	0	0	0	342	84	258
7	0	7	0	0	0	0	0	336	80	256
2	1	0	1	0	0	0	0	222	167	55
0	0	0	0	0	0	0	0	162	52	110
0	0	0	0	1	1	0	0	308	86	222
0	0	0	0	0	0	0	0	482	56	426
0	0	0	0	0	0	0	0	602	45	557
0	0	0	0	0	0	0	0	232	45	187
0	0	0	0	0	0	0	0	122	38	84
1	0	0	1	0	0	0	0	192	130	62
0	0	0	0	0	0	0	0	119	61	58
0	0	0	0	0	0	0	0	184	98	86
0	0	0	0	3	0	0	3	230	80	150
0	0	0	0	0	0	0	0	195	60	135
0	0	0	0	0	0	0	0	166	32	134
0	0	0	0	0	0	0	0	359	63	296
1	0	0	1	1	1	0	0	456	97	359
1	0	0	1	0	0	0	0	608	96	512
0	0	0	0	0	0	0	0	675	75	600
0	0	0	0	0	0	0	0	523	103	420
1	0	1	0	0	0	0	0	262	100	162
0	0	0	0	2	0	0	2	350	81	269
1	1	0	0	6	0	0	6	425	70	355
14	0	3	11	0	0	0	0	634	362	272
47	35	0	12	1	0	0	1	760	240	520
68	0	4	64	1	0	0	1	894	98	796

序号	出版社	年份	全年出版图书（含重印）	新版	重版	重印	高等教育 教材	高等教育 教辅	基础教育 教材	基础教育 教辅	职业成人教育	社会教育	学术著作	一般图书
79	华中师范大学出版社	2005	414	161	107	146	25	9	11	54	0	0	39	23
		2006	524	203	56	265	64	22	12	52	6	5	37	5
		2007	518	165	112	241	100	3	1	2	1	2	48	8
		2008	596	169	94	333	30	2	23	36	0	0	72	6
		2009	537	215	46	276	56	2	11	47	0	0	0	99
		2010	1 092	587	47	458	59	332	5	60	0	0	77	54
80	暨南大学出版社	2005	407	206	8	193	47	14	0	10	20	12	28	75
		2006	311	153	7	151	41	17	0	29	15	18	30	3
		2007	296	151	15	130	47	3	0	26	14	9	36	16
		2008	334	169	29	136	35	8	0	11	4	23	59	29
		2009	417	241	20	156	109	8	0	8	3	13	71	29
		2010	459	247	39	173	90	3	0	7	4	21	78	44
81	汕头大学出版社	2005	339	185	19	135	0	0	0	62	0	0	14	109
		2006	269	139	5	125	0	0	0	17	2	0	16	104
		2007	129	77	0	52	0	0	0	31	0	0	4	42
		2008	239	216	2	21	0	1	0	105	0	0	7	103
		2009	336	306	0	30	0	13	0	51	0	1	10	231
		2010	232	225	0	7	0	3	0	61	0	4	16	141
82	武汉大学出版社	2005	599	290	41	268	80	76	0	26	0	0	75	33
		2006	858	456	23	379	123	55	12	110	2	0	50	104
		2007	971	531	43	397	210	132	0	69	4	0	84	32
		2008	1 469	721	0	748	203	8	0	159	0	0	168	183
		2009	1 599	733	0	866	470	12	0	139	3	2	48	59
		2010	1 856	906	0	950	328	15	0	206	0	55	200	102
83	武汉理工大学出版社	2005	519	190	0	329	181	0	0	0	0	4	5	0
		2006	267	73	0	194	45	0	0	0	20	6	2	0
		2007	514	131	0	383	62	0	0	0	56	0	3	10
		2008	631	178	43	410	97	23	0	0	36	0	8	14
		2009	574	176	24	374	155	0	0	0	0	0	11	10
		2010	655	173	46	436	117	0	0	0	0	0	15	41
84	湘潭大学出版社	2005	0	0	0	0	0	0	0	0	0	0	0	0
		2006	0	0	0	0	0	0	0	0	0	0	0	0
		2007	15	14	0	1	4	0	0	0	0	0	7	3
		2008	49	46	0	3	14	0	0	0	0	0	29	3
		2009	91	82	0	9	32	0	0	0	0	0	39	11
		2010	121	108	0	13	38	0	9	17	4	2	32	6

| 版权引进 | 版权贸易 其中 | | | 版权输出 | 其中 | | | 全年出版新书作者总人数 | 其中 | |
	教材	学术著作	一般图书		教材	学术著作	一般图书		校内作者人数	校外作者人数
0	0	0	0	7	1	4	2	161	104	57
1	0	0	1	0	0	0	0	1 239	726	513
2	1	1	0	0	0	0	0	191	94	97
7	0	7	0	0	0	0	0	378	260	118
99	0	94	5	2	0	0	2	215	115	100
0	0	0	0	1	1	0	0	634	131	503
25	3	0	22	0	0	0	0	168	18	150
2	0	0	2	0	0	0	0	238	95	143
0	0	0	0	0	0	0	0	226	62	164
1	0	1	0	0	0	0	0	668	201	467
0	0	0	0	0	0	0	0	482	96	386
0	0	0	0	0	0	0	0	1 148	344	804
153	0	0	153	0	0	0	0	186	19	167
43	0	0	43	1	0	0	1	92	22	70
7	1	0	6	0	0	0	0	77	4	73
43	0	0	43	0	0	0	0	203	3	200
8	0	0	8	0	0	0	0	215	10	205
48	0	0	48	0	0	0	0	228	8	220
4	1	1	2	9	0	0	9	890	339	551
36	11	25	0	5	2	0	3	1 710	240	1 470
13	6	6	1	2	0	0	2	1 320	260	1 060
13	2	5	6	1	0	0	1	1 952	403	1 549
19	1	2	16	0	0	0	0	2 018	515	1 503
14	0	0	14	3	1	0	2	2 430	722	1 708
0	0	0	0	0	0	0	0	550	20	530
0	0	0	0	0	0	0	0	118	10	108
0	0	0	0	0	0	0	0	210	63	147
0	0	0	0	0	0	0	0	142	38	104
0	0	0	0	0	0	0	0	140	37	103
0	0	0	0	0	0	0	0	173	42	131
0	0	0	0	0	0	0	0	0	0	0
0	0	0	0	0	0	0	0	0	0	0
0	0	0	0	0	0	0	0	273	74	199
0	0	0	0	0	0	0	0	45	17	28
0	0	0	0	0	0	0	0	79	37	42
0	0	0	0	0	0	0	0	86	40	46

序号	出版社	年份	全年出版图书（含重印）	其中			新版图书						学术著作	一般图书
				新版	重版	重印	教育图书				职业成人教育	社会教育		
							高等教育		基础教育					
							教材	教辅	教材	教辅				
85	郑州大学出版社	2005	262	181	1	80	27	4	1	64	0	0	75	10
		2006	313	219	0	94	114	0	0	48	0	0	40	17
		2007	307	183	0	124	79	0	0	54	0	0	18	32
		2008	479	241	0	238	152	0	0	16	1	0	35	37
		2009	374	183	0	191	94	0	0	5	1	2	25	56
		2010	370	189	0	181	70	0	0	46	0	0	59	14
86	中国地质大学出版社	2005	167	107	1	59	56	1	0	4	0	0	31	15
		2006	139	70	62	7	33	0	0	0	0	0	26	11
		2007	142	75	2	65	39	0	0	0	0	0	27	9
		2008	142	66	4	72	27	0	0	0	0	0	28	11
		2009	171	105	3	63	41	0	0	1	0	0	52	11
		2010	183	103	4	76	50	0	0	0	0	0	27	26
87	中南大学出版社	2005	352	222	0	130	110	10	0	9	5	5	54	29
		2006	345	212	1	132	82	5	0	1	40	0	58	26
		2007	270	136	0	134	66	1	5	0	0	46	18	0
		2008	332	184	0	148	81	9	0	1	30	1	44	18
		2009	348	197	0	151	96	7	0	0	30	0	46	18
		2010	315	147	0	168	103	0	0	3	0	0	34	7
88	中山大学出版社	2005	509	204	31	274	58	13	5	25	2	0	34	67
		2006	402	166	20	216	62	7	5	25	2	0	34	31
		2007	498	168	21	309	80	9	4	14	0	0	46	15
		2008	474	194	12	268	48	8	15	0	0	0	53	70
		2009	557	320	16	221	62	9	0	62	4	0	69	114
		2010	486	262	0	224	48	0	0	60	0	0	89	65
89	电子科技大学出版社	2005	303	254	11	38	77	13	0	0	17	55	40	52
		2006	403	267	13	123	150	15	48	0	4	18	26	6
		2007	476	344	17	115	98	0	57	0	6	15	30	138
		2008	496	310	3	183	102	12	15	0	71	61	40	9
		2009	481	330	1	150	140	0	0	0	60	80	35	15
		2010	474	326	1	147	160	0	0	0	55	50	41	20
90	贵州大学出版社	2005	0	0	0	0	0	0	0	0	0	0	0	0
		2006	0	0	0	0	0	0	0	0	0	0	0	0
		2007	11	11	0	0	1	1	0	0	0	0	5	4
		2008	—	—	—	—	—	—	—	—	—	—	—	—
		2009	—	—	—	—	—	—	—	—	—	—	—	—
		2010	149	144	5	0	8	0	12	6	0	0	37	81

版权贸易								全年出版新书作者总人数	其中	
版权引进	其中			版权输出	其中				校内作者人数	校外作者人数
	教材	学术著作	一般图书		教材	学术著作	一般图书			
0	0	0	0	0	0	0	0	181	105	76
0	0	0	0	1	1	0	0	1 200	500	700
2	0	2	0	0	0	0	0	1 650	950	700
0	0	0	0	0	0	0	0	1 446	361	1 085
0	0	0	0	176	94	25	57	1 830	366	1 464
0	0	0	0	0	0	0	0	1 800	300	1 500
4	3	0	1	0	0	0	0	92	45	47
0	0	0	0	0	0	0	0	64	26	38
0	0	0	0	0	0	0	0	71	41	30
0	0	0	0	0	0	0	0	62	22	40
2	0	1	1	0	0	0	0	95	21	74
3	0	0	3	0	0	0	0	98	40	58
0	0	0	0	0	0	0	0	320	96	224
0	0	0	0	0	0	0	0	1 167	265	902
1	0	0	1	0	0	0	0	334	126	208
0	0	0	0	0	0	0	0	776	149	627
0	0	0	0	0	0	0	0	1 199	232	967
0	0	0	0	0	0	0	0	1 075	341	734
133	0	54	79	0	0	0	0	311	104	207
0	0	0	0	0	0	0	0	186	61	125
3	3	0	0	2	2	0	0	387	88	299
0	0	0	0	2	0	0	2	194	49	145
1	0	0	1	0	0	0	0	543	102	441
0	0	0	0	1	1	0	0	262	56	206
0	0	0	0	0	0	0	0	634	73	561
0	0	0	0	0	0	0	0	1 068	120	948
6	0	0	6	0	0	0	0	993	129	864
0	0	0	0	0	0	0	0	636	120	516
0	0	0	0	0	0	0	0	600	150	450
0	0	0	0	0	0	0	0	580	180	400
0	0	0	0	0	0	0	0	0	0	0
0	0	0	0	0	0	0	0	0	0	0
0	0	0	0	0	0	0	0	10	9	1
—	—	—	—	—	—	—	—	—	—	—
—	—	—	—	—	—	—	—	—	—	—
0	0	0	0	0	0	0	0	70	30	40

序号	出版社	年份	全年出版图书（含重印）	其中			新版图书							
							教育图书						学术著作	一般图书
				新版	重版	重印	高等教育		基础教育		职业成人教育	社会教育		
							教材	教辅	教材	教辅				
91	四川大学出版社	2005	475	280	14	181	82	12	33	57	4	4	47	41
		2006	502	296	42	164	87	13	36	60	3	3	48	46
		2007	528	279	10	239	84	13	36	59	3	3	50	31
		2008	712	318	8	386	150	13	21	32	3	3	61	35
		2009	774	498	4	272	234	20	34	53	5	4	94	54
		2010	903	478	13	412	115	54	5	163	1	15	50	75
92	西南财经大学出版社	2005	188	108	30	50	41	6	0	0	15	2	36	8
		2006	351	230	53	68	70	8	0	0	12	3	106	31
		2007	390	223	19	148	52	11	0	0	48	4	86	22
		2008	457	203	54	200	82	16	10	2	8	5	69	11
		2009	654	382	53	219	93	15	0	60	44	8	86	76
		2010	686	323	45	318	88	6	0	94	38	14	63	20
93	西南交通大学出版社	2005	289	183	5	101	104	24	0	0	9	7	33	6
		2006	389	268	15	106	123	32	0	8	24	4	67	10
		2007	604	301	11	292	147	31	0	2	31	7	70	13
		2008	605	290	22	293	142	29	0	2	30	7	68	12
		2009	682	341	29	312	196	38	0	0	27	6	62	12
		2010	845	412	15	418	233	41	0	0	30	16	78	14
94	西南师范大学出版社	2005	761	324	45	392	26	0	25	112	5	33	92	31
		2006	778	260	52	466	82	0	21	63	2	28	52	12
		2007	861	258	67	536	86	1	26	49	12	17	56	11
		2008	976	335	71	570	166	6	12	62	17	13	48	11
		2009	1 234	348	98	788	172	6	12	65	18	13	50	12
		2010	1 040	354	155	531	70	9	6	56	87	31	73	22
95	云南大学出版社	2005	242	170	20	52	30	8	0	25	20	15	56	16
		2006	269	184	0	85	40	2	6	5	16	10	91	14
		2007	343	229	0	114	42	3	0	7	10	19	145	3
		2008	283	178	0	105	35	2	0	5	11	5	111	9
		2009	343	256	0	87	38	1	0	12	28	3	171	3
		2010	327	257	0	70	51	4	0	7	8	18	134	35
96	重庆大学出版社	2005	670	258	76	336	165	16	14	22	10	0	18	13
		2006	776	304	68	404	180	12	23	9	38	0	14	28
		2007	1 085	453	95	537	204	22	11	25	33	0	41	117
		2008	975	332	58	585	51	4	7	7	114	0	38	111
		2009	1 024	441	32	551	55	20	24	15	64	0	32	231
		2010	1 285	502	49	734	146	3	21	60	48	0	13	211

| 版权贸易 | | | | | | | | 全年出版新书作者总人数 | 其中 | |
| 版权引进 | 其中 | | | 版权输出 | 其中 | | | | 校内作者人数 | 校外作者人数 |
	教材	学术著作	一般图书		教材	学术著作	一般图书			
9	0	9	0	3	0	0	3	277	56	221
17	0	17	0	0	0	0	0	280	60	220
18	0	18	0	0	0	0	0	260	40	220
30	0	0	30	10	0	0	10	296	45	251
1	0	0	1	4	0	0	4	385	58	327
2	0	0	2	0	0	0	0	385	58	327
3	2	1	0	0	0	0	0	242	166	76
2	1	1	0	0	0	0	0	278	205	73
3	0	3	0	0	0	0	0	798	463	335
2	2	0	0	0	0	0	0	1 102	617	485
1	0	0	1	0	0	0	0	1 146	509	637
1	0	0	1	4	0	4	0	1 160	519	641
0	0	0	0	0	0	0	0	238	154	84
0	0	0	0	0	0	0	0	312	197	115
1	0	1	0	0	0	0	0	346	183	163
1	0	1	0	0	0	0	0	333	178	155
1	0	1	0	0	0	0	0	368	196	172
1	0	1	0	0	0	0	0	473	157	316
0	0	0	0	0	0	0	0	803	271	532
0	0	0	0	0	0	0	0	718	216	502
1	0	1	0	0	0	0	0	728	225	503
0	0	0	0	0	0	0	0	938	256	682
0	0	0	0	0	0	0	0	998	272	726
0	0	0	0	0	0	0	0	1 062	282	780
2	1	0	1	0	0	0	0	522	169	353
5	4	1	0	0	0	0	0	552	140	412
1	1	0	0	0	0	0	0	693	144	549
2	0	2	0	0	0	0	0	534	126	408
1	0	1	0	0	0	0	0	640	158	482
2	0	0	2	0	0	0	0	771	159	612
26	8	16	2	0	0	0	0	334	44	290
56	3	0	53	0	0	0	0	392	340	52
38	0	0	38	1	0	0	1	481	40	441
57	0	0	57	0	0	0	0	450	180	270
51	0	0	51	1	0	0	1	450	80	370
64	0	0	64	3	0	0	3	538	176	362

序号	出版社	年份	全年出版图书（含重印）	其中			新版图书							
				新版	重版	重印	教育图书						学术著作	一般图书
							高等教育		基础教育		职业成人教育	社会教育		
							教材	教辅	教材	教辅				
97	兰州大学出版社	2005	286	196	0	90	70	12	0	11	19	16	51	17
		2006	224	200	0	24	81	0	0	39	8	10	61	1
		2007	179	155	0	24	61	11	0	3	4	8	56	12
		2008	354	141	0	213	29	11	0	6	23	5	52	15
		2009	418	242	0	176	46	0	3	11	15	0	103	64
		2010	215	144	0	71	31	4	11	16	5	0	63	14
98	陕西师范大学出版社	2005	553	316	20	217	14	36	9	152	3	6	3	93
		2006	591	237	10	344	27	25	9	67	12	3	7	87
		2007	591	237	10	344	27	25	9	67	12	3	7	87
		2008	731	401	12	318	23	1	3	74	0	0	14	286
		2009	694	296	8	390	30	29	26	26	9	14	43	119
		2010	696	373	12	311	38	6	1	105	1	0	24	198
99	西安电子科技大学出版社	2005	387	130	23	234	89	21	5	0	12	0	1	2
		2006	384	137	24	223	90	0	5	0	0	2	7	33
		2007	468	154	41	273	114	6	0	0	0	0	3	31
		2008	549	226	33	290	217	0	0	0	0	0	4	5
		2009	481	196	23	262	170	21	0	0	0	0	5	0
		2010	439	106	31	302	59	18	0	0	0	0	6	23
100	西安交通大学出版社	2005	357	194	11	152	56	41	43	16	0	6	14	18
		2006	396	214	20	162	49	71	29	16	5	6	9	29
		2007	422	252	28	142	84	44	34	38	2	0	9	41
		2008	597	342	56	199	110	59	20	76	4	0	13	60
		2009	494	289	22	183	93	57	1	23	0	0	16	99
		2010	749	476	21	252	109	110	8	30	0	0	17	202
101	西北大学出版社	2005	265	106	0	159	34	0	1	10	17	5	30	9
		2006	346	154	192	0	39	4	0	28	0	0	64	19
		2007	292	143	31	118	40	3	0	15	0	0	26	59
		2008	336	157	0	179	68	0	0	17	0	0	46	26
		2009	397	157	0	240	47	0	1	4	5	0	68	32
		2010	406	153	0	253	40	0	0	0	3	6	24	80
102	西北工业大学出版社	2005	347	178	0	169	107	2	0	0	0	0	28	41
		2006	319	136	0	183	29	14	0	0	0	0	39	54
		2007	330	158	0	172	72	54	0	0	0	0	13	19
		2008	331	173	0	158	82	21	0	0	0	0	21	49
		2009	343	172	0	171	50	30	0	0	0	0	20	72
		2010	541	314	0	227	73	41	0	0	21	0	74	105

版权贸易								全年出版新书作者总人数	其中	
版权引进	其中			版权输出	其中				校内作者人数	校外作者人数
	教材	学术著作	一般图书		教材	学术著作	一般图书			
1	1	0	0	0	0	0	0	329	66	263
0	0	0	0	0	0	0	0	211	106	105
0	0	0	0	0	0	0	0	221	70	151
0	0	0	0	0	0	0	0	206	41	165
0	0	0	0	0	0	0	0	404	46	358
0	0	0	0	0	0	0	0	206	52	154
14	13	0	1	0	0	0	0	208	8	200
15	5	1	9	0	0	0	0	287	21	266
15	5	1	9	15	0	0	15	262	30	232
9	0	0	9	14	0	0	14	422	20	402
16	0	0	16	8	0	0	8	216	18	198
13	0	0	13	1	0	0	1	378	28	350
0	0	0	0	0	0	0	0	309	56	253
0	0	0	0	0	0	0	0	148	21	127
1	0	0	1	0	0	0	0	462	122	340
0	0	0	0	0	0	0	0	565	165	400
0	0	0	0	0	0	0	0	560	80	480
0	0	0	0	0	0	0	0	428	409	19
18	4	1	13	0	0	0	0	585	249	336
9	8	0	1	1	1	0	0	642	258	384
21	5	0	16	0	0	0	0	756	342	414
48	13	0	35	0	0	0	0	1 026	417	609
42	10	0	32	1	1	0	0	867	417	450
74	6	0	68	0	0	0	0	1 428	375	1 053
0	0	0	0	1	0	0	1	291	90	201
0	0	0	0	1	0	0	1	328	200	128
2	0	0	2	1	0	0	1	143	10	133
3	0	0	3	0	0	0	0	358	52	306
0	0	0	0	0	0	0	0	310	100	210
0	0	0	0	0	0	0	0	456	226	230
0	0	0	0	0	0	0	0	198	95	103
0	0	0	0	0	0	0	0	156	90	66
1	0	1	0	0	0	0	0	218	167	51
0	0	0	0	0	0	0	0	213	158	55
1	0	1	0	0	0	0	0	365	168	197
0	0	0	0	0	0	0	0	321	128	193

序号	出版社	年份	全年出版图书（含重印）	其中			新版图书							
				新版	重版	重印	教育图书						学术著作	一般图书
							高等教育		基础教育		职业成人教育	社会教育		
							教材	教辅	教材	教辅				
103	西北农林科技大学出版社	2005	86	85	0	1	15	0	11	14	0	0	10	35
		2006	72	70	0	2	9	3	17	8	0	6	9	18
		2007	80	67	0	13	30	0	0	8	0	0	16	13
		2008	100	69	0	31	18	3	0	1	1	1	12	33
		2009	115	84	0	31	34	3	0	0	2	4	16	25
		2010	123	93	0	30	25	2	0	0	0	0	23	43
104	新疆大学出版社	2005	71	71	0	0	4	0	15	1	0	15	26	10
		2006	82	78	0	4	2	5	0	1	6	5	32	27
		2007	68	61	0	7	7	3	0	2	2	11	19	17
		2008	88	70	7	11	16	0	0	0	5	4	16	29
		2009	79	65	0	14	5	4	0	0	5	4	16	31
		2010	106	91	10	5	4	4	0	4	17	3	22	37
105	人民教育出版社	2005	4 549	821	0	3 728	14	2	316	273	43	38	85	50
		2006	2 463	791	109	1 563	40	0	205	265	102	26	47	106
		2007	3 596	619	185	2 792	37	6	152	116	51	169	56	32
		2008	3 183	428	86	2 669	24	3	38	168	47	88	23	37
		2009	3 334	652	25	2 657	3	2	45	402	49	67	28	56
		2010	3 439	669	99	2 671	14	2	26	190	57	6	45	329
106	高等教育出版社	2005	8 681	2 130	245	6 306	1 247	163	0	69	424	122	58	47
		2006	7 051	1 606	403	5 042	881	164	0	65	233	154	61	48
		2007	7 730	1 801	465	5 464	888	174	17	107	231	268	90	26
		2008	8 991	1 906	587	6 498	913	152	17	84	250	238	115	137
		2009	9 087	1 970	665	6 452	1 086	113	0	360	243		83	85
		2010	10 561	2 242	595	7 724	1 113	112	0	113	207	117	171	409
107	教育科学出版社	2005	983	261	19	703	4	0	91	80	1	16	66	3
		2006	939	306	31	602	4	0	72	121	14	2	59	34
		2007	971	263	6	702	4	0	15	71	12	33	62	66
		2008	1 079	326	8	745	12	0	66	62	28	0	90	68
		2009	1 390	529	46	815	4	1	54	138	17	59	175	81
		2010	1 922	995	11	916	18	0	10	525	20	120	205	97
108	语文出版社	2005	681	318	40	323	6	7	93	80	21	0	21	90
		2006	594	147	0	447	0	0	17	108	0	0	12	10
		2007	683	137	55	491	0	0	8	78	2	0	21	28
		2008	764	104	51	609	0	0	0	70	3	0	26	5
		2009	495	112	23	360	0	0	0	91	3	0	12	6
		2010	602	114	26	462	0	0	0	71	21	0	13	9

注：表中"—"表示数据未报送；"＊"表示全年出版新书作者不适合分为校内作者与校外作者。

版权贸易								全年出版新书作者总人数	其中	
版权引进	其中			版权输出	其中				校内作者人数	校外作者人数
	教材	学术著作	一般图书		教材	学术著作	一般图书			
0	0	0	0	0	0	0	0	66	43	23
0	0	0	0	0	0	0	0	109	69	40
0	0	0	0	0	0	0	0	64	32	32
0	0	0	0	0	0	0	0	85	30	55
0	0	0	0	0	0	0	0	121	44	77
0	0	0	0	0	0	0	0	188	62	126
0	0	0	0	0	0	0	0	68	27	41
0	0	0	0	0	0	0	0	118	61	57
0	0	0	0	0	0	0	0	61	14	47
0	0	0	0	0	0	0	0	98	21	77
0	0	0	0	1	0	0	1	53	28	25
0	0	0	0	0	0	0	0	97	24	73
32	32	0	0	12	7	0	5	949	*	*
3	2	1	0	29	27	0	2	1 690	*	*
20	0	16	4	62	49	0	13	724	*	*
3	0	0	3	98	84	0	14	464	*	*
10	0	1	9	89	77	4	8	709	*	*
2	0	0	2	99	96	3	0	701	*	*
140	129	5	6	22	18	2	2	4 285	*	*
264	255	1	8	0	0	0	0	3 625	*	*
103	76	8	19	97	82	2	13	3 845	*	*
84	35	38	11	63	29	29	5	3 942	*	*
132	81	35	16	66	24	41	1	4 257	*	*
80	45	16	19	179	2	173	4	8 078	*	*
29	0	29	0	0	0	0	0	885	*	*
30	1	26	3	1	0	1	0	895	*	*
29	0	26	3	0	0	0	0	950	*	*
45	1	29	15	1	0	1	0	920	*	*
50	0	40	10	6	0	0	6	1 030	*	*
40	0	26	14	0	0	0	0	1 208	*	*
0	0	0	0	0	0	0	0	170	*	*
0	0	0	0	0	0	0	0	189	*	*
0	0	0	0	0	0	0	0	185	*	*
0	0	0	0	0	0	0	0	163	*	*
0	0	0	0	0	0	0	0	112	*	*
0	0	0	0	0	0	0	0	89	*	*

序号	出版社	年份	生产码洋	销售码洋	销售实洋
1	北京大学出版社	2005	59 876.00	35 072.00	20 496.91
		2006	64 140.48	36 403.37	26 700.70
		2007	70 140.00	41 768.77	29 529.56
		2008	70 248.00	39 145.00	24 993.00
		2009	64 332.64	41 961.27	27 239.03
		2010	70 613.00	49 111.00	32 164.00
2	北京大学医学出版社	2005	8 468.00	7 422.00	5 046.00
		2006	9 069.00	7 500.00	4 435.00
		2007	10 600.00	8 228.00	4 809.00
		2008	10 369.00	8 955.00	5 821.00
		2009	10 743.00	10 300.00	6 695.00
		2010	11 891.11	8 833.48	5 300.09
3	北京工业大学出版社	2005	3 721.94	3 215.32	1 510.94
		2006	3 087.46	3 667.65	1 774.82
		2007	3 553.00	3 489.00	1 879.00
		2008	4 900.00	4 139.00	2 254.00
		2009	4 642.79	4 683.70	2 492.41
		2010	7 190.00	6 215.00	2 863.00
4	北京航空航天大学出版社	2005	4 577.00	3 939.22	2 584.13
		2006	4 570.00	4 320.00	2 299.40
		2007	5 544.00	5 030.00	2 721.31
		2008	6 830.90	4 949.83	3 189.30
		2009	8 030.83	5 500.79	3 473.20
		2010	9 067.49	6 169.09	4 009.91
5	北京交通大学出版社	2005	4 892.20	3 728.63	2 127.17
		2006	6 844.19	5 157.05	2 823.54
		2007	7 878.61	5 890.46	3 493.30
		2008	8 617.00	7 267.00	4 462.00
		2009	9 597.48	7 673.70	4 852.10
		2010	12 929.00	9 104.57	5 663.81
6	北京理工大学出版社	2005	7 756.82	5 521.50	3 284.12
		2006	7 620.00	5 724.12	3 648.72
		2007	10 583.00	7 555.00	4 442.00
		2008	13 782.15	10 385.00	5 853.00
		2009	20 557.88	14 929.63	7 930.43
		2010	22 194.37	19 272.45	10 005.00

出版社经营情况表

单位：万元

销售收入	成本及费用	税前纯利润	上缴学校利润	人均纯利润	企业所得税
20 496.91	14 464.64	5 197.23	1 513.65	11.73	—
23 628.94	14 673.01	5 777.56	—	17.99	55.27
23 132.35	19 972.25	4 739.72	—	14.11	42.92
22 117.00	18 245.00	6 173.76	1 400.00	18.94	56.65
24 105.34	20 398.89	6 862.29	1 500.00	19.28	1 624.85
28 708.01	18 360.96	7 087.63	1 760.00	20.72	749.00
4 222.00	2 675.00	1 547.00	410.00	27.14	0.00
3 925.00	2 422.00	1 503.00	450.00	30.00	0.00
4 255.00	2 656.00	1 599.00	400.00	27.00	0.00
4 045.00	2 543.00	1 502.00	400.00	26.82	0.00
4 749.00	2 689.00	1 517.00	450.00	25.28	379.00
4 690.34	3 231.50	1 613.50	480.00	29.99	0.00
1 510.94	1 362.80	199.23	60.00	3.62	0.00
1 774.82	1 739.29	64.91	20.00	1.32	21.42
1 879.00	1 840.00	93.00	60.00	2.00	13.00
1 995.00	1 888.00	168.00	60.00	3.00	17.00
2 205.67	2 010.49	270.61	100.00	6.01	70.03
2 534.00	2 361.00	305.00	150.00	5.10	38.00
2 282.96	1 852.95	430.01	20.74	6.83	141.90
2 034.39	1 580.84	612.94	100.00	11.35	—
2 408.24	1 614.68	824.56	150.00	11.95	—
2 421.77	2 128.36	410.29	350.00	5.00	0.00
3 073.63	2 577.46	220.07	297.00	2.86	55.02
3 548.59	2 864.35	286.34	300.00	4.27	71.58
1 424.24	1 167.53	256.71	0.00	10.27	79.63
2 087.53	2 015.93	71.60	—	0.94	58.38
2 479.39	2 351.86	228.13		2.89	37.09
4 158.62	3 274.73	122.64	245.65	1.58	38.36
4 403.00	2 696.16	682.66	0.00	8.34	143.55
4 318.77	3 262.24	447.11	1 368.17	4.86	136.42
2 906.14	2 880.30	25.84	230.00	0.34	8.52
3 228.55	3 328.00	21.62	280.00	0.24	7.13
3 933.00	3 453.64	391.00	350.00	4.00	12.00
5 180.00	4 600.00	580.00	400.00	6.00	16.00
6 420.00	5 786.00	634.00	500.00	6.00	84.00
8 814.00	7 970.51	843.49	500.00	6.69	85.87

序号	出版社	年份	生产码洋	销售码洋	销售实洋
7	北京师范大学出版社	2005	108 962.00	95 151.00	57 090.60
		2006	106 352.00	102 017.00	60 316.00
		2007	110 150.00	106 571.98	64 817.20
		2008	131 414.32	112 486.66	71 231.93
		2009	113 700.00	116 806.00	71 760.00
		2010	132 140.00	121 256.00	73 929.00
8	北京体育大学出版社	2005	3 974.21	3 059.77	2 016.78
		2006	2 787.11	2 408.38	2 195.64
		2007	4 773.60	3 540.00	2 408.00
		2008	5 465.00	3 861.00	2 405.00
		2009	2 652.00	3 093.00	2 011.00
		2010	6 403.28	3 369.01	2 260.36
9	北京邮电大学出版社	2005	4 080.00	3 382.63	1 779.96
		2006	7 019.95	4 500.48	2 653.04
		2007	8 556.41	4 902.57	2 485.32
		2008	9 128.00	6 200.00	2 891.00
		2009	8 360.00	6 242.00	2 990.00
		2010	8 990.00	9 043.00	3 289.00
10	北京语言大学出版社	2005	8 437.25	6 536.38	4 622.81
		2006	9 687.11	7 802.12	5 495.15
		2007	9 369.78	6 525.91	4 482.80
		2008	9 973.08	7 955.96	5 518.90
		2009	12 552.11	12 376.26	8 140.36
		2010	19 515.26	16 913.08	8 076.73
11	对外经济贸易大学出版社	2005	6 920.00	8 065.00	5 340.00
		2006	7 347.00	8 650.00	5 727.00
		2007	7 300.00	9 078.00	2 158.60
		2008	6 716.00	9 170.00	5 135.00
		2009	5 501.00	8 900.00	5 316.00
		2010	6 264.00	9 010.00	5 350.00
12	河北大学出版社	2005	4 007.29	4 136.85	2 825.35
		2006	3 985.64	3 538.21	2 355.16
		2007	3 016.77	3 240.00	1 966.00
		2008	4 277.22	3 776.59	2 875.67
		2009	5 636.00	2 850.00	1 904.00
		2010	4 706.80	3 987.09	2 340.56

销售收入	成本及费用	税前纯利润	上缴学校利润	人均纯利润	企业所得税
50 208.00	45 015.00	6 114.24	2 000.00	27.67	2 017.70
52 462.83	46 775.36	7 887.47	2 200.00	21.71	1 876.86
56 602.63	53 396.44	9 139.50	3 000.00	35.15	666.62
58 362.10	51 686.66	8 538.16	4 000.00	34.85	0.00
63 924.00	57 415.00	6 509.00	3 950.00	27.00	1 627.00
66 480.00	63 869.00	8 880.00	5 000.00	36.00	869.00
1 684.67	1 770.48	96.28	0.00	1.75	65.32
1 943.05	1 792.31	110.78	134.00	2.00	36.56
2 408.00	2 175.00	110.00	141.00	1.80	75.50
2 647.00	2 298.00	148.00	0.00	2.18	0.00
1 841.19	2 117.87	131.36	0.00	2.63	32.84
2 000.33	1 845.63	54.40	0.00	1.09	41.62
1 779.96	1 679.22	100.74	50.00	1.28	33.25
2 248.60	2 167.17	81.43	30.00	1.36	26.87
2 485.32	2 333.75	151.57	—	2.53	20.33
2 891.00	2 625.00	266.00	0.00	4.09	43.76
2 990.00	2 951.00	39.00	0.00	0.58	9.70
3 289.00	3 278.00	176.00	80.00	2.89	44.00
3 621.56	3 031.49	909.14	—	10.82	300.02
4 378.21	3 110.36	1 624.25	—	16.41	536.00
4 187.58	3 169.26	1 183.34	0.00	11.38	390.50
4 361.03	2 872.22	1 486.88	300.00	14.16	371.72
7 203.86	4 293.81	4 709.15	300.00	46.17	1 174.85
7 147.55	4 813.92	2 520.76	300.00	24.71	630.19
2 860.00	2 166.00	694.00	347.00	15.42	28.64
3 158.00	2 379.00	779.00	370.00	17.31	257.07
2 979.00	2 551.00	764.00	336.00	16.61	126.00
3 184.00	2 487.00	697.00	382.00	12.91	38.00
3 296.00	2 684.00	612.00	380.00	11.76	58.00
3 317.00	2 666.00	656.00	380.00	11.83	69.00
2 205.52	1 646.90	645.69	200.00	8.64	213.08
2 084.21	1 607.46	652.93	200.00	9.72	215.47
1 875.00	1 560.50	314.50	0.00	5.62	105.00
2 660.59	2 493.38	167.21	0.00	2.53	15.00
1 685.00	1 221.00	464.00	0.00	7.00	140.00
2 071.38	1 689.07	432.60	237.93	7.21	108.15

序号	出版社	年份	生产码洋	销售码洋	销售实洋
13	旅游教育出版社	2005	4 752.00	3 461.00	2 076.00
		2006	3 830.40	3 228.96	2 195.69
		2007	4 493.50	3 401.08	2 225.00
		2008	6 025.06	4 512.60	2 797.80
		2009	3 941.17	4 512.60	2 933.19
		2010	4 507.00	3 630.00	2 196.00
14	内蒙古大学出版社	2005	1 162.00	4 000.00	2 263.65
		2006	5 600.00	4 500.00	2 763.31
		2007	6 100.00	4 946.00	3 413.00
		2008	6 800.00	5 525.00	3 812.00
		2009	5 100.00	4 657.00	3 493.00
		2010	6 317.00	5 146.00	3 602.00
15	南开大学出版社	2005	5 818.87	6 091.39	4 167.87
		2006	8 088.11	9 390.00	5 821.80
		2007	7 683.70	8 920.50	5 530.71
		2008	4 566.38	5 673.25	3 574.14
		2009	6 405.94	4 162.38	3 071.00
		2010	5 693.66	5 050.11	3 044.57
16	清华大学出版社	2005	81 442.37	78 826.89	49 052.62
		2006	83 908.00	72 366.00	43 453.00
		2007	93 955.38	88 082.60	55 132.32
		2008	100 855.11	91 173.94	58 291.26
		2009	86 000.00	71 200.00	46 200.00
		2010	104 629.17	93 971.27	59 038.82
17	首都经济贸易大学出版社	2005	3 500.00	3 162.00	1 972.00
		2006	3 423.00	2 900.00	1 849.00
		2007	3 200.00	2 766.00	1 798.00
		2008	3 800.00	2 875.00	1 869.00
		2009	2 554.00	3 100.00	2 036.00
		2010	3 003.34	2 682.28	1 746.30
18	首都师范大学出版社	2005	5 922.97	5 760.81	4 022.63
		2006	8 813.91	6 504.24	4 070.87
		2007	9 635.71	7 803.44	4 640.91
		2008	12 052.53	6 853.00	4 078.00
		2009	11 268.15	8 726.15	5 186.00
		2010	13 427.65	11 172.85	6 169.71

销售收入	成本及费用	税前纯利润	上缴学校利润	人均纯利润	企业所得税
1 869.36	1 794.73	64.57	4.33	1.70	0.00
1 943.00	1 711.00	156.00	—	2.89	54.00
1 623.00	1 539.00	187.00	0.00	4.50	44.00
2 025.00	1 662.00	418.00	0.00	9.29	84.00
1 930.41	1 859.22	154.26	70.00	3.86	10.93
2 060.00	1 627.00	497.00	100.00	10.80	103.00
2 003.23	1 840.75	162.48	30.00	3.60	0.00
2 393.07	2 225.53	167.54	30.00	3.99	0.00
2 873.00	2 800.00	73.00	15.00	1.74	0.00
3 374.00	3 249.00	125.00	30.00	2.98	18.00
3 493.00	3 471.00	22.00	15.00	0.50	5.00
3 602.00	3 561.00	41.00	15.00	1.00	0.00
3 688.38	3 832.22	—143.84	30.00	—1.69	11.48
4 075.26	3 286.50	788.76	120.00	9.39	260.20
3 871.50	3 122.17	749.33	—	8.90	247.00
2 915.00	2 806.00	109.00	0.00	1.28	27.00
2 718.00	2 131.00	587.00	0.00	6.52	59.00
2 777.00	2 675.00	102.00	0.00	1.16	25.00
35 078.14	30 438.77	7 323.74	2 000.00	14.92	0.00
39 159.58	28 855.13	9 620.41	2 200.00	24.05	0.00
41 812.43	32 486.03	12 625.74	2 694.00	32.30	0.00
42 333.23	33 718.26	10 254.75	2 600.00	21.10	0.00
40 448.85	30 773.47	9 675.38	2 600.00	15.95	1 920.00
45 159.47	37 785.75	10 801.46	2 600.00	20.04	0.00
1 745.00	1 479.00	266.00	79.80	5.30	0.00
1 637.00	1 317.00	320.00	30.00	6.40	175.00
1 591.00	1 298.40	292.60	13.00	5.85	119.50
1 645.00	1 536.00	202.00	0.00	5.50	53.00
1 802.00	1 622.00	260.00	0.00	6.50	53.00
1 679.85	1 398.65	281.20	0.00	8.27	71.20
3 560.44	3 137.21	423.22	130.00	5.88	0.00
3 602.55	3 205.94	443.08	140.00	7.63	27.66
4 107.62	3 758.73	386.59	135.00	6.44	0.00
3 609.00	3 270.00	203.50	0.00	3.38	0.00
4 589.38	4 205.49	430.82	100.00	7.69	0.00
5 459.92	5 095.87	466.97	130.00	8.05	33.47

序号	出版社	年份	生产码洋	销售码洋	销售实洋
19	天津大学出版社	2005	5 948.00	4 815.00	3 130.00
		2006	5 536.05	5 616.01	2 742.31
		2007	6 541.00	6 231.00	4 050.00
		2008	7 532.57	4 667.60	3 033.94
		2009	9 449.30	7 171.64	3 400.00
		2010	12 630.73	10 062.97	4 072.00
20	外语教学与研究出版社	2005	111 714.58	110 581.37	75 812.47
		2006	150 000.00	140 000.00	100 800.00
		2007	176 000.00	132 228.00	89 853.00
		2008	171 647.00	164 377.00	115 328.00
		2009	183 767.17	154 551.00	103 563.00
		2010	218 044.00	186 743.00	119 158.00
21	中国传媒大学出版社	2005	2 826.00	2 575.00	1 388.00
		2006	3 916.00	3 483.29	1 200.00
		2007	4 203.00	2 752.00	1 943.60
		2008	4 021.00	2 973.00	2 163.00
		2009	3 591.25	3 162.84	2 033.99
		2010	5 520.00	4 322.00	3 022.00
22	中国农业大学出版社	2005	2 212.09	1 793.83	1 374.19
		2006	2 309.58	2 076.36	1 536.51
		2007	3 000.00	2 785.00	1 671.00
		2008	5 000.00	3 566.00	2 362.00
		2009	6 487.07	5 859.78	3 515.87
		2010	5 293.60	5 925.00	3 555.00
23	中国人民大学出版社	2005	51 601.56	42 073.54	27 638.68
		2006	47 870.50	47 064.77	29 796.71
		2007	62 000.00	48 414.00	31 245.00
		2008	63 840.80	49 914.00	31 118.00
		2009	64 500.00	52 715.00	33 567.00
		2010	74 500.00	51 160.00	33 271.00
24	中国人民公安大学出版社	2005	6 664.15	4 511.33	2 993.94
		2006	6 066.54	5 650.12	3 911.81
		2007	7 869.85	5 968.54	4 400.71
		2008	8 592.00	6 880.66	5 206.00
		2009	10 863.82	8 107.77	5 816.00
		2010	12 457.64	7 414.89	6 083.36

销售收入	成本及费用	税前纯利润	上缴学校利润	人均纯利润	企业所得税
2 792.00	2 805.40	−13.40	100.00	−0.12	67.43
2 748.92	2 696.13	−188.85	—	−0.97	35.57
2 928.00	2 570.00	358.00	130.00	2.80	118.00
2 995.07	2 783.34	391.73	180.00	2.38	53.00
3 060.00	2 719.52	341.30	184.60	3.59	51.11
4 072.00	3 212.00	860.00	100.00	8.26	0.00
60 953.70	54 346.47	10 850.38	5 300.00	16.92	193.81
65 552.00	52 630.00	17 357.00	6 000.00	26.22	—
77 561.00	58 580.00	20 343.00	4 400.00	33.00	0.00
80 962.14	61 722.91	26 991.44	5 970.00	33.78	0.00
84 894.42	66 763.82	26 454.28	5 976.20	31.61	0.00
92 765.85	81 078.79	13 520.44	5 451.37	13.91	0.00
1 388.00	1 290.00	98.00	—	2.88	32.34
1 843.86	1 738.79	105.07	0.00	3.00	34.67
1 720.00	1 546.00	174.00	0.00	4.58	57.42
1 750.00	928.00	822.00	30.00	16.44	150.00
2 163.66	1 700.08	463.58	200.00	8.69	115.89
2 674.00	2 091.00	583.00	200.00	14.00	146.00
1 216.10	1 017.82	198.28	88.00	4.13	51.76
1 360.36	1 218.50	141.86	60.00	1.56	65.39
1 479.00	1 412.00	66.00	0.00	1.20	22.00
2 091.00	1 840.00	251.00	100.00	4.64	39.00
3 111.38	2 791.85	478.15	150.00	9.02	70.99
3 146.00	2 767.00	379.00	60.00	6.65	126.00
24 440.58	19 944.95	3 928.71	0.00	10.82	0.00
26 357.52	22 482.86	5 918.59	1 800.00	15.87	0.00
27 651.00	22 999.00	6 516.00	2 000.00	16.00	0.00
27 538.00	22 696.00	6 917.00	2 479.00	15.30	0.00
29 705.00	24 647.00	6 267.00	0.00	13.00	1 987.00
29 415.00	27 231.00	6 356.00	800.00	12.60	1 215.00
3 432.60	3 176.11	259.06	173.57	1.24	85.49
3 461.78	3 366.45	95.33	—	0.68	31.46
5 348.00	4 890.00	673.00	300.00	3.05	222.00
5 206.00	4 693.00	462.00	300.00	5.00	115.50
5 146.68	4 863.00	619.90	0.00	3.41	80.79
5 383.51	4 617.44	447.08	0.00	2.52	111.77

序号	出版社	年份	生产码洋	销售码洋	销售实洋
25	中国协和医科大学出版社	2005	4 131.27	3 435.00	2 232.00
		2006	6 412.85	3 005.06	1 953.29
		2007	5 354.00	3 140.00	2 140.00
		2008	4 656.90	3 613.46	2 348.75
		2009	7 251.75	3 683.73	2 418.66
		2010	8 802.00	3 687.00	2 205.00
26	中国政法大学出版社	2005	6 510.28	6 842.34	4 506.71
		2006	6 200.00	5 689.65	3 248.07
		2007	7 273.00	5 477.00	3 576.00
		2008	6 040.00	6 285.00	3 819.00
		2009	6 534.00	5 470.00	3 359.00
		2010	6 477.00	4 755.00	2 749.00
27	中央广播电视大学出版社	2005	43 155.00	42 236.00	42 236.00
		2006	35 507.85	46 442.83	30 075.88
		2007	37 920.00	34 972.00	21 822.00
		2008	43 354.00	38 100.00	23 700.00
		2009	38 533.00	34 169.00	21 392.00
		2010	46 216.00	37 545.00	23 298.00
28	中央民族大学出版社	2005	2 024.17	2 232.00	1 038.00
		2006	2 512.77	2 302.65	1 083.92
		2007	1 473.75	2 093.56	943.99
		2008	939.60	908.95	506.69
		2009	1 217.76	1 398.34	999.66
		2010	1 170.13	872.23	677.28
29	中央音乐学院出版社	2005	599.00	480.00	316.00
		2006	714.45	269.45	205.90
		2007	640.00	440.00	247.00
		2008	682.08	443.00	288.00
		2009	566.00	519.00	394.00
		2010	602.00	502.00	292.00
30	大连海事大学出版社	2005	1 233.35	1 904.88	1 685.73
		2006	3 373.48	2 649.70	1 987.27
		2007	2 267.53	2 696.74	2 023.00
		2008	2 974.00	2 678.00	1 950.00
		2009	3 176.60	3 501.00	2 626.00
		2010	3 270.00	3 406.00	2 555.00

销售收入	成本及费用	税前纯利润	上缴学校利润	人均纯利润	企业所得税
1 976.00	1 619.00	381.00	47.00	8.46	186.00
1 953.29	1 891.64	333.53	0.00	6.06	110.06
2 140.00	1 739.00	397.00	0.00	9.00	174.00
2 078.54	1 470.70	586.15	50.00	10.40	222.15
2 140.41	1 712.83	822.96	100.00	9.50	205.74
1 951.00	1 706.00	841.00	100.00	12.00	230.00
3 633.45	2 913.33	839.38	223.64	7.31	342.40
2 874.40	2 509.97	675.25	350.00	9.65	231.64
3 195.00	3 220.00	285.00	682.00	4.07	47.00
3 380.00	2 647.00	969.00	682.00	13.84	207.00
3 308.00	2 808.00	500.00	500.00	6.80	0.00
2 463.00	2 778.00	539.00	500.00	6.70	24.00
42 236.00	40 338.00	4 448.64	1 490.00	20.79	1 468.05
30 075.88	24 617.35	5 458.53	1 826.61	25.51	1 801.32
21 822.00	20 059.00	1 763.00	2 436.00	11.00	1 077.00
23 700.00	21 783.00	1 917.00	1 254.00	12.00	0.00
21 392.00	17 805.00	3 587.00	2 341.00	20.73	897.00
23 298.00	19 332.00	3 966.00	1 903.00	18.03	993.00
796.00	1 020.00	−224.00	—	−5.60	—
1 083.92	2 042.42	−226.13	—	−6.46	—
1 069.23	1 056.24	9.99	—	0.26	7.70
649.24	648.44	13.94	0.00	0.35	3.48
1 148.48	599.68	548.80	0.00	14.83	36.19
865.94	686.98	178.96	0.00	6.62	44.14
235.00	223.00	10.00	0.00	0.50	12.00
182.21	258.15	6.31	—	0.16	2.47
219.00	197.00	22.00	0.00	0.79	8.00
228.00	229.50	−1.50	0.00	−0.31	6.00
349.00	309.00	52.00	0.00	2.47	10.00
259.00	294.00	3.00	0.00	0.15	0.60
1 264.30	912.40	351.90	—	9.02	116.13
1 758.65	1 395.74	362.91	—	9.07	129.04
1 790.00	1 523.00	267.00	—	7.00	88.00
2 045.00	1 790.00	255.00	0.00	6.07	26.00
2 423.00	2 125.00	298.00	170.00	6.93	38.00
2 261.00	2 143.00	118.00	0.00	2.88	30.00

序号	出版社	年份	生产码洋	销售码洋	销售实洋
31	大连理工大学出版社	2005	13 544.00	13 089.00	7 854.30
		2006	12 756.05	11 234.13	6 297.57
		2007	16 732.00	15 826.00	9 086.00
		2008	24 231.57	18 667.83	11 026.39
		2009	25 000.00	21 773.00	12 695.00
		2010	26 609.00	28 302.00	13 227.00
32	东北财经大学出版社	2005	8 612.00	9 984.59	6 620.04
		2006	9 174.50	10 715.32	5 895.84
		2007	10 513.00	12 240.00	7 956.00
		2008	11 400.00	15 588.00	9 820.00
		2009	12 435.26	13 314.36	10 673.00
		2010	12 264.53	15 606.11	10 143.94
33	东北大学出版社	2005	1 250.00	1 231.71	837.56
		2006	1 300.00	1 153.44	807.41
		2007	1 426.00	1 478.00	887.00
		2008	2 058.00	1 676.00	788.00
		2009	2 802.00	1 890.00	756.00
		2010	2 918.00	1 955.00	782.00
34	东北林业大学出版社	2005	1 363.56	733.24	385.12
		2006	722.23	1 012.48	647.99
		2007	566.00	852.00	545.00
		2008	814.00	573.00	344.00
		2009	785.00	584.00	512.00
		2010	1 379.31	875.87	616.29
35	东北师范大学出版社	2005	39 439.00	33 896.00	10 847.00
		2006	32 330.00	28 340.00	13 290.00
		2007	38 050.00	20 955.00	10 375.00
		2008	43 000.00	38 000.00	30 000.00
		2009	44 614.00	41 200.00	33 335.00
		2010	44 705.00	41 500.00	33 450.00
36	哈尔滨工程大学出版社	2005	2 826.00	2 335.00	1 384.00
		2006	1 752.96	1 044.82	660.75
		2007	1 778.03	1 814.50	933.57
		2008	5 924.00	4 665.00	3 498.00
		2009	6 980.00	5 586.00	4 251.00
		2010	5 500.00	5 800.00	4 900.00

销售收入	成本及费用	税前纯利润	上缴学校利润	人均纯利润	企业所得税
6 107.20	4 707.20	1 400.00	143.00	9.03	462.00
6 719.78	6 400.03	319.75	294.00	2.00	105.56
7 289.00	6 539.00	1 552.00	285.00	10.28	0.00
10 835.00	8 822.00	2 013.00	687.00	11.18	0.00
12 695.00	9 998.00	2 697.00	415.00	17.00	0.00
13 064.00	10 864.00	2 200.00	350.00	13.00	0.00
5 690.59	4 590.04	1 100.55	694.00	12.51	363.18
6 072.25	4 953.73	1 118.52	990.00	13.16	369.11
6 768.00	5 559.00	1 209.00	1 023.00	13.74	230.00
7 070.00	5 619.00	1 451.00	955.00	16.00	249.00
6 865.00	5 181.00	1 684.00	2 030.00	18.30	321.00
7 095.21	5 003.29	2 091.92	30.00	20.31	0.00
741.36	612.40	128.96	15.00	2.69	74.43
807.41	612.04	253.67	44.68	5.17	104.74
785.00	596.00	189.00	15.00	4.20	71.80
697.00	525.00	172.00	15.00	4.00	28.00
712.00	568.00	144.00	15.00	3.33	24.00
771.00	627.00	199.00	19.80	4.63	41.00
340.81	302.68	38.13	—	0.81	8.80
498.45	411.22	87.23	—	2.24	30.54
419.00	320.00	99.00	0.00	2.20	3.00
414.00	343.00	71.00	0.00	2.00	3.00
477.00	402.00	75.00	0.00	2.30	3.00
545.39	383.06	69.90	6.00	1.94	2.58
9 824.00	9 216.00	608.00	—	9.00	200.00
9 213.00	7 540.00	1 673.00	500.00	8.27	552.00
10 375.00	8 875.00	1 500.00	500.00	8.13	495.00
13 000.00	8 629.00	2 200.00	500.00	9.28	531.00
11 425.00	9 316.00	2 109.00	500.00	9.58	479.00
12 300.00	10 145.00	2 205.00	500.00	10.30	551.00
662.00	758.00	−32.00	—	−0.76	—
660.75	723.03	−42.01	—	−0.82	—
694.87	824.01	−47.39	—	−0.83	—
958.64	991.82	5.02	0.00	0.07	0.00
1 076.14	1 098.60	12.61	0.00	0.07	0.00
1 523.00	1 100.00	19.00	0.00	0.10	0.00

序号	出版社	年份	生产码洋	销售码洋	销售实洋
37	哈尔滨工业大学出版社	2005	3 072.00	3 126.00	1 449.00
		2006	2 922.90	2 065.00	1 280.00
		2007	4 050.00	3 160.00	1 833.00
		2008	4 675.00	3 540.00	2 052.00
		2009	4 589.21	3 401.00	1 925.00
		2010	5 097.64	5 096.95	2 597.10
38	黑龙江大学出版社	2005	0.00	0.00	0.00
		2006	0.00	0.00	0.00
		2007	61.00	14.00	8.00
		2008	737.00	500.00	280.00
		2009	1 119.79	884.25	573.32
		2010	1 169.40	1 091.00	637.50
39	吉林大学出版社	2005	7 089.00	2 740.00	931.00
		2006	3 352.00	2 153.00	1 347.00
		2007	4 900.00	3 200.00	1 510.00
		2008	7 946.00	5 348.00	2 674.00
		2009	9 846.00	8 500.00	4 250.00
		2010	15 500.00	12 600.00	6 300.00
40	辽宁大学出版社	2005	5 533.67	5 422.74	2 711.37
		2006	7 111.00	4 604.00	2 762.40
		2007	4 270.00	3 767.00	2 260.00
		2008	4 427.00	3 990.00	1 769.00
		2009	4 897.34	5 321.02	1 927.00
		2010	4 913.00	5 355.00	2 023.00
41	辽宁师范大学出版社	2005	16 700.00	11 692.58	8 690.00
		2006	19 000.00	21 100.00	10 800.00
		2007	37 360.00	26 010.00	14 306.00
		2008	26 919.00	27 558.00	14 429.00
		2009	27 090.00	26 430.00	13 666.00
		2010	26 967.00	25 918.00	16 347.00
42	延边大学出版社	2005	3 500.00	3 666.00	3 288.00
		2006	6 415.00	5 026.00	2 407.00
		2007	13 704.00	12 333.00	6 735.00
		2008	16 580.00	14 206.00	6 748.00
		2009	28 020.00	25 218.00	13 556.00
		2010	20 722.00	23 809.00	15 101.00

销售收入	成本及费用	税前纯利润	上缴学校利润	人均纯利润	企业所得税
1 361.00	1 301.30	59.70	19.70	5.00	19.70
1 311.50	1 305.40	5.70	—	4.20	1.50
1 479.40	1 402.20	77.20	—	1.20	6.10
1 721.30	1 632.00	89.30	0.00	1.30	7.60
1 877.00	1 891.00	61.00	0.00	1.00	16.00
1 766.90	1 826.20	216.40	0.00	3.30	54.10
0.00	0.00	0.00	0.00	0.00	0.00
0.00	0.00	0.00	0.00	0.00	0.00
29.00	101.00	−72.00	—	−2.67	—
376.60	374.90	1.70	0.00	0.04	0.40
348.00	310.00	38.00	0.00	1.30	0.00
637.50	636.30	138.40	0.00	3.95	33.00
931.00	918.00	12.00	—	0.32	3.50
842.00	830.00	12.00	—	0.32	3.50
1 208.00	1 065.00	143.00	20.00	3.00	42.00
1 337.00	1 232.00	105.00	30.00	2.10	28.00
2 577.00	2 403.00	174.00	50.00	2.70	50.00
3 574.00	3 126.00	448.00	210.00	5.00	0.00
2 711.37	2 335.39	375.98	0.00	5.37	124.17
2 490.00	1 434.00	303.00	—	4.33	—
2 260.00	2 175.00	119.00	0.00	2.00	68.00
1 769.00	1 690.00	121.00	85.00	1.90	30.00
1 927.00	1 800.00	283.00	50.00	3.80	71.00
2 023.00	1 736.00	287.00	60.00	3.60	96.00
5 671.21	4 953.63	720.58	32.00	7.35	237.79
9 575.00	7 945.00	1 630.00	100.00	17.80	566.00
12 663.00	8 032.00	4 631.00	923.00	25.60	1 565.00
12 769.00	8 018.00	4 715.00	0.00	36.98	1 053.00
12 094.00	8 694.00	4 055.00	1 400.00	38.50	854.00
14 466.00	8 238.00	7 076.00	610.00	84.24	1 571.00
2 385.00	2 267.00	118.00	50.00	2.00	39.00
2 407.00	2 275.00	132.00	100.00	1.00	49.00
5 085.00	5 039.00	46.00	0.00	1.80	15.16
5 972.00	5 594.00	378.00	100.00	3.57	95.00
12 158.00	11 990.00	168.00	100.00	1.58	42.00
13 363.00	12 455.00	133.00	100.00	1.23	42.00

序号	出版社	年份	生产码洋	销售码洋	销售实洋
43	安徽大学出版社	2005	3 367.00	2 273.43	1 576.92
		2006	5 794.15	2 927.83	1 976.28
		2007	7 244.70	5 977.38	3 194.04
		2008	9 139.01	6 587.22	3 960.13
		2009	6 692.92	3 689.31	2 403.55
		2010	16 321.90	12 044.63	5 138.07
44	安徽师范大学出版社	2005	0.00	0.00	0.00
		2006	0.00	0.00	0.00
		2007	0.00	0.00	0.00
		2008	0.00	0.00	0.00
		2009	0.00	0.00	0.00
		2010	131.80	235.88	158.89
45	东华大学出版社	2005	3 691.17	1 705.00	1 090.75
		2006	4 066.21	2 410.00	1 576.00
		2007	3 300.00	2 900.00	1 740.00
		2008	3 230.00	2 290.00	1 440.56
		2009	2 879.00	2 671.00	1 589.00
		2010	3 100.00	2 300.00	1 400.00
46	东南大学出版社	2005	23 819.09	17 144.17	9 790.24
		2006	28 043.96	23 337.27	12 201.21
		2007	28 531.98	24 330.23	11 516.90
		2008	24 252.18	20 675.64	8 827.99
		2009	18 688.98	18 447.10	9 928.29
		2010	18 571.00	16 478.00	7 856.00
47	复旦大学出版社	2005	23 254.07	21 189.04	12 897.61
		2006	26 091.04	24 069.46	14 295.38
		2007	29 320.00	25 153.00	15 304.00
		2008	32 165.99	29 548.55	17 239.00
		2009	31 817.80	31 491.35	19 775.60
		2010	35 732.65	33 229.34	22 298.63
48	合肥工业大学出版社	2005	1 755.59	993.46	774.01
		2006	3 400.00	2 200.00	1 400.00
		2007	3 945.50	2 410.80	1 581.10
		2008	4 500.00	3 000.00	2 500.00
		2009	5 722.90	3 188.40	2 550.70
		2010	4 270.60	3 838.00	2 246.20

销售收入	成本及费用	税前纯利润	上缴学校利润	人均纯利润	企业所得税
1 395.50	1 475.46	107.47	—	2.44	91.22
1 873.82	1 786.29	120.11	60.00	2.67	90.06
3 194.04	3 076.71	146.78	14.04	3.26	57.87
3 504.54	3 360.72	386.79	100.00	4.09	182.06
2 403.55	2 188.01	279.31	74.83	4.35	61.71
4 546.96	4 065.97	604.47	300.00	12.34	0.00
0.00	0.00	0.00	0.00	0.00	0.00
0.00	0.00	0.00	0.00	0.00	0.00
0.00	0.00	0.00	0.00	0.00	0.00
0.00	0.00	0.00	0.00	0.00	0.00
0.00	0.00	0.00	0.00	0.00	0.00
110.00	159.00	−49.00	0.00	−1.40	0.00
1 090.75	1 072.46	18.29	—	0.40	6.04
1 300.00	1 344.19	21.38	—	0.50	7.05
1 342.00	1 335.00	26.56	0.00	0.66	8.76
1 440.56	1 149.50	27.02	0.00	0.53	6.76
1 378.00	1 313.00	93.00	0.00	2.20	23.00
1 400.00	1 240.00	192.00	0.00	3.85	0.00
8 663.93	7 095.80	1 071.49	200.00	9.48	353.59
10 102.44	7 997.26	1 509.27	200.00	11.26	198.06
9 597.42	8 148.07	1 449.35	300.00	10.82	379.28
7 356.66	6 005.44	1 351.22	200.00	11.85	337.81
8 786.10	7 265.70	1 520.40	200.00	14.08	337.81
7 856.00	6 409.00	1 412.00	0.00	14.48	162.00
12 123.42	9 878.11	2 549.54	—	16.34	743.26
13 755.39	11 697.10	2 469.84	—	14.70	788.82
13 543.00	11 852.00	2 690.00	—	15.00	796.00
15 282.00	13 274.00	2 930.00	0.00	19.00	623.00
17 500.53	14 798.56	3 141.76	0.00	20.88	30.93
19 733.30	16 955.53	3 310.04	0.00	12.57	42.38
684.97	672.33	12.64	0.00	0.35	2.06
957.00	810.00	148.00	—	2.19	20.00
1 085.71	996.47	89.24	30.00	3.18	29.44
1 277.00	1 216.00	60.00	20.00	2.10	14.60
1 594.20	1 409.20	185.00	40.00	6.17	46.20
2 155.30	1 105.30	1 050.00	60.00	29.10	0.00

序号	出版社	年份	生产码洋	销售码洋	销售实洋
49	河海大学出版社	2005	4 487.61	5 080.00	2 390.26
		2006	2 452.64	3 512.91	2 574.70
		2007	4 016.35	4 148.43	2 766.80
		2008	4 050.00	3 314.00	1 926.00
		2009	3 517.59	3 435.00	1 829.24
		2010	2 548.10	2 053.37	1 166.73
50	华东理工大学出版社	2005	4 693.77	4 601.14	2 363.00
		2006	5 090.68	5 136.17	2 590.00
		2007	5 443.04	4 891.75	2 386.44
		2008	6 799.16	5 623.37	2 956.44
		2009	5 044.70	5 240.92	3 038.76
		2010	5 670.87	4 184.60	2 600.38
51	华东师范大学出版社	2005	54 529.59	49 700.89	22 691.52
		2006	50 871.58	56 061.00	25 558.62
		2007	50 600.00	58 000.00	26 498.00
		2008	59 300.00	58 866.00	28 453.00
		2009	60 004.00	60 661.00	30 104.00
		2010	55 631.00	64 716.00	30 898.00
52	江苏大学出版社	2005	0.00	0.00	0.00
		2006	0.00	0.00	0.00
		2007	129.05	67.15	46.70
		2008	640.00	370.00	203.40
		2009	840.00	450.08	292.55
		2010	1 350.00	635.00	430.80
53	立信会计出版社	2005	5 569.32	4 955.95	3 100.09
		2006	7 119.12	6 333.26	3 881.45
		2007	8 334.00	6 540.00	4 133.00
		2008	7 058.00	6 553.00	4 274.00
		2009	6 951.29	6 652.63	4 043.94
		2010	8 922.05	8 179.61	4 698.41
54	南京大学出版社	2005	12 704.24	11 872.93	6 120.29
		2006	13 323.20	11 588.12	5 001.32
		2007	11 051.00	11 028.00	5 447.00
		2008	11 113.00	10 979.00	6 297.00
		2009	15 115.00	16 079.00	8 483.00
		2010	22 071.00	19 292.00	10 476.00

销售收入	成本及费用	税前纯利润	上缴学校利润	人均纯利润	企业所得税
2 115.27	2 034.06	81.21	252.00	1.73	26.80
1 790.00	1 758.00	282.00	—	7.23	10.00
1 677.22	1 411.77	265.45	150.00	3.70	87.60
1 704.00	1 739.00	75.00	0.00	2.00	4.00
1 829.24	1 290.76	41.89	0.00	1.05	10.47
1 166.73	1 054.14	112.59	0.00	3.13	2.00
2 091.25	1 958.46	132.79	84.00	2.55	43.82
2 292.03	2 120.57	171.46	89.66	3.03	59.99
2 299.29	1 544.82	242.45	133.89	3.13	71.30
2 616.32	1 858.75	350.67	92.48	5.75	87.67
2 689.17	2 059.93	393.63	124.60	6.35	0.00
2 301.22	1 779.75	521.47	0.00	7.67	0.00
20 069.52	19 325.80	743.72	—	3.73	245.42
22 618.25	40 506.60	3 514.95	2 300.00	17.57	363.23
23 450.00	22 867.00	1 524.00	2 300.00	7.00	455.00
25 180.00	22 125.00	4 071.00	2 300.00	16.68	0.00
26 641.00	22 837.00	3 804.00	2 300.00	13.54	0.00
27 270.00	24 480.00	4 107.00	2 300.00	14.01	0.00
0.00	0.00	0.00	0.00	0.00	0.00
0.00	0.00	0.00	0.00	0.00	0.00
46.70	68.33	−21.64	—	−0.49	—
180.00	192.30	−12.30	0.00	−0.26	0.00
292.55	286.52	6.03	0.00	0.00	0.00
381.23	379.14	2.09	0.00	0.00	1.23
2 743.44	2 511.94	389.80	400.00	6.39	120.38
3 434.91	2 636.86	573.61	400.00	9.25	189.29
3 657.00	3 006.00	651.00	320.00	11.60	167.00
3 782.00	3 408.70	516.00	350.00	10.70	66.30
3 578.71	3 387.57	352.47	400.00	6.18	0.00
4 157.88	4 056.88	365.15	350.00	8.30	0.00
6 120.29	5 888.57	231.72	180.00	2.31	65.58
5 001.32	4 923.72	77.60	—	0.77	25.60
5 447.00	5 414.00	66.00	0.00	0.62	22.00
6 297.00	6 089.00	248.00	200.00	2.23	12.00
8 483.00	8 255.00	313.00	200.00	2.63	78.00
10 476.00	10 000.00	853.00	200.00	5.00	213.00

序号	出版社	年份	生产码洋	销售码洋	销售实洋
55	南京师范大学出版社	2005	12 908.68	12 208.46	5 439.84
		2006	13 400.02	12 327.57	5 594.05
		2007	13 430.48	12 686.92	5 798.17
		2008	31 491.30	25 909.72	14 407.31
		2009	24 411.72	27 281.83	15 580.47
		2010	18 225.51	19 243.97	7 929.96
56	山东大学出版社	2005	10 077.00	6 500.00	4 260.00
		2006	16 324.09	5 131.74	2 424.82
		2007	13 339.09	6 971.22	4 289.19
		2008	13 727.52	8 227.78	4 568.78
		2009	14 130.00	8 117.68	3 794.28
		2010	10 208.43	7 765.20	5 435.64
57	上海财经大学出版社	2005	6 333.76	5 322.24	3 458.13
		2006	6 987.51	6 407.96	4 709.37
		2007	6 251.00	7 232.00	3 938.00
		2008	7 441.00	8 093.00	4 618.00
		2009	7 832.00	6 576.00	4 235.00
		2010	6 786.00	5 987.00	4 472.00
58	上海大学出版社	2005	3 301.35	3 198.83	2 579.00
		2006	2 823.97	2 207.83	1 349.04
		2007	2 484.73	2 166.73	1 430.90
		2008	1 904.16	1 723.00	1 328.44
		2009	2 297.61	1 796.57	1 310.01
		2010	2 653.33	1 844.19	1 187.76
59	上海交通大学出版社	2005	10 341.27	9 180.00	5 286.10
		2006	11 606.18	10 335.00	5 414.00
		2007	11 606.00	10 335.00	6 175.00
		2008	17 906.00	15 987.00	7 334.00
		2009	22 006.00	18 225.00	8 201.00
		2010	23 214.00	22 612.00	11 202.00
60	上海外语教育出版社	2005	53 523.09	54 032.69	37 743.34
		2006	57 591.07	54 352.86	37 831.48
		2007	55 468.15	54 384.99	37 663.21
		2008	63 306.68	56 974.52	39 791.13
		2009	52 106.10	51 575.18	35 729.01
		2010	59 818.75	53 437.24	36 814.52

销售收入	成本及费用	税前纯利润	上缴学校利润	人均纯利润	企业所得税
9 989.54	3 877.14	489.50	182.00	6.53	175.78
11 758.04	4 819.15	568.18	405.20	7.10	102.21
11 933.16	4 792.76	748.86	350.00	9.48	183.78
24 442.93	12 114.76	1 078.79	500.00	12.40	294.48
25 489.39	12 925.10	1 637.52	550.00	18.61	363.09
18 331.67	7 214.48	1 724.81	550.00	17.78	0.00
3 977.00	3 017.00	960.00	1 000.00	20.00	100.00
3 079.05	2 980.62	−255.82	—	−4.00	95.73
3 795.74	3 818.77	−23.03	700.00	−0.43	147.21
4 042.27	3 836.70	925.87	720.00	17.80	51.47
3 720.14	2 826.39	443.75	294.26	8.70	149.49
4 810.30	4 115.67	694.63	0.00	10.41	130.18
3 060.43	2 420.29	640.14	370.00	9.14	211.25
4 148.44	3 930.51	841.70	—	59.16	362.53
4 075.00	3 327.00	712.00	320.00	9.10	64.00
4 087.00	3 725.00	523.00	270.00	7.20	0.00
4 306.00	3 323.00	613.00	320.00	8.00	0.00
3 958.00	3 427.00	612.00	240.00	8.87	0.00
2 282.08	2 002.03	280.05	18.87	3.37	24.91
1 193.73	1 093.73	99.97	27.21	1.17	32.99
1 266.28	1 239.05	27.23	0.00	0.59	8.99
1 175.61	1 131.12	44.49	11.85	0.89	13.41
1 159.30	1 085.61	73.69	25.36	1.80	0.00
1 051.10	1 205.50	−133.70	0.00	−3.00	0.00
4 675.50	4 509.53	247.79	180.00	3.22	91.52
4 791.15	4 325.62	465.53	180.00	4.66	86.93
5 465.00	4 897.00	568.00	180.00	7.00	82.00
6 490.00	5 715.00	841.00	180.00	10.00	145.00
7 257.00	6 702.00	760.00	0.00	7.00	0.00
11 202.00	9 169.00	925.00	0.00	7.50	0.00
33 380.12	25 877.77	9 445.08	1 965.30	59.03	3 136.25
33 453.21	27 802.80	8 200.69	1 551.00	49.40	2 710.68
33 330.21	27 843.07	5 875.11	1 131.20	34.16	1 859.38
35 213.40	29 470.50	6 508.79	1 262.60	34.99	1 505.80
31 618.59	26 587.71	5 573.95	2 498.58	23.62	0.00
32 579.22	27 370.18	7 114.95	2 429.91	30.28	0.00

序号	出版社	年份	生产码洋	销售码洋	销售实洋
61	上海音乐学院出版社	2005	947.06	478.46	291.44
		2006	996.07	854.17	458.95
		2007	1 540.00	1 103.00	526.00
		2008	1 109.00	1 025.00	586.00
		2009	1 268.00	1 034.90	615.30
		2010	1 798.37	1 551.01	1 092.13
62	上海中医药大学出版社	2005	1 067.76	896.89	459.88
		2006	1 341.29	637.77	382.23
		2007	825.59	532.09	341.12
		2008	590.02	342.20	239.80
		2009	498.00	201.00	137.00
		2010	336.79	238.84	146.26
63	苏州大学出版社	2005	11 935.77	10 709.24	7 152.05
		2006	10 193.00	10 987.80	7 026.38
		2007	10 384.00	10 186.81	6 246.59
		2008	11 178.85	14 885.13	10 012.22
		2009	11 462.50	19 856.74	11 601.79
		2010	12 034.65	11 340.20	5 806.23
64	同济大学出版社	2005	7 765.02	5 250.00	3 526.00
		2006	7 000.00	4 804.00	2 982.00
		2007	8 901.52	6 276.15	3 979.00
		2008	8 174.00	6 318.56	4 206.07
		2009	7 725.51	8 272.50	6 152.50
		2010	7 204.00	6 100.00	3 889.00
65	厦门大学出版社	2005	5 003.99	4 618.25	3 201.85
		2006	5 353.35	5 361.18	3 667.11
		2007	6 529.27	5 534.73	3 884.72
		2008	8 185.30	5 882.20	4 244.00
		2009	7 596.38	6 021.50	4 112.21
		2010	8 438.47	6 575.55	3 812.90
66	浙江大学出版社	2005	16 522.00	14 550.00	8 221.00
		2006	17 900.00	14 257.00	8 996.28
		2007	21 120.00	15 800.00	8 800.00
		2008	23 300.00	16 800.00	9 100.00
		2009	21 000.00	16 600.00	11 000.00
		2010	29 860.00	25 010.00	12 123.00

销售收入	成本及费用	税前纯利润	上缴学校利润	人均纯利润	企业所得税
291.44	280.55	10.89	—	0.73	3.59
458.95	422.47	36.48	—	2.61	—
526.00	493.00	33.00	—	2.00	10.00
586.00	538.30	48.00	0.00	2.60	11.00
615.30	548.75	63.30	0.00	3.96	15.80
1 092.13	863.28	228.85	0.00	14.30	0.00
406.98	496.18	−32.35	—	−0.77	—
395.91	518.35	−66.16	—	−1.58	—
301.88	520.03	−117.41	—	−3.01	—
212.20	790.29	−431.80	0.00	−14.89	0.00
121.00	410.55	−219.51	0.00	−8.44	0.00
146.26	382.26	−174.49	0.00	−6.46	0.00
6 402.97	4 680.48	1 722.49	270.00	21.53	629.43
7 026.38	4 599.15	1 616.82	300.00	13.89	594.40
5 527.95	4 418.01	1 109.94	350.00	13.70	366.28
8 860.19	7 462.38	1 397.81	291.60	17.92	212.99
10 266.84	8 994.51	1 272.33	314.93	11.26	318.08
5 138.24	4 510.35	627.89	340.12	6.82	0.00
3 118.00	2 630.00	471.00	150.00	4.96	105.00
3 194.00	2 906.00	507.00	150.00	4.88	108.00
3 203.13	3 008.00	617.00	165.00	5.71	112.00
3 562.20	2 989.94	622.10	165.00	7.23	199.86
3 533.60	3 083.40	632.00	0.00	6.14	0.00
3 496.00	2 812.00	807.30	0.00	8.40	0.00
2 223.40	1 921.30	228.10	86.25	4.47	81.70
2 870.50	2 394.50	601.00	86.25	11.56	150.00
3 001.00	2 572.00	560.00	86.25	9.33	130.00
3 262.70	3 847.00	455.00	86.25	7.46	81.90
3 180.36	2 968.77	258.39	120.00	3.05	66.46
3 812.90	3 461.00	653.60	150.00	10.21	143.80
7 275.00	5 240.00	2 035.00	235.00	18.50	619.20
7 960.66	5 728.30	2 232.12	260.00	19.08	682.80
8 800.00	7 200.00	1 022.00	300.00	6.80	450.00
9 100.00	7 500.00	1 066.00	375.00	7.50	230.00
11 000.00	9 350.00	1 650.00	400.00	10.00	330.00
12 123.00	9 953.00	2 170.00	440.00	13.30	0.00

序号	出版社	年份	生产码洋	销售码洋	销售实洋
67	浙江工商大学出版社	2005	0.00	0.00	0.00
		2006	0.00	0.00	0.00
		2007	0.00	0.00	0.00
		2008	281.05	58.97	41.28
		2009	1 250.00	905.00	362.00
		2010	1 510.11	1 484.00	492.28
68	中国海洋大学出版社	2005	1 648.17	2 039.08	1 166.77
		2006	2 050.64	1 987.45	1 114.10
		2007	2 646.00	1 720.00	841.00
		2008	4 252.00	2 600.00	1 142.00
		2009	1 881.00	1 787.00	1 108.00
		2010	2 300.00	1 565.00	939.00
69	中国科学技术大学出版社	2005	1 800.00	1 384.00	900.00
		2006	2 244.00	1 641.00	1 083.70
		2007	2 095.00	2 100.00	1 352.00
		2008	3 227.00	2 148.00	1 460.00
		2009	4 520.00	3 660.00	2 260.00
		2010	3 213.00	2 953.00	2 008.00
70	中国矿业大学出版社	2005	5 148.53	4 758.75	3 807.00
		2006	5 548.58	4 286.03	3 214.52
		2007	7 113.00	5 031.00	2 003.00
		2008	8 592.89	5 585.38	4 641.00
		2009	11 850.00	8 772.00	5 216.00
		2010	9 590.60	8 962.70	5 977.00
71	中国美术学院出版社	2005	2 743.23	1 407.92	886.99
		2006	2 999.49	1 485.75	943.45
		2007	3 028.35	1 444.22	938.74
		2008	3 902.00	1 539.00	954.00
		2009	2 800.00	1 389.09	873.32
		2010	6 312.00	2 005.00	1 243.00
72	中国石油大学出版社	2005	5 989.00	5 780.00	4 629.00
		2006	6 779.00	5 913.00	4 125.00
		2007	6 831.00	6 131.00	5 874.00
		2008	9 081.00	8 499.00	5 573.00
		2009	8 230.00	7 714.00	5 091.00
		2010	12 516.00	11 655.00	7 962.00

销售收入	成本及费用	税前纯利润	上缴学校利润	人均纯利润	企业所得税
0.00	0.00	0.00	0.00	0.00	0.00
0.00	0.00	0.00	0.00	0.00	0.00
0.00	0.00	0.00	0.00	0.00	0.00
36.53	70.51	0.00	0.00	0.00	0.00
294.10	329.87	−35.77	0.00	−1.15	0.00
435.65	445.25	12.46	0.00	0.39	0.00
1 032.54	971.13	61.41	40.00	1.12	20.26
985.93	912.64	73.29	40.00	1.33	24.19
841.00	832.50	8.50	0.00	0.17	2.30
901.00	918.00	43.00	0.00	0.98	11.00
865.00	949.00	−75.00	20.00	−1.70	0.00
939.00	942.00	10.50	0.00	0.28	2.20
900.00	858.00	77.00	—	1.30	10.00
1 083.70	997.00	86.70	30.00	0.60	43.00
1 327.00	995.00	332.00	36.00	4.00	92.00
1 460.00	1 093.00	400.00	100.00	7.00	88.00
1 800.00	1 280.00	520.00	400.00	10.00	0.00
2 008.00	1 522.00	558.00	0.00	8.00	0.00
3 369.00	2 982.00	387.00	85.00	7.04	127.71
2 844.71	2 546.35	298.36	95.00	3.06	120.85
1 968.00	1 625.00	247.00	95.00	4.25	136.00
4 107.00	2 760.00	1 408.00	105.00	21.33	49.00
4 615.00	3 808.00	895.00	100.00	14.00	221.00
5 289.00	3 725.00	1 564.00	100.00	27.44	397.00
891.93	868.52	37.53	—	0.87	22.84
943.45	933.72	50.14	50.00	1.22	16.55
938.74	831.54	10.49	50.00	0.26	10.90
954.00	940.00	14.00	50.00	0.38	3.00
873.32	861.54	11.78	50.00	0.34	2.95
1 243.00	1 255.00	−12.00	0.00	−0.34	0.00
3 757.00	2 518.00	920.00	193.00	13.10	346.00
3 831.00	2 941.00	890.00	263.00	12.70	294.00
3 182.00	2 495.00	687.00	235.00	7.50	171.00
4 121.00	3 211.00	910.00	300.00	9.89	228.60
4 002.00	2 971.00	1 031.00	300.00	14.73	260.00
5 370.80	4 074.00	1 296.00	415.00	17.29	324.00

序号	出版社	年份	生产码洋	销售码洋	销售实洋
73	广西师范大学出版社	2005	51 066.82	42 324.67	22 973.34
		2006	48 107.00	51 111.00	27 563.00
		2007	56 646.00	53 048.00	34 245.00
		2008	66 820.00	62 365.87	33 576.37
		2009	67 950.00	63 554.00	31 859.00
		2010	78 794.00	59 699.00	30 623.00
74	河南大学出版社	2005	10 007.30	9 590.95	5 390.60
		2006	10 004.97	9 454.14	4 978.01
		2007	10 449.00	9 381.77	4 787.49
		2008	11 430.22	10 490.43	4 924.38
		2009	10 503.00	8 619.00	3 942.00
		2010	10 351.00	10 062.00	4 498.00
75	湖南大学出版社	2005	4 229.82	4 048.15	2 161.91
		2006	4 140.00	2 762.00	1 720.00
		2007	4 811.80	3 882.22	2 290.51
		2008	5 200.00	3 693.00	2 320.00
		2009	5 381.84	4 828.22	2 455.26
		2010	5 280.00	4 437.00	2 524.00
76	湖南师范大学出版社	2005	8 604.08	7 792.05	5 108.44
		2006	8 979.00	7 577.00	5 217.00
		2007	6 245.00	6 034.00	3 822.00
		2008	8 204.00	7 368.00	4 685.00
		2009	7 618.00	6 412.00	3 252.00
		2010	7 532.00	6 947.00	3 202.00
77	华南理工大学出版社	2005	4 800.00	4 467.00	2 999.00
		2006	6 086.30	4 586.00	3 252.26
		2007	6 137.00	5 865.00	3 556.61
		2008	5 158.00	5 082.00	3 257.00
		2009	5 684.00	5 610.00	3 403.00
		2010	5 517.00	4 954.00	3 106.00
78	华中科技大学出版社	2005	7 738.96	6 340.00	3 798.00
		2006	10 082.90	7 721.00	4 227.00
		2007	15 883.85	11 955.93	6 141.16
		2008	19 647.75	11 779.64	6 081.29
		2009	20 348.58	16 576.05	8 715.09
		2010	24 900.00	17 061.00	11 401.00

销售收入	成本及费用	税前纯利润	上缴学校利润	人均纯利润	企业所得税
20 330.39	16 758.99	4 302.52	465.26	21.40	1 419.83
24 627.00	21 909.00	2 718.00	291.00	4.00	897.00
30 305.00	26 690.00	5 236.00	670.00	7.00	33.00
26 380.65	23 506.89	4 566.90	548.00	6.70	0.00
38 601.00	28 722.00	3 505.00	420.60	5.15	0.00
31 038.00	23 278.00	5 836.00	700.32	9.02	0.00
4 770.44	3 843.30	927.14	101.07	16.27	421.77
4 405.50	2 848.01	1 557.09	186.01	25.95	627.55
4 236.72	3 102.79	1 133.93	132.84	16.43	469.72
4 357.86	3 283.53	1 074.33	163.98	13.77	254.42
3 489.00	2 851.00	638.00	92.00	7.88	176.00
3 980.00	3 277.00	703.00	107.00	8.90	167.00
1 913.19	1 799.64	214.45	30.00	5.64	99.74
1 522.00	1 445.00	168.43	—	11.88	80.67
2 027.00	1 826.20	200.80	30.00	3.52	91.70
2 053.00	1 874.00	231.00	60.00	3.44	56.00
2 172.78	1 894.43	278.35	50.00	4.56	70.00
2 127.00	2 010.00	212.00	0.00	3.59	54.00
4 521.63	3 783.40	977.82	—	15.28	332.79
4 634.00	3 932.00	1 385.00	630.00	21.00	378.00
3 388.00	2 840.00	802.00	500.00	13.00	96.00
4 145.00	3 293.00	852.00	400.00	14.00	112.00
2 878.00	2 358.00	520.00	400.00	9.00	30.00
2 833.00	2 323.00	510.00	400.00	9.00	42.00
2 684.00	2 466.00	218.00	110.00	3.46	72.00
2 878.11	2 789.56	238.62	124.80	3.67	79.00
3 147.44	2 841.05	306.39	38.80	4.71	101.11
2 882.00	2 477.00	608.00	59.70	9.10	85.50
3 012.00	2 813.00	229.00	57.08	3.29	24.74
2 749.00	2 385.00	448.00	0.00	6.79	0.00
3 028.96	2 686.68	342.28	25.83	2.72	24.33
3 741.00	3 339.00	402.00	70.00	3.56	86.60
5 463.90	4 955.44	508.50	0.00	2.42	0.00
6 572.40	6 098.84	667.58	0.00	3.03	0.00
8 105.35	7 365.87	730.15	0.00	2.90	0.00
10 389.00	9 706.00	714.00	0.00	3.00	0.00

序号	出版社	年份	生产码洋	销售码洋	销售实洋
79	华中师范大学出版社	2005	9 345.51	7 647.26	4 182.58
		2006	9 939.83	8 459.12	5 013.25
		2007	9 768.00	8 406.00	5 175.00
		2008	12 129.00	10 798.00	5 748.00
		2009	9 936.00	8 914.00	4 850.00
		2010	10 529.00	9 786.00	4 843.00
80	暨南大学出版社	2005	4 921.34	3 762.93	2 337.65
		2006	4 033.24	3 882.99	2 604.44
		2007	3 535.00	3 388.00	2 212.00
		2008	3 902.00	3 560.00	2 164.00
		2009	3 996.00	4 067.00	2 698.00
		2010	3 847.00	4 099.00	2 912.00
81	汕头大学出版社	2005	2 721.18	5 461.70	2 184.68
		2006	4 754.92	3 802.58	1 901.29
		2007	3 790.00	2 997.50	1 796.70
		2008	6 976.02	4 066.38	2 033.19
		2009	2 860.00	1 977.82	988.91
		2010	3 119.00	4 444.00	1 956.00
82	武汉大学出版社	2005	14 000.00	12 000.00	5 200.00
		2006	13 817.32	15 704.62	9 447.50
		2007	18 777.64	12 910.20	5 942.03
		2008	22 299.82	20 893.93	11 491.66
		2009	24 226.81	13 260.00	7 478.00
		2010	32 000.00	18 154.00	14 722.00
83	武汉理工大学出版社	2005	4 983.73	4 812.00	1 954.65
		2006	5 922.00	5 552.00	3 800.00
		2007	5 392.07	4 971.00	3 495.00
		2008	6 995.00	6 074.00	3 980.00
		2009	6 675.50	6 856.47	4 474.35
		2010	7 282.00	6 946.00	4 885.00
84	湘潭大学出版社	2005	0.00	0.00	0.00
		2006	0.00	0.00	0.00
		2007	178.57	108.80	76.00
		2008	550.10	382.00	143.37
		2009	813.00	609.75	384.15
		2010	1 059.00	604.00	410.72

销售收入	成本及费用	税前纯利润	上缴学校利润	人均纯利润	企业所得税
4 182.58	3 920.19	262.39	253.00	3.45	93.15
4 436.50	4 615.58	2 676.00	—	0.45	94.09
4 580.00	4 549.00	31.00	—	0.40	10.00
5 748.00	5 426.00	322.00	308.00	6.20	47.09
4 850.00	5 682.00	−832.00	315.00	−10.15	0.00
4 843.00	4 782.00	61.00	315.00	0.67	0.00
2 068.72	1 896.50	284.37	—	3.60	93.80
2 057.89	1 436.75	621.14	—	9.56	204.98
1 426.00	1 356.00	70.00	0.00	1.08	27.00
2 164.00	1 860.00	304.00	42.00	3.62	76.00
2 547.00	2 030.00	674.00	0.00	10.53	116.00
2 577.00	1 937.00	743.00	100.00	10.00	147.00
1 933.34	2 087.20	−135.44	10.68	−1.78	25.84
1 682.56	1 754.56	−72.00	—	−1.01	—
1 590.00	1 879.00	68.78	—	1.09	10.32
1 799.28	1 691.92	119.65	0.00	3.14	21.54
875.14	1 170.49	−286.87	10.00	−6.83	15.32
1 294.00	1 483.00	−84.00	0.00	−1.65	0.00
5 200.00	5 038.00	162.00	52.00	1.21	30.00
6 140.88	5 628.30	512.58	103.03	3.66	169.15
5 530.00	5 449.00	275.00	70.20	1.88	41.00
6 003.00	5 545.00	603.00	150.00	4.05	0.00
6 618.00	6 116.00	662.00	150.00	4.38	0.00
13 028.00	11 790.00	1 314.00	150.00	9.06	0.00
1 954.65	1 921.93	32.72	20.00	0.52	10.80
2 187.00	2 139.00	48.00	0.00	0.70	16.00
3 135.00	3 189.00	82.00	0.00	1.12	27.00
2 522.00	3 302.00	291.00	0.00	3.68	45.00
3 959.60	3 723.31	236.29	0.00	2.95	59.07
3 954.00	3 084.00	816.00	0.00	11.00	0.00
0.00	0.00	0.00	0.00	0.00	0.00
0.00	0.00	0.00	0.00	0.00	0.00
39.79	59.26	−19.47	0.00	−1.15	0.00
143.37	226.73	−83.86	0.00	−2.89	0.00
288.11	274.32	13.79	0.00	0.46	0.00
354.14	397.57	−35.26	0.00	−1.31	0.00

序号	出版社	年份	生产码洋	销售码洋	销售实洋
85	郑州大学出版社	2005	3 579.00	4 800.00	2 656.00
		2006	4 346.00	3 689.00	2 076.00
		2007	4 698.00	4 274.00	1 985.00
		2008	2 727.08	4 784.78	3 007.97
		2009	4 417.00	3 669.00	2 159.00
		2010	4 416.00	4 416.00	2 425.00
86	中国地质大学出版社	2005	1 516.22	634.88	372.92
		2006	958.12	854.82	543.20
		2007	1 140.68	774.12	647.39
		2008	1 375.80	1 171.00	696.00
		2009	1 628.45	1 651.28	759.88
		2010	2 400.00	1 610.00	990.00
87	中南大学出版社	2005	3 833.00	4 292.00	2 633.00
		2006	3 480.00	6 821.00	2 866.00
		2007	3 046.83	4 986.00	3 352.00
		2008	3 970.77	5 524.00	3 863.00
		2009	4 208.00	7 196.00	4 179.00
		2010	3 505.00	6 648.00	4 160.00
88	中山大学出版社	2005	7 219.20	2 428.96	2 745.57
		2006	6 341.56	6 834.00	3 394.00
		2007	9 569.00	6 189.00	3 728.00
		2008	8 046.00	8 403.00	3 640.00
		2009	10 926.50	8 543.50	3 796.50
		2010	7 019.00	8 110.00	3 244.00
89	电子科技大学出版社	2005	6 883.00	4 625.00	2 220.00
		2006	2 500.00	1 220.00	854.63
		2007	2 952.00	2 359.00	1 363.00
		2008	8 233.00	6 085.00	3 955.00
		2009	8 248.00	6 091.00	3 962.00
		2010	8 105.00	5 928.00	3 850.00
90	贵州大学出版社	2005	0.00	0.00	0.00
		2006	0.00	0.00	0.00
		2007	—	—	—
		2008	—	—	—
		2009	—	—	—
		2010	2 010.94	1 096.08	685.05

销售收入	成本及费用	税前纯利润	上缴学校利润	人均纯利润	企业所得税
2 349.63	2 362.68	−13.05	20.00	−0.33	16.57
2 016.00	2 008.00	34.00	20.00	0.38	51.17
4 968.00	2 027.00	−64.00	30.00	−1.00	46.27
2 354.53	1 736.26	72.85	40.00	1.01	42.70
1 782.00	1 875.50	−74.73	40.00	−1.25	20.75
2 310.00	2 194.00	156.00	50.00	1.51	0.00
545.07	556.65	6.55	—	0.15	0.00
480.71	491.18	10.47	—	10.47	0.00
572.91	563.96	8.95	—	0.29	0.00
616.00	559.00	57.00	0.00	1.63	2.00
672.46	635.46	85.70	0.00	2.38	16.00
876.00	765.00	111.00	0.00	2.61	22.00
2 330.00	2 251.00	60.00	—	0.44	20.00
2 537.00	2 428.00	170.00	—	1.00	56.00
2 966.00	4 841.00	233.00	0.00	3.00	77.00
3 419.00	3 313.00	203.00	0.00	3.08	50.00
3 698.00	3 566.00	201.00	0.00	3.09	37.00
3 692.00	3 468.00	224.00	0.00	2.43	46.00
2 745.57	2 672.79	72.78	—	0.77	24.02
3 394.00	3 047.00	84.52	—	0.35	27.89
3 299.00	3 269.00	106.00	0.00	0.69	35.00
2 597.00	2 527.00	122.00	0.00	0.68	31.00
3 434.00	3 370.00	134.00	0.00	2.00	11.00
2 871.00	2 811.00	135.00	0.00	1.75	0.00
1 253.00	930.00	92.75	0.00	1.55	11.80
756.52	577.09	82.76	0.00	2.71	11.93
855.00	893.00	78.00	0.00	1.00	12.00
3 750.00	3 324.00	426.00	100.00	5.68	64.00
3 813.00	3 445.00	368.00	100.00	6.45	64.00
3 726.00	3 338.00	388.00	100.00	7.76	44.00
0.00	0.00	0.00	0.00	0.00	0.00
0.00	0.00	0.00	0.00	0.00	0.00
40.97	45.70	−4.77	—	0.19	—
—	—	—	—	—	—
—	—	—	—	—	—
685.05	596.53	88.52	0.00	0.18	9.39

序号	出版社	年份	生产码洋	销售码洋	销售实洋
91	四川大学出版社	2005	5 600.00	5 600.00	2 591.19
		2006	5 600.00	5 040.00	3 276.00
		2007	8 100.00	5 922.00	3 553.00
		2008	6 650.00	6 573.00	5 121.00
		2009	9 583.00	10 172.00	4 068.00
		2010	9 045.11	8 356.00	3 022.00
92	西南财经大学出版社	2005	2 136.61	2 096.61	1 361.34
		2006	3 446.48	3 201.33	2 100.42
		2007	3 660.00	5 202.00	3 604.00
		2008	4 076.26	3 936.69	2 345.23
		2009	6 907.55	6 643.24	4 007.79
		2010	7 925.23	7 488.48	4 679.29
93	西南交通大学出版社	2005	2 786.33	2 691.64	1 653.51
		2006	3 931.65	3 331.90	2 165.74
		2007	4 037.00	4 218.00	2 742.00
		2008	5 515.40	4 332.00	3 015.80
		2009	5 835.50	4 394.00	3 062.60
		2010	6 721.60	5 676.70	3 860.00
94	西南师范大学出版社	2005	25 479.00	22 286.00	9 858.11
		2006	25 111.00	22 300.00	10 833.00
		2007	30 215.00	27 067.00	14 225.00
		2008	40 159.60	32 004.00	18 638.00
		2009	40 483.63	38 183.00	18 975.00
		2010	33 255.86	42 832.00	23 481.00
95	云南大学出版社	2005	3 113.11	2 573.98	1 667.58
		2006	5 087.64	2 435.73	1 771.93
		2007	3 289.00	2 886.00	1 818.00
		2008	2 265.00	2 297.00	1 463.00
		2009	3 388.00	2 639.00	1 575.00
		2010	3 539.46	4 469.57	2 856.04
96	重庆大学出版社	2005	10 223.16	9 446.00	7 810.42
		2006	10 555.70	11 010.37	8 599.53
		2007	12 164.31	11 327.00	8 039.77
		2008	11 913.26	14 900.00	10 239.00
		2009	11 526.08	13 657.88	11 360.64
		2010	15 437.05	15 785.96	12 082.39

销售收入	成本及费用	税前纯利润	上缴学校利润	人均纯利润	企业所得税
2 591.19	2 258.26	332.93	200.00	4.16	59.00
2 590.00	2 134.00	456.00	200.00	4.70	59.00
2 359.00	2 143.00	216.00	300.00	3.00	57.00
2 614.00	2 500.00	232.00	300.00	2.25	13.00
2 274.00	2 800.00	143.00	330.00	1.80	30.00
2 918.00	2 519.00	451.58	363.00	4.70	59.85
852.55	1 021.42	−168.87	0.00	−2.56	0.00
1 294.12	1 330.10	−36.28	—	−0.52	0.00
2 820.00	2 640.00	180.00	80.00	2.69	45.00
1 692.76	1 439.71	253.05	140.00	4.60	63.26
2 256.17	1 973.90	282.27	140.00	5.04	70.57
2 543.34	2 001.48	541.86	200.00	9.68	135.46
900.83	818.79	102.04	10.00	3.19	33.67
1 249.59	1 128.70	120.89	32.00	3.78	14.57
1 602.00	1 343.00	322.00	32.00	6.71	40.00
1 839.00	1 537.00	302.00	110.00	5.81	18.00
2 027.00	1 606.00	421.00	10.00	7.26	43.00
2 458.00	2 024.00	434.00	10.00	7.23	50.00
8 723.99	7 998.78	840.75	103.32	5.61	126.11
9 586.00	9 172.00	728.00	44.00	4.33	125.00
12 589.00	11 950.00	926.00	—	5.51	97.00
16 494.00	15 456.00	1 368.00	0.00	9.24	149.00
16 792.00	15 416.00	1 423.00	0.00	9.62	199.00
20 780.00	16 055.00	5 227.00	820.00	35.30	817.00
1 475.73	1 312.24	212.03	28.41	3.86	69.97
1 568.08	1 423.08	235.24	28.41	3.06	76.27
1 608.00	1 458.00	150.00	89.00	2.50	49.00
1 295.00	1 232.00	63.00	0.00	1.13	10.00
1 393.00	1 206.00	187.00	20.00	3.00	28.00
2 527.47	2 146.59	380.88	20.40	6.68	57.13
6 911.88	5 883.55	1 474.97	157.27	10.77	221.25
7 610.20	6 495.88	1 497.71	600.00	9.19	311.72
7 114.84	6 361.08	1 104.57	293.00	9.28	165.69
9 061.00	7 992.00	1 452.00	322.00	10.68	218.00
10 053.66	8 742.02	1 500.04	161.15	11.81	225.01
10 692.38	9 542.09	1 697.31	179.00	10.74	0.00

序号	出版社	年份	生产码洋	销售码洋	销售实洋
97	兰州大学出版社	2005	2 466.16	2 630.51	1 022.19
		2006	4 201.00	2 227.41	1 102.99
		2007	2 771.00	2 241.00	1 166.00
		2008	2 624.00	2 548.00	1 257.00
		2009	4 271.00	4 160.00	2 080.00
		2010	5 504.00	5 722.00	2 909.00
98	陕西师范大学出版社	2005	24 373.00	22 623.00	11 645.00
		2006	15 378.00	17 480.00	8 650.00
		2007	22 882.00	24 557.00	10 364.00
		2008	47 189.00	47 845.00	23 922.00
		2009	44 301.00	45 450.00	22 725.00
		2010	23 405.00	21 767.00	8 489.00
99	西安电子科技大学出版社	2005	5 097.00	5 632.00	2 106.00
		2006	5 733.28	4 823.18	3 112.94
		2007	6 426.00	5 189.00	3 327.00
		2008	6 538.00	5 738.00	3 676.00
		2009	5 500.00	4 800.00	2 726.00
		2010	4 339.00	4 083.00	2 450.00
100	西安交通大学出版社	2005	10 319.00	8 000.00	4 478.00
		2006	12 300.00	9 000.00	5 577.65
		2007	13 202.00	14 204.00	6 396.00
		2008	18 116.00	10 751.00	6 817.00
		2009	27 800.00	16 800.00	9 100.00
		2010	25 064.00	17 285.00	11 273.00
101	西北大学出版社	2005	5 852.00	—	1 243.00
		2006	5 873.87	4 799.07	2 324.81
		2007	6 235.82	4 365.07	2 971.00
		2008	6 568.00	6 914.00	3 531.00
		2009	6 875.00	6 673.00	4 051.00
		2010	7 492.00	5 403.00	3 782.00
102	西北工业大学出版社	2005	4 185.00	3 600.00	1 980.00
		2006	3 500.00	4 300.00	2 150.00
		2007	3 900.00	3 600.00	1 600.00
		2008	3 493.00	4 009.00	2 002.00
		2009	5 050.00	5 100.00	3 570.00
		2010	3 592.00	4 061.00	1 727.00

销售收入	成本及费用	税前纯利润	上缴学校利润	人均纯利润	企业所得税
1 268.15	1 269.61	−1.46	10.00	−0.02	—
1 470.92	1 524.27	−53.25	10.00	−0.61	—
1 352.00	1 371.00	−19.00	0.00	−0.27	0.00
1 670.00	1 440.00	230.00	0.00	3.24	60.00
2 080.00	1 818.00	262.00	0.00	3.31	57.00
2 575.00	2 065.00	510.00	0.00	6.37	51.90
11 645.00	10 323.00	1 322.00	500.00	8.16	129.42
5 521.00	4 941.00	580.00	420.00	4.50	34.21
11 662.00	10 281.00	1 508.00	650.00	11.00	46.00
25 311.00	22 376.00	2 935.00	700.00	10.00	246.00
20 225.00	17 879.00	2 346.00	800.00	8.68	268.00
9 311.00	7 042.00	2 269.00	800.00	7.64	0.00
3 190.00	2 984.00	394.00	150.00	3.72	167.00
2 942.32	2 799.38	494.38	150.00	4.94	64.31
2 964.00	2 840.00	446.00	150.00	4.00	67.00
3 317.00	2 822.00	495.00	150.00	4.70	75.00
2 726.00	2 386.00	340.00	150.00	3.69	51.00
2 450.00	2 182.00	268.00	150.00	2.68	18.00
3 976.00	3 620.00	356.00	200.00	4.00	117.00
4 935.99	4 301.84	630.15	200.00	8.75	64.52
5 754.00	5 112.00	642.00	353.00	6.00	44.00
6 222.00	5 722.00	726.00	451.00	7.80	108.00
8 055.00	7 230.00	825.00	600.00	6.28	33.00
9 976.00	8 709.00	1 267.00	756.00	9.20	9.00
1 243.00	1 236.00	32.00	70.00	0.47	10.00
2 324.81	2 172.62	152.19	—	2.74	22.83
2 971.00	2 547.00	424.00	0.00	8.00	64.00
3 531.00	2 984.00	547.00	0.00	10.00	82.00
4 051.00	2 991.00	713.00	0.00	12.96	106.95
3 782.00	3 459.00	323.00	100.00	6.00	43.00
1 301.34	1 289.50	11.84	7.93	0.14	3.91
1 500.00	1 489.00	91.73	40.00	1.10	3.72
1 625.00	1 478.00	147.00	—	1.70	34.00
1 679.00	1 304.00	126.00	100.00	1.51	19.10
2 770.00	2 320.00	450.00	100.00	1.86	66.83
2 464.00	2 450.00	200.00	0.00	2.53	20.00

序号	出版社	年份	生产码洋	销售码洋	销售实洋
103	西北农林科技大学出版社	2005	366.23	199.31	134.87
		2006	219.80	194.20	133.40
		2007	329.81	244.66	196.69
		2008	358.37	188.06	124.68
		2009	872.17	381.14	182.84
		2010	1 058.40	416.58	196.39
104	新疆大学出版社	2005	405.00	127.37	86.61
		2006	626.00	490.00	255.90
		2007	665.50	517.00	261.00
		2008	550.00	462.00	295.00
		2009	435.00	436.00	262.00
		2010	521.00	561.00	306.00
105	高等教育出版社	2005	243 807.99	208 432.88	121 100.14
		2006	240 142.31	236 301.12	138 180.90
		2007	230 690.90	234 286.58	156 974.50
		2008	282 292.45	257 222.11	158 408.62
		2009	234 501.83	246 196.94	162 901.06
		2010	335 889.11	284 222.38	173 528.44
106	教育科学出版社	2005	81 200.00	77 170.76	42 210.96
		2006	83 400.00	85 000.00	48 881.28
		2007	84 954.00	85 032.00	48 045.00
		2008	102 685.38	105 676.00	56 859.98
		2009	103 515.00	106 328.00	60 324.00
		2010	107 944.26	109 449.00	56 515.75
107	人民教育出版社	2005	93 958.38	128 246.26	82 077.61
		2006	145 004.95	141 035.11	115 130.80
		2007	134 452.69	135 880.17	86 565.31
		2008	141 612.84	143 447.28	92 569.23
		2009	175 276.10	180 728.10	112 030.51
		2010	205 511.75	203 481.76	125 235.46
108	语文出版社	2005	16 621.53	17 122.35	11 133.07
		2006	19 863.56	17 635.26	11 589.76
		2007	17 944.36	18 057.59	11 482.90
		2008	23 388.66	21 802.30	13 898.74
		2009	23 895.47	21 738.75	13 540.36
		2010	29 422.57	25 663.33	15 895.55

注：表中"—"表示数据未报送。

销售收入	成本及费用	税前纯利润	上缴学校利润	人均纯利润	企业所得税
90.76	86.49	4.27	0.00	0.23	0.00
281.34	278.26	5.57	0.00	0.21	0.00
230.52	220.68	7.85	0.00	0.23	0.00
244.18	246.12	7.89	20.00	0.44	0.00
314.82	332.64	−11.69	0.00	−0.58	0.00
421.38	432.56	−11.18	0.00	−0.34	0.00
76.65	80.07	−4.05	0.00	−0.10	0.00
255.90	234.00	21.90	0.00	0.73	1.50
494.00	350.00	144.00	0.00	4.24	23.00
316.00	255.00	61.00	0.00	1.85	10.00
193.00	76.00	22.00	0.00	0.69	7.30
347.40	183.00	28.40	0.00	0.79	7.10
107 378.15	79 209.87	28 168.28	0.00	38.59	9 295.53
118 103.33	100 948.44	30 735.33	0.00	35.41	8 170.70
138 914.87	100 796.44	38 118.42	0.00	41.03	5 675.31
140 184.62	108 488.26	31 587.40	0.00	32.33	4 430.56
144 160.23	127 618.51	16 541.72	0.00	16.68	7 902.67
153 564.99	126 427.11	27 137.88	0.00	17.70	4 099.50
37 354.83	29 728.93	8 401.05	1 200.00	62.69	2 772.35
43 257.77	33 925.84	10 920.57	1 300.00	69.55	3 682.64
44 789.00	36 845.00	10 342.00	1 452.80	56.82	2 931.00
50 318.56	43 970.97	8 185.57	1 523.62	34.68	1 735.56
50 478.00	45 560.00	7 000.00	1 700.00	26.00	1 750.00
50 013.94	49 203.19	3 838.57	1 400.00	4.48	1 081.70
72 889.79	55 539.14	21 230.16	0.00	70.77	7 005.95
104 668.29	75 981.97	28 686.32	0.00	43.60	11 834.92
76 552.41	53 979.10	22 573.31	0.00	120.71	9 146.92
114 674.34	91 947.91	32 772.55	0.00	52.85	7 868.49
99 130.55	79 090.26	20 224.48	0.00	82.82	5 067.84
167 805.22	134 302.39	34 643.69	0.00	65.37	11 573.75
9 848.51	5 784.80	4 063.71	0.00	24.91	1 341.02
9 905.78	7 443.40	2 462.38	0.00	16.64	812.59
10 161.86	7 040.21	3 121.65	0.00	21.09	650.59
12 299.77	9 758.11	3 506.81	0.00	26.17	876.70
11 982.62	8 166.69	3 815.93	0.00	33.77	1 000.33
14 066.86	9 655.25	4 411.61	0.00	36.76	1 102.90

五、高校出版社获奖情况

高校出版社出版物获奖情况
（排名不分先后）

中国出版政府奖

第一届（2007 年）

图书奖获奖名单

中国思想家评传丛书（共 200 部）	南京大学出版社
知识产权基本问题研究	中国人民大学出版社
现代教学论（共 3 卷）	人民教育出版社
春秋左氏传旧注疏证续（共 4 册）	东北师范大学出版社
中国丝绸通史	苏州大学出版社
斗拱（上、下）	东南大学出版社

图书奖提名奖获奖名单

迈向理性刑事诉讼法学	中国人民公安大学出版社
从人口大国迈向人力资源强国	高等教育出版社
开发性金融论纲	中国人民大学出版社
中国人口史（共 6 卷）	复旦大学出版社
中华文明史（共 4 册）	北京大学出版社
名家专题精讲（共 30 册）	复旦大学出版社
中学西渐丛书（共 5 册）	首都师范大学出版社
晚清佛学与近代社会思潮	河南大学出版社
中国煤矿灾害防治理论与技术	中国矿业大学出版社
多足步行机器人运动规划与控制	华中科技大学出版社
列车脱轨分析理论与应用	中南大学出版社
水轮机控制工程	华中科技大学出版社
中国早期文化意识的嬗变 ——先秦散文发展线索探寻（共 2 卷）	武汉大学出版社
明代文学史	浙江大学出版社
古人名字解诂	语文出版社
出土夷族史料辑考	安徽大学出版社

音像制品、电子出版物和网络出版物奖获奖名单

环境保护与可持续发展	高等教育出版社、高等教育电子音像出版社
鲁迅笔下人物	人民教育出版社、人民教育电子音像出版社
盛世钟韵	人民教育出版社、人民教育电子音像出版社

汉语 900 句 外语教学与研究出版社、北京外语音像出版社

音像制品、电子出版物和网络出版物奖提名奖获奖名单

中国名著半小时 高等教育出版社、高等教育电子音像出版社

中国国家自然地图集——中国自然资源与环境的

形象显示与虚拟数字物理教学演示 高等教育出版社、高等教育电子音像出版社、

中国地图出版社

电工技能与实训 高等教育出版社、高等教育电子音像出版社

印刷复制奖获奖名单

中华艺术通史 北京师范大学出版社

印刷复制奖提名奖获奖名单

中华民国史 南京大学出版社

桂林老板路 广西师范大学出版社

装帧设计奖获奖名单

曹雪芹扎燕风筝图谱考工志 北京大学出版社

荷兰现代诗选 广西师范大学出版社

装帧设计奖提名奖获奖名单

法国诗选 复旦大学出版社

21 世纪首届中国黑白木刻展览作品集 西南师范大学出版社

汉英对照论语 高等教育出版社

第二届（2010 年）

图书奖获奖名单

当代学者视野中的马克思主义哲学 北京师范大学出版社

潘菽全集（共 10 卷） 人民教育出版社

郑成思版权文集（共 3 卷） 中国人民大学出版社

中国教育史研究（共 7 卷） 华东师范大学出版社

非线性科学若干前沿问题 中国科学技术大学出版社

Atlas of Woody Plants in China：Distribution

and Climate（中国木本植物分布图集） 高等教育出版社

家畜兽医解剖学教程与彩色图谱（第 3 版） 中国农业大学出版社

北京谱仪Ⅱ：正负电子物理 中国科学技术大学出版社

陈国达全集（共 9 卷） 中南大学出版社

当代药理学（第二版） 中国协和医科大学出版社

废名集（共 6 卷） 北京大学出版社

汉俄大词典 上海外语教育出版社

图书奖提名奖获奖名单

回溯历史

——马克思主义经济学在中国的传播史（上、下） 上海财经大学出版社

中国思想学说史 广西师范大学出版社

中古汉字流变（上、下） 华东师范大学出版社

人与自然关系中的伦理与法 湖南大学出版社

东亚华人社会的形成和发展：华商网络、

移民与一体化趋势 厦门大学出版社

当代中国俄语名家学术文库	黑龙江大学出版社
儿童心理手册（第六版）（共 4 卷）	华东师范大学出版社
超声速飞机空气动力学和飞行力学	上海交通大学出版社
磁场辅助超精密整加工技术	湖南大学出版社
超宽带天线理论与技术	哈尔滨工业大学出版社
科学的旅程（插图版）	北京大学出版社
中国洁净煤	中国矿业大学出版社
冉氏释名本草	北京大学医学出版社
肾活检病理学（第二版）	北京大学医学出版社
膝关节交叉韧带外科学	北京大学医学出版社
郁达夫全集（共 12 卷）	浙江大学出版社
历代文话（全 10 册）	复旦大学出版社
共和国粮食报告	湘潭大学出版社
内蒙古珍宝（共 6 卷）	内蒙古大学出版社
两汉全书（共 36 卷）	山东大学出版社
闽台族谱汇刊（共 50 册）	广西师范大学出版社
新牛津英汉汉英双解大词典	上海外语教育出版社

音像制品、电子出版物和网络出版物奖获奖名单

魅力中国（中英双语）	高等教育电子音像出版社
世界历史	人民教育电子音像出版社
汉语乐园	北京语言大学出版社
北京印象	人民教育电子音像出版社
中国手语互动教学软件	华中科技大学电子音像出版社
全国教育数字音像资源总库	高等教育电子音像出版社
摩尔庄园	同济大学电子音像出版社

音像制品、电子出版物和网络出版物提名奖获奖名单

智慧之城	
——40 集保护知识产权普及教育动画系列片	高等教育电子音像出版社
高校思想政治理论课电子课件	高等教育电子音像出版社
思飞小学英语网	上海外语教育出版社
天龙八部	南京大学电子音像出版社

印刷复制奖获奖名单

季羡林全集（1~12 卷）	外语教学与研究出版社
宋画全集（第七卷）	浙江大学出版社

印刷复制奖提名奖获奖名单

《新集藏经音义随函录》研究	湖南师范大学出版社
饶宗颐二十世纪学术文集	中国人民大学出版社
中国艺术动画 30 年	浙江大学电子音像出版社

装帧设计奖获奖名单

私相者	华东师范大学出版社
中国桥梁建设新进展（1991— ）（中英文双解）	东南大学出版社

装帧设计奖提名奖获奖名单

西部地理——甘肃印象	浙江大学出版社
比较文字——图说中西文字源流	重庆大学出版社
魅力中国——中国文化精粹、中国文艺珍宝、 中国非物质文化遗产	高等教育出版社

中华优秀出版物奖

第一届（2006年）

中华优秀出版物（图书）奖

法律科学文库（19册）	中国人民大学出版社
《手稿》的美学解读	辽宁大学出版社
中国劳动力流动与"三农"问题	武汉大学出版社
徽州文书（第1辑）（10册）	广西师范大学出版社
中国丝绸通史	苏州大学出版社
华夏意匠：中国古典建筑设计原理分析	天津大学出版社
隧道凿岩机器人	中南大学出版社
生物大灭绝与复苏——来自华南古生代和三叠纪的证据	中国科学技术大学出版社
新型有限元论	清华大学出版社
泌尿外科内镜诊断治疗学	北京大学医学出版社
中国人群死亡及其危险因素流行水平、趋势和分布	中国协和医科大学出版社
旧五代史新辑会证（12册）	复旦大学出版社

图书奖提名作品

教育与发展：创新人才的心理学整合研究	北京师范大学出版社
战略资产配置——长期投资者的资产组合选择	上海财经大学出版社
史证	中国人民公安大学出版社
中草药与民族药药材图谱	北京大学医学出版社

中华优秀出版物（音像）奖

歌声与微笑——谷建芬儿童歌曲选（CD）	人民教育电子音像出版社
高级中学国防教育（DVD）	高等教育出版社
蓓蕾之歌（DVD）	人民教育电子音像出版社

音像奖提名作品

中国名著半小时（CD）	高等教育出版社

中华优秀出版物（电子）奖

盛世钟韵（DVD-ROM）	人民教育电子音像出版社
数字物理教学演示（CD-ROM）	高等教育电子音像出版社
地理教学信息系统——超级地图（CD-ROM）	人民教育电子音像出版社

电子奖提名作品

蒙古族传统乐器（CD-ROM）	外语教学与研究出版社
多维童话英语（CD-ROM）	上海外语音像出版社、上海外语电子出版社
雷锋——永恒的珍藏（CD-ROM）	华中科技大学电子音像出版社

中华优秀出版物（论文）奖

对专业出版核心竞争力的认识	中国传媒大学出版社
出版企业文化的层次及特征	东北大学出版社
关于科学出版观的初步思考	复旦大学出版社
定位·理念·战略	
——论大学出版社走有自身特色的可持续发展道路	湖南大学出版社
从出版物的双重属性看出版者的社会责任	中国人民大学出版社
实用图书成本控制模型及应用	湖南师范大学出版社
论创新型编辑人才的激励	北京交通大学出版社
利用教师资源库，助推高校教材营销	东北财经大学出版社
论网络时代的版权保护与社会主义精神文明建设	华中师范大学出版社

第二届（2008 年）

中华优秀出版物（图书）奖

国外马克思主义研究论丛（6 册）	黑龙江大学出版社
中国思想学说史（9 册）	广西师范大学出版社
中国经济问题丛书（33 册）	中国人民大学出版社
历代文话（10 册）	复旦大学出版社
五卷本英国文学史	外语教学与研究出版社
中国文学史新著（上、中、下卷）	复旦大学出版社、上海文艺出版总社
中华艺术通史（13 卷）	北京师范大学出版社
钪和含钪合金	中南大学出版社
精神测验——健康与疾病定量测试法（RTHD）及	
案例评定（第一版）	中国协和医科大学出版社
康有为全集（12 卷）	中国人民大学出版社

图书奖提名作品

中国特色社会主义基本问题研究	武汉大学出版社
公司治理·内部控制前沿译丛（3 册）	东北财经大学出版社
法国文化史（4 册）	华东师范大学出版社
车辆乘员碰撞安全保护技术	湖南大学出版社
洞庭湖脊椎动物监测及鸟类资源	湖南师范大学出版社
蓟县独乐寺	天津大学出版社
大黄的现代研究	北京大学医学出版社
中华小儿外科学	郑州大学出版社
潘菽全集（10 卷）	人民教育出版社

中华优秀出版物（音像）奖

第一套全国中小学校园集体舞（DVD）	人民教育电子音像出版社
《大梦王小书包》系列动画片（DVD）	人民教育电子音像出版社

音像奖提名作品

彝音天籁（CD）	云南大学电子音像出版社

中华优秀出版物（电子）奖

水墨时空（CD-ROM）	人民教育电子音像出版社

诗词鉴赏（DVD-ROM）	南京大学电子音像出版社

电子奖提名作品

九年义务教育课本　小学数学多媒体教师用教学课件、	
多媒体学生用学习软件（CD-ROM）	复旦大学电子音像出版社

中华优秀出版物（游戏）奖

凯玛历险记（PC 单机）	大连理工大学出版社
天机 online（PC 网络）	浙江大学电子音像出版社

中华优秀出版物（论文）奖

建国前大学出版的理念、运营及得失	复旦大学出版社
微观改制：事业部的效绩与演变——兼论"扁平化	
管理"在出版社内部体制改革中的作用	南开大学出版社
当前我国出版生态十大失衡现象	中国人民大学出版社
关于编辑职能演变的思考	复旦大学出版社
我国编辑加工社会化的现状与探索	高等教育出版社
编辑职责"后移"的现象应该引起重视	苏州大学出版社
专职校对的公平激励机制探究	苏州大学出版社
论中美版权侵权行为结构的差异	西南师范大学出版社

第二届中华优秀出版物奖"抗震救灾特别奖"（图书类）

爱在燃烧：汶川诗草	苏州大学出版社
大爱千秋——记汶川大地震抗震救灾英雄谭千秋	湖南大学出版社
大力弘扬伟大抗震救灾精神	
——记抗震救灾中的英雄教师	人民教育出版社
地震伤残的康复与护理	中国协和医科大学出版社
地震灾后心理康复完全手册	暨南大学出版社
惊天地　泣鬼神：汶川大地震诗抄	华东师范大学出版社
让爱一路陪伴：灾后心理救助手册	中国人民大学出版社
时间之殇：5·12 汶川大地震图文报告	西南师范大学出版社
汶川大地震工程震害分析	西南交通大学出版社
汶川地震灾后重建学校规划建筑设计参考图集	同济大学出版社
灾后心理危机研究：5·12 汶川地震心理危机	
干预的调查报告	北京航空航天大学出版社

第二届中华优秀出版物奖"抗震救灾特别奖"（音像电子游戏类）

地震的防护与自救（DVD）	中国人民大学出版社

第三届（2010 年）

中华优秀出版物（图书）奖

马克思主义经济学与西方经济学	中国人民大学出版社
清代道光至宣统间粮价表（23 册）	广西师范大学出版社
煤矿瓦斯防治技术与工程实践	中国矿业大学出版社
激光器动力学	哈尔滨工业大学出版社
走进殿堂的中国古代科技史（上、中、下）	上海交通大学出版社
张舜徽集	华中师范大学出版社

上海图书馆未刊古籍稿本	复旦大学出版社
汉字文化大观	人民教育出报社
西安鼓乐古曲谱集——四调八拍乐全套	西安交通大学出版社
当代学者视野中的马克思主义哲学（4卷）	北京师范大学出版社

图书奖提名作品

汉俄大词典	上海外语教育出版社
当代中国俄语名家学术文库（11册）	黑龙江大学出版社
科学的旅程（插图版）	北京大学出版社
潘序伦文集	立信会计出版社
完善体制阶段的和谐社会建设	东北财经大学出版社
发达国家发展初期与当今发展中国家经济发展 　比较研究	武汉大学出版社
陈国达全集	中南大学出版社
生命科学与工程	高等教育出版社
高性能多相复合陶瓷	清华大学出版社
中国历史上的科学发明（插图本）	上海大学出版社
再造一个地球——人类移民火星之路	北京理工大学出版社
呼吸危重病学（上、下册）	中国协和医科大学出版社
饶宗颐二十世纪学术文集（14卷20册）	中国人民大学出版社
中华锦绣（8册）	苏州大学出版社
杜拉拉升职记	陕西师范大学出版社

中华优秀出版物（音像）奖

世界历史（DVD）	人民教育电子音像出版社
大型音像出版工程——魅力中国（中英双语）（DVD）	高等教育电子音像出版社

音像奖提名作品

大理上下四千年（DVD）	云南大学出版社
智慧之城——40集保护知识产权普及教育动画 　系列片（DVD）	高等教育电子音像出版社
谁说青春无烦恼——为青少年心灵解惑（DVD）	中央教育科学研究所音像出版社
孔子的故事（DVD）	华中科技大学电子音像出版社
"小海豚"中华典故亲子读物（DVD）	大连理工大学电子音像出版社

中华优秀出版物（电子）奖

北京印象（DVD-ROM）	人民教育电子音像出版社
中国文化、历史、地理常识（DVD-ROM、CD-ROM）	中央广播电视大学音像出版社
小演奏家之友（钢琴、手风琴、长笛）（CD-ROM）	大连理工大学电子音像出版社

电子奖提名作品

数字物理（CD-ROM）	人民教育电子音像出版社
文学理论课程智能教学系统（CD-ROM）	高等教育出版社
外研社手机词典系列（英法德西俄意韩日）（其他）	外语教学与研究出版社
汉语乐园（1级、2级、3级）（CD-ROM）	北京语言大学电子音像出版社

中华优秀出版物（游戏）奖

摩尔庄园（网络）	同济大学电子音像出版社

民间文学艺术的知识产权保护模式研究　　　　西南师范大学出版社

时政读物策划出版的着力点研究　　　　　　　广西师范大学出版社

新形势、新视角、新策略

　　——以科学发展观促图书编校质量的提高　人民教育出版社

接受理论与编辑的读者观念　　　　　　　　　南京大学出版社

掌握出版规律　逐步走向成熟　　　　　　　　北京大学医学出版社

二十一世纪卖的就是品牌

　　——出版社品牌建设的若干思考　　　　　上海外语教育出版社

出版社体制改革要处理好十大关系　　　　　　高等教育出版社

数字时代内容出版选题策划的走向　　　　　　华中师范大学出版社

数字出版：新的革命　　　　　　　　　　　　浙江大学出版社

为出版插上飞翔的翅膀

　　——论技术在成本变迁中的作用　　　　　复旦大学出版社

出版社图书退货的全程控制分析　　　　　　　中山大学出版社

大学教材营销策略研究　　　　　　　　　　　武汉大学出版社

图书物流成本与物流模式演化分析　　　　　　西安交通大学出版社

首届中国大学出版社图书奖（2010年）

优秀教材一等奖

韩中翻译教程（第二版）　　　　　　　　　　北京大学出版社

概率论　　　　　　　　　　　　　　　　　　北京大学出版社

媒介批评　　　　　　　　　　　　　　　　　北京大学出版社

商法学——原理·图解·实例（第二版）　　　北京大学出版社

电子工艺学教程　　　　　　　　　　　　　　北京大学出版社

DSP技术及应用　　　　　　　　　　　　　　北京大学出版社

变态心理学　　　　　　　　　　　　　　　　北京大学出版社

保险学（第三版）　　　　　　　　　　　　　北京大学出版社

艺术学概论（第三版）　　　　　　　　　　　北京大学出版社

融资、并购与公司控制（第二版）　　　　　　北京大学出版社

中国史纲要（增订本）（上、下）　　　　　　北京大学出版社

牙体牙髓病学　　　　　　　　　　　　　　　北京大学医学出版社

生物化学（第三版）　　　　　　　　　　　　北京大学医学出版社

营养与食品卫生学　　　　　　　　　　　　　北京大学医学出版社

化学原理和无机化学　　　　　　　　　　　　北京大学医学出版社

医学寄生虫学　　　　　　　　　　　　　　　北京大学医学出版社

自动控制原理（修订版）　　　　　　　　　　北京工业大学出版社

线性代数　　　　　　　　　　　　　　　　　北京航空航天大学出版社

固体火箭发动机传热学　　　　　　　　　　　北京航空航天大学出版社

光电成像原理与技术　　　　　　　　　　　　北京理工大学出版社

坦克构造与设计（上、下册）	北京理工大学出版社
文学理论新编（第2版）	北京师范大学出版社
人力资源管理与开发	北京师范大学出版社
执教成功之道	北京体育大学出版社
宽带通信网原理	北京邮电大学出版社
管理信息系统原理	北京交通大学出版社
计算机网络安全教程（修订本）	北京交通大学出版社
现代企业管理	北京交通大学出版社
客户关系管理	北京交通大学出版社
网络程序设计——ASP案例教程	北京交通大学出版社
电路原理	清华大学出版社
有机合成化学与路线设计（第2版）	清华大学出版社
C++面向对象程序设计	清华大学出版社
大学计算机基础（第2版）	清华大学出版社
Java程序设计教程（第2版）	清华大学出版社
数据结构（C++版）	清华大学出版社
TCP/IP网络与协议	清华大学出版社
C/C++程序设计教程（第二版）	清华大学出版社
汇编语言（第2版）	清华大学出版社
经济模型实用教程	首都经济贸易大学出版社
知识经济学	首都经济贸易大学出版社
心理学基础——原理与应用（修订第二版）	首都经济贸易大学出版社
整合营销传播理论与实务	首都经济贸易大学出版社
高级英语视听说	外语教学与研究出版社
新编语言学教程	外语教学与研究出版社
跨文化交际实用教程	外语教学与研究出版社
电视节目导播	中国传媒大学出版社
土地法学（第2版）	中国农业大学出版社
新闻理论教程	中国人民大学出版社
刑法总论	中国人民大学出版社
财税法学	中国人民大学出版社
管理经济学（第四版）	中国人民大学出版社
研究生英语听说教程（提高级/第二版）	中国人民大学出版社
组织行为学（第10版）	中国人民大学出版社
文学概论	中央广播电视大学出版社
构成艺术	中央广播电视大学出版社
应用文写作教程	人民教育出版社
特殊教育学	人民教育出版社
教育管理学	人民教育出版社
教育概论	人民教育出版社
矫正教育学	教育科学出版社

技术经济学	天津大学出版社
机械制图（非机类）	天津大学出版社
民族理论与民族政策	内蒙古大学出版社
管理学基础（第二版）	大连理工大学出版社
塑料成型工艺与模具设计	大连理工大学出版社
世纪英语综合教程Ⅲ（第二版）	大连理工大学出版社
新编统计基础（第四版）	大连理工大学出版社
新世纪日语（第一册）	大连理工大学出版社
仪器分析（第二版）	大连理工大学出版社
中级财务会计	东北财经大学出版社
经典力学	中国科学技术大学出版社
土木工程测量（第三版）	东南大学出版社
英语语言学实用教程	苏州大学出版社
现代出版信息检索	苏州大学出版社
病理生理学	复旦大学出版社
医学心理学（第四版）	复旦大学出版社
高级财务管理	复旦大学出版社
品牌学教程	复旦大学出版社
合同法学	复旦大学出版社
大学语文实验教程	复旦大学出版社
新编艺术概论	复旦大学出版社
改变世界的物理学（第三版）	复旦大学出版社
品牌服装设计（第2版）	东华大学出版社
大学语文（第九版）	华东师范大学出版社
会计学原理	立信会计出版社
基础会计（第三版）	上海财经大学出版社
信息平台——网站的建设（第五版）	上海大学出版社
中国古代美术史纲	上海大学出版社
电子文件管理学	上海大学出版社
国际会计（第五版）	厦门大学出版社
统计学（第二版）	厦门大学出版社
中国外贸法	武汉大学出版社
中外广告史	武汉大学出版社
中国文化概论	武汉大学出版社
现代设计概论	华中科技大学出版社
矿产勘查理论与方法	中国地质大学出版社
文学原理	湖南师范大学出版社
政治经济学（第2版）	中南大学出版社
体育舞蹈	广西师范大学出版社
生态学研究方法	中山大学出版社
土木工程测量（第二版）	华南理工大学出版社

计算机应用基础（第三版）	电子科技大学出版社
法医学（第三版）	四川大学出版社
现代市场营销（第二版）	四川大学出版社
中国民族音乐形态学	西南师范大学出版社
新闻采访理论与实践	西南师范大学出版社
媒介管理学概论	西南师范大学出版社
机械制造基础	重庆大学出版社
全新英语写作	西安交通大学出版社
传热学	西北工业大学出版社
航空发动机原理	西北工业大学出版社
新编英语泛读教程（1～4 册）	西北工业大学出版社

优秀教材二等奖

现代出版学	北京大学出版社
管理学教程（第二版）	北京大学出版社
人体解剖学（第二版）	北京大学医学出版社
口腔修复学	北京大学医学出版社
病理学	北京大学医学出版社
国际企业管理	北京工业大学出版社
航空航天概论	北京航空航天大学出版社
电子技术	北京航空航天大学出版社
载人航天生命保障技术	北京航空航天大学出版社
火炮设计理论	北京理工大学出版社
物流基础	北京理工大学出版社
运动训练学导论	北京体育大学出版社
实用日语教程（上、下）	北京语言大学出版社
汉语会话 301 句（第三版）（上、下）	北京语言大学出版社
公务员汉语·精读（上、下）	北京语言大学出版社
微型计算机原理与接口技术（修订本）	北京交通大学出版社
MATLAB 实用教程	北京交通大学出版社
国际贸易实务（第四版）	对外经济贸易大学出版社
大学外贸英语（第二版）	对外经济贸易大学出版社
国际贸易运输与保险	对外经济贸易大学出版社
管理统计学	清华大学出版社
C＋＋语言程序设计教程	清华大学出版社
现代密码学（第 2 版）	清华大学出版社
商务英语入门	外语教学与研究出版社
科技英语翻译	外语教学与研究出版社
商务秘书实务	外语教学与研究出版社
动物营养与饲养	中国农业大学出版社
中国茶文化	中国农业大学出版社
园艺植物栽培学（第 2 版）	中国农业大学出版社

植物组织培养教程（第 3 版）	中国农业大学出版社
刑事诉讼法学	中国人民大学出版社
统计学（第三版）	中国人民大学出版社
大学英语翻译教程（第二版）	中国人民大学出版社
研究生英语写译教程（基础级/第二版）	中国人民大学出版社
研究生英语阅读教程（基础级/第二版）	中国人民大学出版社
大学英语高级读写教程（第二版）	中国人民大学出版社
战略品牌管理（第 2 版）	中国人民大学出版社
国际商务（第 5 版）	中国人民大学出版社
高等数学（理工类）（上、下册）	中国人民大学出版社
公安基础知识（2006 版）（修订本）	中国人民公安大学出版社
物流学概论（第 2 版）	中央广播电视大学出版社
课程与教学论（第二版）	中央广播电视大学出版社
中国现代文学	中央广播电视大学出版社
民法学（第二版）	中央广播电视大学出版社
民事诉讼法学	中央广播电视大学出版社
简明中国文学史（上、下）	中央广播电视大学出版社
公共行政学（第二版）	中央广播电视大学出版社
金融学（第 2 版）	中央广播电视大学出版社
精神病学	人民教育出版社
新编教育学	人民教育出版社
教育心理学	人民教育出版社
教师法治教育读本（修订版）	教育科学出版社
教学论	教育科学出版社
大学生心理健康读本	教育科学出版社
课程论	教育科学出版社
化工原理（上册）（修订版）	天津大学出版社
报关原理与实务	天津大学出版社
管理统计学	天津大学出版社
航海业务与海商法	大连海事大学出版社
模具材料与热处理	大连理工大学出版社
SQL Server2000 实用教程（第二版）	大连理工大学出版社
人力资源管理（第三版）	大连理工大学出版社
线性代数	大连理工大学出版社
无机化学基础教程	大连理工大学出版社
世纪商务英语语音教程	大连理工大学出版社
市场营销	大连理工大学出版社
日语本科论文写作指导	大连理工大学出版社
工程流体力学（第三版）	大连理工大学出版社
学校教育心理学	东北师范大学出版社
世界上古史	吉林大学出版社

田野考古学	吉林大学出版社
木质材料流变学	东北林业大学出版社
船舶螺旋桨理论与应用	哈尔滨工程大学出版社
高等烟火学	哈尔滨工程大学出版社
控制理论基础与应用	哈尔滨工业大学出版社
中国通史教程（第三版）（古代卷、近代卷、现代卷）	山东大学出版社
计算机文化基础（第六版）	中国石油大学出版社
地震波理论与方法	中国石油大学出版社
经典力学概论	中国科学技术大学出版社
结构动力学	合肥工业大学出版社
土地评价学	东南大学出版社
大学研究型课程专业系列教材·中国语言文学类（共8册）	南京大学出版社
高等数学（基础）	南京大学出版社
实用科技信息资源检索与利用	南京大学出版社
国际金融学（第三版）	南京大学出版社
国际贸易实务	南京大学出版社
混凝土材料学	河海大学出版社
数学模型	复旦大学出版社
高等统计物理	复旦大学出版社
现代生物分离工程	华东理工大学出版社
基因工程	华东理工大学出版社
教育统计学（第四版）	华东师范大学出版社
英语写作教学的原则与策略	上海大学出版社
新公共法语（初级教程）	上海外语教育出版社
德语综合教程（1）	上海外语教育出版社
公共关系学教程（第二版）	浙江大学出版社
研究生英语：公众演讲	浙江大学出版社
操作系统原理及实验	浙江大学出版社
民法总论（二版）	厦门大学出版社
网络广告原理与实务	厦门大学出版社
大地测量学基础	武汉大学出版社
控制测量学（第三册）（上、下册）	武汉大学出版社
地籍测量学（第二版）	武汉大学出版社
砌体结构（第3版）	武汉理工大学出版社
模糊数学方法及其应用（第三版）	华中科技大学出版社
经济法概论（第三版）	华中科技大学出版社
教师专业发展导论	华中师范大学出版社
宝石琢型设计及加工工艺学	中国地质大学出版社
产品包装设计	湖南大学出版社
土木建筑工程图学（含习题集）	湖南大学出版社
网络营销实务	湖南大学出版社

管理学教程（第二版）	湖南大学出版社
人员测评理论与技术	湖南师范大学出版社
版式设计	中南大学出版社
社会体育概论	广西师范大学出版社
大学生心理健康教育读本	广西师范大学出版社
新闻传播方法论	中山大学出版社
国际商务单证实务	暨南大学出版社
微生物工程工艺原理（第二版）	华南理工大学出版社
大学英语阅读策略训练	华南理工大学出版社
新编吉他入门教程	四川大学出版社
统计学（第二版）	西南财经大学出版社
物流学基础	西南财经大学出版社
经济学管理数学基础	西南财经大学出版社
初级会计学（第二版）	西南财经大学出版社
轨道	西南交通大学出版社
大学生心理健康教育	西南交通大学出版社
工程造价确定与控制（第四版）	重庆大学出版社
基础英语教程Ⅰ	重庆大学出版社
英汉翻译教程	重庆大学出版社
电机学（第2版）	重庆大学出版社
国际贸易实务	重庆大学出版社
21世纪工程硕士研究生英语：综合教程（上、下）	西安交通大学出版社
数学建模实验（第2版）	西安交通大学出版社
计算机系统结构（第四版）	西安电子科技大学出版社
管理学	西北大学出版社

优秀学术著作一等奖

中国经济再崛起——国际比较的视野	北京大学出版社
现代冠心病（第二版）	北京大学医学出版社
儿童神经系统肿瘤	北京大学医学出版社
乳腺癌	北京大学医学出版社
肾活检病理学	北京大学医学出版社
外科病理学（第9版）（上、下卷）	北京大学医学出版社
米勒麻醉学（第六版）	北京大学医学出版社
中医舌象的采集与分析	北京工业大学出版社
生物电磁特性及其应用	北京工业大学出版社
图像信源压缩编码及信道传输理论与新技术	北京工业大学出版社
化工结晶过程原理及应用	北京工业大学出版社
电磁散射的计算和测量	北京航空航天大学出版社
断裂动力学原理与应用	北京理工大学出版社
价值观的理论与实践：价值观若干问题的思考	北京师范大学出版社
基于软交换的下一代网络解决方案	北京邮电大学出版社
软交换与IMS技术	北京邮电大学出版社

异构网络中间件与开放式 API 技术	北京邮电大学出版社
企业财务战略研究——财务质量分析视角	对外经济贸易大学出版社
对等网络：结构、应用与设计	清华大学出版社
胡文仲英语教育自选集	外语教学与研究出版社
动物营养学（第六版）	中国农业大学出版社
中国法律发展报告——数据库和指标体系	中国人民大学出版社
理性与自由	中国人民大学出版社
刑事诉讼的前沿问题（第二版）	中国人民大学出版社
刑事诉讼法再修改理性思考	中国人民公安大学出版社
叶圣陶年谱长编（四卷）	人民教育出版社
论教育家	人民教育出版社
学记研究	人民教育出版社
教育哲学	人民教育出版社
"新基础教育"论 ——关于当代中国学校变革的探究与认识	教育科学出版社
教育优先法理研究	教育科学出版社
职业教育基本问题研究	教育科学出版社
笛卡尔的错误：情绪、推理和人脑	教育科学出版社
水资源与防洪系统可变模糊集理论与方法	大连理工大学出版社
野生园林树种原色图谱与繁育技术	辽宁大学出版社
社会主义荣辱观理论研究	辽宁大学出版社
马克思主义哲学应用释义	辽宁大学出版社
中国近代文化史	辽宁大学出版社
薄互层低渗透油藏开发技术	中国石油大学出版社
聚合物驱后深部调驱理论与技术	中国石油大学出版社
中国科学翻译史	中国科学技术大学出版社
中国辛香料植物资源开发与利用	东南大学出版社
拉萨建筑文化遗产	东南大学出版社
城市空间：形态、类型与意义 ——苏州古城结构形态演化研究	东南大学出版社
中华民国史（四卷）	南京大学出版社
走近《金蔷薇》——巴乌斯托夫斯基创作论	南京大学出版社
中草药生物技术	复旦大学出版社
台湾通史	华东师范大学出版社
清史记事本末（1～10）	上海大学出版社
资本的历史极限与社会主义 ——回归马克思的理论基础上的整合研究	上海大学出版社
中国领导思想史	上海交通大学出版社
英诗汉译学	上海外语教育出版社
我国翻译专业建设：问题与对策	上海外语教育出版社
翻译研究的语言学探索	上海外语教育出版社
俄语句法语义学	上海外语教育出版社

工作流系统设计与关键实现	浙江大学出版社
产业演进、协同创新与民营企业持续成长： 　　理论研究与浙江经验	浙江大学出版社
中国象征主义百年史	河南大学出版社
面向机器翻译的汉英句类及句式转换	河南大学出版社
马克思主义与现时代	武汉大学出版社
明清长江流域山区资源开发与环境演变	武汉大学出版社
遗传资源获取与惠益分享的法律问题研究	武汉大学出版社
比较出版学	武汉大学出版社
哲学与美学问题——一种无原则的批判	武汉大学出版社
中国文学流派意识的发生和发展（第2版）	武汉大学出版社
"封建"考论	武汉大学出版社
电子商务信任	华中科技大学出版社
多元文化视野中的西方女性文学	华中师范大学出版社
硅纳米线分析	湖南大学出版社
网络传播伦理	湖南师范大学出版社
《新集藏经音义随函录》研究	湖南师范大学出版社
周易讲座	广西师范大学出版社
中国科学哲学论丛（共5种）	中山大学出版社
简帛文献与文学考论	中山大学出版社
珠江流域的族群与区域文化研究	中山大学出版社
儒藏·史部（1～100册，共四部分：孔孟史志/ 　　历代学案/儒林碑传/儒林年谱）	四川大学出版社
四川近代新闻史	四川大学出版社
社会及行为科学研究法（上、下）	重庆大学出版社
寻找文化身份——一个嘉绒藏族村落的宗教民族志	云南大学出版社

优秀学术著作二等奖

口腔颌面骨疾病临床影像诊断学	北京大学医学出版社
光学投影曝光微纳加工技术	北京工业大学出版社
汽车噪声与振动——理论与实用	北京理工大学出版社
太阳能海水淡化技术	北京理工大学出版社
现代性与教育——后现代语境中教育观的现代性研究	北京师范大学出版社
句式语义的形式分析与计算	北京语言大学出版社
英语修辞学	北京交通大学出版社
磷与生命化学	清华大学出版社
基于Agent的计算	清华大学出版社
中国海外直接投资理论与实务	首都经济贸易大学出版社
承续与超越——20世纪中国美学与传统	首都师范大学出版社
朗文语言教学与应用语言学词典（第3版）（英汉双解）	外语教学与研究出版社
文化想象与人文批评——市场逻辑下的中国大众 　　文化发展研究	中国传媒大学出版社

奶牛科学（第4版）	中国农业大学出版社
测土配方施肥技术要览	中国农业大学出版社
经验与理论	中国人民大学出版社
美国的知识生产与分配	中国人民大学出版社
罪犯改造论——罪犯改造的犯因性差异理论初探	中国人民公安大学出版社
非公有制经济刑法规制与保护论纲	中国人民公安大学出版社
国际论坛：现代远程教育的理念与实践（中英文版· 　第三册）	中央广播电视大学出版社
日本侵华教育全史（四卷）	人民教育出版社
李吉林文集（共8卷）	人民教育出版社
现代心理健康教育——心理卫生问题对社会的影响及 　解决对策	人民教育出版社
后现代主义课程理论	人民教育出版社
现代教学论纲要	人民教育出版社
德性的探询：关于品德教育的道德对话	教育科学出版社
教育活动的社会学分析：一种教育社会学的研究（修订版）	教育科学出版社
内蒙古辽代石刻文研究	内蒙古大学出版社
内蒙古通史（1～4卷）	内蒙古大学出版社
数学方法论十二讲	大连理工大学出版社
企业资金安全性控制研究 　　——基于信息不对称的分析框架	东北财经大学出版社
国有经济改革论	辽宁大学出版社
基础量子化学	东北师范大学出版社
中国地方史纲	吉林大学出版社
李晔光文学批评研究	延边大学出版社
麦秆表面特性及麦秆刨花板胶接机理的研究	东北林业大学出版社
红外辐射特性与传输的数值计算——计算热辐射学	哈尔滨工业大学出版社
超宽带天线理论与技术	哈尔滨工业大学出版社
有色合金真空熔炼过程熔体质量控制	哈尔滨工业大学出版社
定向钻井设计与计算	中国石油大学出版社
外国建筑史——从远古至19世纪	东南大学出版社
世界文化遗产西递古村落空间解析	东南大学出版社
城市成长管理的空间策略	东南大学出版社
文本与文化：跨语际研究（共7册）	南京大学出版社
中国图书发行史	复旦大学出版社
长江下游考古地理	复旦大学出版社
世界贸易组织概论	立信会计出版社
中国经济发展史（1949—2005）（上、下）	上海财经大学出版社
殷墟甲骨学	上海大学出版社
和谐社会与新农村建设	上海大学出版社
新人文主义的桥梁	上海交通大学出版社

动态联盟的期权分析	上海交通大学出版社
从复杂到有序——神经网络智能控制理论新进展	上海交通大学出版社
浮动担保法律问题比较研究	上海交通大学出版社
女性学导论	厦门大学出版社
海明威在中国	厦门大学出版社
中国古籍版本学（第 2 版）	武汉大学出版社
粘弹性阻尼减震结构设计	武汉理工大学出版社
椭圆曲线密码体系研究	华中科技大学出版社
落地生根：三峡农村移民的社会适应	华中科技大学出版社
灰色数理资源科学导论	华中科技大学出版社
群体行为的定性模拟原理与应用	华中科技大学出版社
民营经济与对外贸易	湖南大学出版社
资源开发环境重金属污染与控制	中南大学出版社
欧洲思想史	广西师范大学出版社
湖南客家	广西师范大学出版社
唐方镇文职僚佐考（修订本）	广西师范大学出版社
"生命·实践"教育学论丛（第一辑）：回望	广西师范大学出版社
妇产科超声监测	中山大学出版社
文学会消亡吗	中山大学出版社
理论心理学	暨南大学出版社
企业社会责任在中国——广东企业社会责任建设前沿报告	华南理工大学出版社
自主创新探源：中国研究与开发的实证分析	华南理工大学出版社
法庭生物学	四川大学出版社
四川大学博物馆藏品集萃	四川大学出版社
爱与思——生活儒学的观念	四川大学出版社
南方鲇解剖	西南师范大学出版社
宋朝民间慈善活动研究	西南师范大学出版社
旅游投资与管理	云南大学出版社
实现从权力政府向责任政府的转变	西北大学出版社
非线性动力学系统的几何积分理论及应用	西北工业大学出版社

优秀畅销书一等奖

猎头局中局	北京大学出版社
如何成为卓越的大学教师	北京大学出版社
中国经济专题	北京大学出版社
科学的旅程（插图版）	北京大学出版社
咬文嚼字学英语	北京工业大学出版社
现代北京地理科普丛书"奥运北京系列"	北京工业大学出版社
来自心理医师的 101 个贴心叮咛	北京理工大学出版社
哲学心语——我的哲学人生	北京师范大学出版社
幼儿园教育活动指导策略	北京师范大学出版社
质量管理学（第 3 版）	北京邮电大学出版社

导游业务	旅游教育出版社
圈子圈套1：战局篇	清华大学出版社
会计模拟实训教程（修订第二版）	首都经济贸易大学出版社
新编应用写作教程（修订第2版）	首都经济贸易大学出版社
悦读联播（初一、高一上）	外语教学与研究出版社
心理学与工作	中国人民大学出版社
管理工作的本质	中国人民大学出版社
决断	中国人民大学出版社
我们真的理解金融危机吗	中国人民大学出版社
聚焦：大学生关注的思想理论问题	中国人民大学出版社
心理学导论（第二版）	人民教育出版社
小学教育学（第二版）	人民教育出版社
心系奥运　健康成长（小学生读本）	人民教育出版社
教育大国的崛起	教育科学出版社
改革开放30年中国教育重大理论成果	教育科学出版社
职业教育学研究新论	教育科学出版社
普通话水平培训测试读本	内蒙古大学出版社
商务英语口语大全	大连理工大学出版社
冲击波系列（英语专业八级改错）（第二版）	大连理工大学出版社
最新企业会计准则讲解与操作指南	东北财经大学出版社
大萧条	东北财经大学出版社
会计业务速成指南（第二版）	东北财经大学出版社
计算机应用技能教程	哈尔滨工业大学出版社
宋词三百首全解	复旦大学出版社
红楼梦诗词曲赋全解	复旦大学出版社
外教社·柯林斯：英汉双解学习词典	上海外语教育出版社
外教社简明英汉—汉英词典	上海外语教育出版社
英译中国现代散文选（一）	上海外语教育出版社
陈嘉庚精神读本	厦门大学出版社
汽车驾驶人科目——考试备要	河南大学出版社
一个中学校长与学生116次谈话	武汉大学出版社
汶川情·中华魂——人民网"心系汶川"征文诗歌精选	华中师范大学出版社
蒙曼说唐：乱世红颜	广西师范大学出版社
历史的裂缝：近代中国与幽暗人性	广西师范大学出版社
心灵的成长——关爱心灵的礼物	中山大学出版社
健康从水开始——电解还原水全攻略	华南理工大学出版社
走进毛泽东遗物馆	湘潭大学出版社
文学艺术产业——趋势与前瞻	四川大学出版社
行政职业能力倾向测验（第三版）	西南财经大学出版社
剑桥少儿英语全真模拟题（一级、二级、三级）	西安交通大学出版社
2009年宫东风教授考研英语系列——阅读基础过关	西安交通大学出版社

2009 年宫东风教授考研英语系列——词汇复习指南	西安交通大学出版社
军事理论与技能教程	西安交通大学出版社
税收学	西安交通大学出版社
20 世纪中国翻译史	西北大学出版社

优秀畅销书二等奖

领袖性格	北京大学出版社
灵芝从神奇到科学	北京大学医学出版社
护理学专业（执业护士含护士）资格考试习题集	北京大学医学出版社
培养孩子记忆力的 50 种方法	北京工业大学出版社
话题：中国文学史	北京工业大学出版社
教孩子学围棋（入门班）	北京体育大学出版社
数字信号处理基础（第 2 版）	北京邮电大学出版社
智弈	清华大学出版社
工程硕士研究生英语测试习题集（第三版）	清华大学出版社
决定孩子命运的 12 个习惯	清华大学出版社
国际经济合作教程	首都经济贸易大学出版社
月球密码	首都师范大学出版社
中国文化读本	外语教学与研究出版社
淡水小龙虾高产高效养殖新技术	中国农业大学出版社
销售中的心理学	中国人民大学出版社
行为背后的心理奥秘	中国人民大学出版社
进了外企再学英语	中国人民大学出版社
改革开放 30 年中国教育重大历史事件	教育科学出版社
新版常用日语 900 句	大连理工大学出版社
常用英语会话 2600 句	大连理工大学出版社
冲击波系列（英语专业八级阅读、英语专业八级听力、英语专业八级写作）（第二版）	大连理工大学出版社
新流行英语口语	大连理工大学出版社
职称英语（综合类）	辽宁大学出版社
创新能力培训教程	辽宁大学出版社
大爱无疆——39 小时生死时速	黑龙江大学出版社
简易 X 形平衡法	合肥工业大学出版社
上班族必懂的 OFFICE 天择定律	东南大学出版社
欧美流行音乐指南（增订版）（上、下册）	南京大学出版社
手足口病防治手册	苏州大学出版社
职业道德与就业创业指导（修订版）	苏州大学出版社
教师的 20 项修炼	华东师范大学出版社
做一个幸福的教师——陶继新教育讲演录	华东师范大学出版社
做一个专业的班主任	华东师范大学出版社
教师专业成长——刘良华教育讲演录	华东师范大学出版社
在与众不同的教室里：8 位美国当代名师的精神档案	华东师范大学出版社

用心灵赢得心灵——李镇西教育讲演录	华东师范大学出版社
内向者优势	华东师范大学出版社
《中华人民共和国企业所得税法实施条例》释义与 　实用指南及案例精解	立信会计出版社
破解诸葛亮的智慧	上海大学出版社
破解鬼谷子的智慧	上海大学出版社
常用歇后语分类词典（第二版）	上海大学出版社
大学计算机基础（第三版）	上海交通大学出版社
迎世博礼仪英语基础教程	上海外语教育出版社
大学生职业生涯规划	华中科技大学出版社
公众防灾应急手册	华中师范大学出版社
大学生学习与谋职指南	中南大学出版社
后宫·甄嬛传5（终结篇）	广西师范大学出版社
戒毒矫治康复手册	暨南大学出版社
可编程控制器原理及应用（第四版）	华南理工大学出版社
当代世界经济与政治	西南财经大学出版社
教育从心灵开始——名师讲述最能感动学生的心灵教育	西南师范大学出版社
施教先施爱——名师讲述班主任的核心教导力	西南师范大学出版社
祖国在我心中——重庆校园传唱经典歌曲45首	西南师范大学出版社
自我训练：改变焦虑和抑郁的习惯	重庆大学出版社
导游业务知识	云南大学出版社
云南导游基础知识	云南大学出版社
旅游政策与法规	云南大学出版社
2009年宫东风教授考研英语系列——疑难句分析	西安交通大学出版社
外贸英语函电——商务英语应用文写作（第4版）	西安交通大学出版社
成本会计学（第2版）	西安交通大学出版社
电子商务基础与应用（第六版）	西安电子科技大学出版社
大学语文（第二版）	西北大学出版社
大学计算机基础	西北大学出版社
三国大谋略	西北大学出版社
大学物理学习与指导	西北工业大学出版社
计算机应用基础	西北工业大学出版社
实用英语300句	西北工业大学出版社
农村沼气与庭园生态农业	西北农林科技大学出版社

高校出版社出版单位获奖情况

（排名不分先后）

中国出版政府奖先进出版单位获奖名单

第一届（2007 年）

清华大学出版社

中国人民大学出版社

广西师范大学出版社

高等教育出版社

第二届（2010 年）

北京大学出版社

北京师范大学出版社

上海外语教育出版社

西南师范大学出版社

人民教育出版社

高校出版社入选全国百佳图书出版单位名单

（2009 年 8 月）

北京大学出版社

北京大学医学出版社

北京师范大学出版社

北京语言大学出版社

重庆大学出版社

东北财经大学出版社

复旦大学出版社

湖南师范大学出版社

华东师范大学出版社

清华大学出版社

上海外语教育出版社

外语教学与研究出版社

西安交通大学出版社

西南师范大学出版社

厦门大学出版社

浙江大学出版社

中国矿业大学出版社

中国人民大学出版社

中国人民公安大学出版社

中国政法大学出版社

高校出版社出版工作者获奖情况

中宣部全国宣传文化系统"四个一批"人才

2008 年全国宣传文化系统"四个一批"经营管理人才

王明舟　北京大学出版社

贺耀敏　中国人民大学出版社

于春迟　外语教学与研究出版社

何林夏　广西师范大学出版社

方红星　东北财经大学出版社

李家强　清华大学出版社

2009 年全国宣传文化系统"四个一批"出版人才

王　岳　人民教育出版社

尹　洪　高等教育出版社

2010 年全国宣传文化系统"四个一批"经营管理人才

戚德祥　北京语言大学出版社

中国出版政府奖优秀出版人物获奖名单

第一届（2007 年）

陆银道　北京大学医学出版社

李朋义　外语教学与研究出版社

何林夏　广西师范大学出版社

周安平　西南师范大学出版社

第二届（2010 年）

贺耀敏　中国人民大学出版社

杨　耕　北京师范大学出版社

戚德祥　北京语言大学出版社

朱杰人　华东师范大学出版社

贺圣遂　复旦大学出版社

郝诗仙　中国科技大学出版社

张增顺　高等教育出版社

全国新闻出版行业领军人才

第一批领军人才（2007 年）

方红星　东北财经大学出版社

缪宏才　华东师范大学出版社

庄智象　上海外语教育出版社

吴培华　苏州大学出版社

范　军　华中师范大学出版社

刘爱松　武汉大学出版社

肖启明　广西师范大学出版社

何林夏　广西师范大学出版社

周蔚华　中国人民大学出版社

杨　耕　北京师范大学出版社

吴　向　高等教育出版社

王　岳　人民教育出版社

第二批领军人才（2010 年）

王明舟　北京大学出版社

贺耀敏　中国人民大学出版社

于春迟　外语教学与研究出版社

王　星　辽宁师范大学出版社

刘瑞琳　广西师范大学出版社

张　宏　上海外语教育出版社

李小娟　黑龙江大学出版社

杨秦予　郑州大学出版社

金英伟　大连理工大学出版社

郝诗仙　中国科学技术大学出版社

饶帮华　重庆大学出版社

刘立德　人民教育出版社

苏雨恒　高等教育出版社

在改革开放中为出版事业做出突出贡献的从业人员（2009 年）

彭松建　北京大学出版社

闫莱荣　人民教育出版社

中国百名优秀出版企业家（2009 年）

贺耀敏　中国人民大学出版社

戚德祥　北京语言大学出版社

杨　耕　北京师范大学出版社

于春迟　外语教学与研究出版社
庄智象　上海外语教育出版社
朱杰人　华东师范大学出版社
贺圣遂　复旦大学出版社
李志军　人民教育出版社
所广一　教育科学出版社

百名有突出贡献的新闻出版专业技术人员（2009 年）

周蔚华　中国人民大学出版社
周安平　西南师范大学出版社
徐启平　东南大学出版社
袁喜生　河南大学出版社
刘瑞琳　广西师范大学出版社

首届高校出版人物奖获奖名单（2010 年）

于春迟　外语教学与研究出版社
马小泉　河南大学出版社
方红星　东北财经大学出版社
王　焰　华东师范大学出版社
王建周　广西师范大学出版社
左　健　南京大学出版社
刘　军　对外经济贸易大学出版社
刘　志　中国人民大学出版社
刘子贵　吉林大学出版社
刘爱松　武汉大学出版社
庄智象　上海外语教育出版社
严　凯　上海外语教育出版社
何林夏　广西师范大学出版社
吴艳玲　电子科技大学出版社
吴培华　苏州大学出版社
张天蔚　上海交通大学出版社
张文定　北京大学出版社
张其友　北京师范大学出版社
张鸽盛　重庆大学出版社
张增顺　高等教育出版社
杜荣根　复旦大学出版社
汪春林　中国农业大学出版社
陆银道　北京大学医学出版社
陈晓嘉　浙江大学出版社

陈福郎　厦门大学出版社
周玉波　湖南师范大学出版社
周安平　西南师范大学出版社
周蔚华　中国人民大学出版社
所广一　教育科学出版社
林　全　西安交通大学出版社
罗时嘉　中国矿业大学出版社
范　军　华中师范大学出版社
姜新祺　华中科技大学出版社
施惟达　云南大学出版社
段　维　华中师范大学出版社
贺圣遂　复旦大学出版社
郝诗仙　中国科学技术大学出版社
莫久愚　内蒙古大学出版社
贾国祥　东北师范大学出版社
蔡剑峰　外语教学与研究出版社
蔡鸿程　清华大学出版社

六、高校出版社入选重点出版工程情况

高校出版社入选"十一五"国家重点图书出版规划情况

序号	高校出版社	入选项目数（种）
1	北京大学出版社	17
2	北京大学医学出版社	16
3	外语教学与研究出版社	15
4	广西师范大学出版社	15
5	清华大学出版社	14
6	中国人民大学出版社	14
7	武汉大学出版社	12
8	复旦大学出版社	11
9	中国政法大学出版社	10
10	中国协和医科大学出版社	9
11	中南大学出版社	9
12	北京语言大学出版社	8
13	中国农业大学出版社	8
14	东南大学出版社	7
15	北京航空航天大学出版社	6
16	北京理工大学出版社	6
17	北京师范大学出版社	6
18	上海财经大学出版社	6
19	西南师范大学出版社	6
20	同济大学出版社	5
21	华东理工大学出版社	4
22	上海交通大学出版社	4
23	浙江大学出版社	4
24	湖南大学出版社	4
25	中国地质大学出版社	4
26	北京邮电大学出版社	3
27	首都经济贸易大学出版社	3
28	华东师范大学出版社	3
29	中国海洋大学出版社	3

序号	高校出版社	入选项目数（种）
30	中国石油大学出版社	3
31	中国科学技术大学出版社	3
32	华中科技大学出版社	3
33	华中师范大学出版社	3
34	中山大学出版社	3
35	云南大学出版社	3
36	大连海事大学出版社	2
37	东北财经大学出版社	2
38	东北大学出版社	2
39	河海大学出版社	2
40	南京大学出版社	2
41	山东大学出版社	2
42	上海外语教育出版社	2
43	上海中医药大学出版社	2
44	厦门大学出版社	2
45	中国矿业大学出版社	2
46	华南理工大学出版社	2
47	西南交通大学出版社	2
48	陕西师范大学出版社	2
49	西安交通大学出版社	2
50	西北工业大学出版社	2
51	中国人民公安大学出版社	1
52	中央民族大学出版社	1
53	中央音乐学院出版社	1
54	天津大学出版社	1
55	南开大学出版社	1
56	大连理工大学出版社	1
57	东北林业大学出版社	1
58	东北师范大学出版社	1
59	哈尔滨工业大学出版社	1
60	东华大学出版社	1
61	合肥工业大学出版社	1
62	立信会计出版社	1
63	南京师范大学出版社	1
64	上海大学出版社	1
65	河南大学出版社	1
66	湖南师范大学出版社	1

序号	高校出版社	入选项目数（种）
67	武汉理工大学出版社	1
68	郑州大学出版社	1
69	重庆大学出版社	1
	合计	299

高校出版社入选"十一五"国家级规划教材情况

序号	高校出版社	入选项目数（种）
1	清华大学出版社	587
2	中国人民大学出版社	370
3	北京大学出版社	322
4	复旦大学出版社	158
5	北京大学医学出版社	127
6	中国农业大学出版社	122
7	重庆大学出版社	116
8	北京师范大学出版社	106
9	浙江大学出版社	89
10	东北财经大学出版社	87
11	武汉理工大学出版社	79
12	武汉大学出版社	77
13	北京邮电大学出版社	75
14	大连理工大学出版社	72
15	华中科技大学出版社	66
16	西安电子科技大学出版社	66
17	同济大学出版社	66
18	天津大学出版社	49
19	湖南大学出版社	46
20	外语教学与研究出版社	46
21	东南大学出版社	46
22	旅游教育出版社	45
23	上海财经大学出版社	44
24	北京理工大学出版社	42
25	北京航空航天大学出版社	41
26	华东师范大学出版社	37
27	北京交通大学出版社	36
28	华南理工大学出版社	33
29	中国矿业大学出版社	33
30	华中师范大学出版社	32
31	中国政法大学出版社	32
32	大连海事大学出版社	31

序号	高校出版社	入选项目数（种）
33	对外经济贸易大学出版社	29
34	南京大学出版社	29
35	上海交通大学出版社	27
36	电子科技大学出版社	25
37	中国科学技术大学出版社	24
38	南开大学出版社	22
39	四川大学出版社	21
40	中国传媒大学出版社	20
41	哈尔滨工业大学出版社	19
42	西安交通大学出版社	19
43	中南大学出版社	18
44	北京体育大学出版社	17
45	上海外语教育出版社	17
46	西南交通大学出版社	17
47	中国石油大学出版社	17
48	山东大学出版社	17
49	东华大学出版社	16
50	西南师范大学出版社	16
51	西南财经大学出版社	15
52	郑州大学出版社	14
53	华东理工大学出版社	13
54	西北工业大学出版社	13
55	中国人民公安大学出版社	13
56	中山大学出版社	12
57	厦门大学出版社	11
58	北京语言大学出版社	8
59	暨南大学出版社	8
60	兰州大学出版社	7
61	立信会计出版社	7
62	南京师范大学出版社	7
63	首都经济贸易大学出版社	7
64	中央广播电视大学出版社	6
65	东北大学出版社	5
66	广西师范大学出版社	5
67	上海大学出版社	5
68	东北师范大学出版社	5
69	吉林大学出版社	4

序号	高校出版社	入选项目数（种）
70	西北农林科技大学出版社	4
71	云南大学出版社	4
72	中国地质大学出版社	4
73	中国协和医科大学出版社	4
74	合肥工业大学出版社	3
75	辽宁大学出版社	3
76	陕西师范大学出版社	3
77	新疆大学出版社	3
78	中央民族大学出版社	3
79	苏州大学出版社	2
80	西北大学出版社	2
81	安徽大学出版社	1
82	北京工业大学出版社	1
83	东北林业大学出版社	1
84	河海大学出版社	1
85	河南大学出版社	1
86	湖南师范大学出版社	1
87	首都师范大学出版社	1
88	中国海洋大学出版社	1
合计		3 756

附录一：主要文件

教育部 新闻出版总署关于印发《高等学校出版体制改革工作实施方案》的通知

教社科〔2007〕5号

有关省、自治区、直辖市教育厅（教委），有关部门（单位）教育司（局），有关高等学校：

根据《中共中央 国务院关于深化文化体制改革的若干意见》（中发〔2005〕14号）精神和全国文化体制改革工作会议的要求，教育部和新闻出版总署制定了《高等学校出版体制改革工作实施方案》（以下简称《实施方案》），并报中宣部原则同意，现印发给你们。

请你们按《中共中央 国务院关于深化文化体制改革的若干意见》和《实施方案》的要求，认真制订所属高校出版单位的改革方案，精心组织实施，积极稳妥地推进改革试点工作。

请有关高校出版单位的主管、主办部门将制定的体制改革实施方案及有关进展情况及时报送教育部（社会科学司）。

附件：高等学校出版体制改革工作实施方案

教育部 新闻出版总署

二〇〇七年一月二十五日

附件

高等学校出版体制改革工作实施方案

按照《中共中央 国务院关于深化文化体制改革的若干意见》（中发〔2005〕14号）精神，结合高校出版单位的发展实际，提出高校出版体制改革工作实施方案。

一、高校出版体制改革的原则

高校出版体制改革要全面贯彻中发〔2005〕14号文件精神，遵循社会主义精神文明建设的特点和规律，适应社会主义市场经济发展的要求，妥善处理文化的意识形态和产业属性的关系。坚持社会主义先进文化的前进方向，坚持为人民服务、为社会主义服务。坚持把社会效益放在首位，努力实现社会效益和经济效益的统一。

高校出版体制改革要有利于高等教育事业的发展，有利于促进高校学科建设和人才队伍的培养；有利于高校出版单位的发展，更好地坚持办社办刊宗旨，使其更具有活力和竞争力；有利于解放和发展生产力，调动出版单位人员的积极性和创造性。

高校出版体制改革要根据出版单位的实际情况区别对待、分类指导、试点先行、逐步推开，有组织、分步骤地组织实施。高校出版体制改革的总体方案由教育部和新闻出版总署共同制订，报中央文化体制改革工作领导小组办公室同意。

二、高校出版单位体制的类别

高校出版单位是指高等学校主办的出版社、学报、各类期刊和校报。鉴于高校出版单位为高校教学科研服务定位所具有的差异性，以及发展规模、发展水平的不均衡性等因素，高校出版单位体制模式分为两类：第一类企业。将能够出版多类别、多层次、多媒体教材，满足全民教育、社会教育需求，依靠市场配置资源，市场化程度较高、经营能力较强、有能力参与出版物市场竞争的出版社和面向市场、面向大众的科普类、教辅类、文摘类期刊转制为企业。第二类事业体制。将国防工业院校、民族院校等仅出版面向校内和特定行业所需出版物、基本上不依靠市场配置资源，不参与市场竞争的少数高校出版社，以及高校学报、学术性期刊和校报实行事业体制。

三、高校出版单位体制改革的任务

高校出版单位转制为企业的，要切实贯彻"创新体制、转换机制、面向市场、壮大实力"的方针。学校要按照现代企业制度的要求，建立和完善出版单位的法人治理结构，建设产权清晰、权责明确、管理科学的现代出版企业；要对出版单位进行清产核资，资产评估，产权登记，以及资产授权经营，确保国有资产的保值增值；要确认出版单位的出资人身份，明确出资人权利，建立资产经营责任制。出版单位要提高发展质量，增强竞争力；要实行企业财务、税收、社会保障和劳动人事制度；要建立适应市场需求、调控有力的经营管理模式；要切实做好劳动人事、社会保障的政策衔接，按照新人新办法、老人老办法的原则妥善处理转制中的人事问题。

高校出版单位保留事业体制的，要切实贯彻"增加投入、转换机制、增强活力、改善服务"的方针。学校对这类出版单位要加大扶持力度，对非经营性亏损要给予补贴。出版单位的盈利只能用于出版单位自身的发展。出版单位要根据国家有关规定，进一步明确自身的定位和经营范围；按照事业体制的新要求进行规范运行；积极推进人事、收入分配和社会保障制度改革；全面推行全员聘用制度和岗位目标责任制；做好社会保障的政策衔接，保障职工的合法权益；合理配置人才资源，促进各类人才有序流动；建立健全财务管理制度，加强经济核算，降低运营成本。

四、高校出版单位体制改革的步骤

第一步先行试点。确定高校出版单位试点的原则为：设在中央文化体制改革首批试点地区的高校出版单位；出版单位及其主办高校有纳入试点的要求；出版单位具备改革试点的基础与条件。

第一批转企试点的高校出版社有：清华大学出版社、外语教学与研究出版社、中国人民大学出版社、中央广播电视大学出版社、北京大学出版社、北京大学医学出版社、北京师范大学出版社、北京航空航天大学出版社、华东师范大学出版社、浙江大学出版社、东南大学出版社、大连理工大学出版社、广西师范大学出版社、中山大学出版社、上海财经大学出版社、武汉大学出版社、华中科技大学出版社和天津大学出版社（共 18 家）。

第一批转企试点的高校期刊或期刊社有：北京外国语大学《英语学习》、中山大学《家庭医生》、广西师范大学杂志社（共 3 家）。

第一批保留事业体制试点的高校出版社：东北林业大学出版社。

第二步总结经验，扩大试点。按照中央的部署，总结第一批试点经验，立足高校出版单位发展的实际，选择具备改革条件的出版社和部分期刊列入第二批改革试点单位。

第三步全面推开。待时机成熟后，将高校出版单位体制改革全面推开。

五、建立适应高校出版单位转企实际的管理体制和法人治理结构

高校是所属出版单位的主办单位，高校出版单位转制为企业后，学校仍履行主办单位的职责。

高校出版单位是全民所有制企业或国有独资公司，学校或学校资产经营有限公司作为出资人，其资产由学校资产管理委员会进行管理与监督。

学校要完善出版单位的法人治理结构。学校须将转制为企业的高校出版社与一般企业（包括高科技企业）区别对待，在工商登记时可保留原名称不变。学校要按照现代企业制度的要求，确立出版企业的资产授权经营关系，建立健全法人治理结构，根据高校出版单位的特点组成董事会和监事会。在出版单位仅是学校独资的情况下，学校不设股东会，由学校资产管理委员会行使股东会职权。学校可以授权董事会行使股东会的部分职权，决定出版单位的重大事项，董事会要保证出版单位正确的政治方向和办社宗旨，确保出版物内容与导向的正确和国有资产的保值增值。学校要坚持党管干部的原则，出版单位的主要负责人由学校组织部门考核后，董事会聘任。

六、高校出版单位体制改革的配套政策

高校出版单位列为转制试点后，可以享受《国务院办公厅关于印发文化体制改革试点中支持文化产业发展和经营性文化事业单位转制为企业的两个规定的通知》（国办发〔2003〕105 号）中的有关优惠政策。此外，鉴于高校出版单位的特殊情况，还需逐步解决以下四个问题：

1. 关于高校出版单位缴纳企业所得税的问题。为能彻底解决高校出版单位税负过重的问题，教育部和新闻出版总署将会同有关部门协商解决，降低企业所得税的税率。

2. 关于高校出版单位向学校上缴利润的问题。学校作为出版单位的投资者，要根据出版单位发展的状况和需要，与出版单位确定合理的投资回报率。学校要指导出版社进行完全的成本核算。

3. 关于高校出版社转企中人员安置的问题。学校可采取高校科技产业的相关政策，按照"老人老办法、新人新办法"的原则，稳妥处理高校出版社的人事关系。出版单位转企后，要依照国家有关法律法规自主用人，原有属学校事业编制的人员退休后，由学校负责管理，与学校其他离退休职工享受同等待遇。

4. 关于出版资源配置的问题。新闻出版总署将根据发展的需要，对转制为企业的出版单位优先配置出版资源。

七、高校出版体制改革的组织领导

高校出版体制改革在教育部和新闻出版总署的领导下进行。教育部成立出版体制改革领导小组，领导高校出版单位的体制改革工作。高校出版单位的主管主办单位负责其体制改革的具体实施。教育部和新闻出版总署共同制订高校出版单位体制改革整体方案，报中央文化体制改革工作领导小组办公室同意后实施。各主管部门和主办单位按照整体方案确定的出版体制模式归类归位，提出改革的实施方案，报教育部出版体制改革领导小组和新闻出版总署出版发行改革领导小组审核后实施。列入改革试点的京外高校出版单位的体制改革工作应纳入属地出版体制改革的整体工作中。

教育部　新闻出版总署关于高校出版社
体制改革试点工作的若干意见

教社科〔2007〕6号

有关省、自治区、直辖市教育厅（教委），有关部门（单位）教育司（局），有关高等学校：

根据《中共中央　国务院关于深化文化体制改革的若干意见》（中发〔2005〕14号）以及《新闻出版总署关于深化出版发行体制改革工作实施方案》（新出办〔2006〕616号）和《教育部　新闻出版总署关于印发〈高等学校出版体制改革工作实施方案〉的通知》（教社科〔2007〕5号）的精神，为进一步深化出版体制改革，加快推进高校出版社规范转制，促进教育事业和出版事业繁荣发展，对高校出版社的体制改革试点工作提出如下意见：

一、积极推进高校出版社的体制改革工作

1. 高校出版社体制改革是全国出版体制改革工作的重要组成部分。各高等学校要增强改革的自觉性，坚定不移，积极稳妥，合法有序，务求实效地推进出版社的体制改革。要通过改革试点工作，逐步建立符合社会主义市场经济规律和社会主义精神文明建设要求的高校出版体制。要按照现代企业制度的要求，加快出版社的公司制改造，建立和完善符合教育规律、出版规律和市场规律的运行模式，解放和发展生产力。要充分发挥高等学校和所属出版社两方面的积极性，大胆探索，兼顾各方，稳步推进，以体制改革为契机，促进高校出版社的更大发展。

二、明确高等学校对转制出版社的职责

2. 高等学校要切实履行主办单位职责。高校出版社转制为企业后，仍由所在高等学校主办。高等学校要认真履行主办单位的职责，加强对所属出版社的领导，保证其坚持正确的政治导向，坚持正确的办社方向，坚持为教学科研服务，为发展科技、经济、文化服务的办社宗旨；要指导所属出版社建立和完善各项制度，加强对出版物选题的管理和出版物内容的审核把关，并建立相应的问责制度。

3. 高等学校要加强对所属出版社国有资产的监控和管理。学校或学校资产经营有限公司（以下简称资产公司）是高校出版社的出资人，要确保国有资产的保值增值。学校要明确资产管理委员会、资产公司和出版社经营班子各自的职责和权限，凡是涉及"三重一大"等经营管理中的重大问题，必须依照审批权限和程序，由资产管理委员会集体决策。

4. 高等学校要高度重视所属出版社领导班子的建设。高校出版社的主要负责人仍应由学校组织部门根据干部考核、聘任的权限和程序，充分考虑高校出版社的特点和要求选定，按照企业聘任经营者的程序进行聘任。学校应选拔政治责任心强，思想素质高，熟悉出版工作，遵纪守法，善经营、会管理的人担任高校出版社的主要负责人，并保持相对稳定。学校应依照国家出版管理的有关规定、资产经营责任制的要求，合理制定对高校出版社主要负责人的任用、考核和激励办法，充分调动他们的积极性。

三、规范高校出版社的转制工作

5. 进行清产核资。清产核资是高校出版社转制过程中重要的基础性工作，必须严格按照国家的有关规定，进行资产清查和评估、审计，防止国有资产流失。清产核资结果上报国家有关部门批准。

6. 办理产权登记手续。清产核资结果批复后，按照国家国有资产产权登记的有关规定，到有关管理部门办理产权登记手续，以取得企业资产的产权登记证明文件。

7. 依法组建独立法人的出版企业。高校出版社应以通过产权登记的国有资产作为企业法人资产，注册国有独资性质的有限责任公司，真正成为独立核算、自主经营、自负盈亏、照章纳税，能够独立承担民事责任的法人实体。

8. 建立规范的法人治理结构。转制后的高校出版社应按照现代企业制度的要求，建立规范的法人治理结构。高校出版社依法设立董事会和监事会，按照《公司法》行使其职权。

9. 建立适应企业运行的干部管理制度。高校出版社的董事会、监事会成员由学校选定，通过资产公司委派。高校出版社的主要负责人由学校组织部门向出版社董事会提出任职建议，由董事会聘任。其他高级管理人员由出版社主要负责人提名，通过相应的干部任前考核程序后，由董事会聘任。

10. 制定和完善企业的规章制度。高校出版社转企后，要按照现代企业的管理模式，制定公司《章程》；加强企业内部管理，建立和完善企业财务、税收、劳动人事、社会保障等一整套内部管理制度；对企业的投资、借贷、担保、大额资金调用等重大事项的决策权限和程序，要有明确的规定，以规避企业的经营风险。

四、妥善解决出版社转制中的相关问题

11. 做好人员安置工作。高校出版社员工是高校出版社的重要资源和财富，要处理好转企改制中人员的安置问题。高校出版社的事业编制人员，应按照"老人老办法，新人新办法"的原则，由各高等学校制订具体的实施办法，做好深入细致的思想政治工作，妥善解决人员安置问题。

12. 合理确定上缴利润的比例，保证出资人的投资回报。高校出版社的出资人，有权依法获得投资收益。出资人应根据出版社的规模、效益以及企业长远发展所需的资金、积累等实际情况，确定合理的投资回报。

13. 高校出版社要继续为学科发展和学术繁荣做贡献。高等学校的学术、人才优势和社会影响力，是高校出版社稳定发展的基础和依托，高校出版社转制后，应当继续为学校的学科发展和学术繁荣做贡献。

五、制定和落实优惠政策

14. 落实税收优惠等政策。按照《国务院办公厅关于印发文化体制改革试点中支持文化产业发展和经营性文化事业单位转制为企业的两个规定的通知》（国办发〔2003〕105 号）和《财政部　海关总署　国家税务总局关于文化体制改革中经营性文化事业单位转制后企业的若干政策问题的通知》等文件要求，试点单位享受相关的税收优惠等政策。

15. 优先配置出版资源。新闻出版总署对试点出版社，在配置书号、调整出版范围等方面给予支持；对其重大出版工程项目给予重点支持；对其联合、重组、并购和跨地区经营等方面给予支持；对于成功实施转制的出版社，可以增加其在图书出版单位等级评估中的

权重。

16. 考虑到高等学校的公益性以及高校出版社为教学科研服务的特点，新闻出版总署和教育部将会同有关部门进行协商，积极争取免除高校出版企业的所得税或适当降低所得税的税率。

教育部 　 新闻出版总署

二○○七年六月一日

教育部　新闻出版总署
关于进一步推进高校出版社改革与发展的意见

教社科〔2008〕6号

有关省、自治区、直辖市教育厅（教委）、新闻出版局，有关高等学校：

为贯彻落实党的十七大关于推动社会主义文化大发展大繁荣的精神，充分发挥高校出版社在科教兴国战略中的重要作用，提高高校出版社的整体实力与竞争力，开创高校出版社工作新局面，现就进一步推进高校出版社的改革与发展提出如下意见：

一、明确高校出版社的定位、指导思想和主要任务

1. 高校出版社是我国社会主义教育事业和出版事业的重要组成部分，是先进文化生产力的重要方面军，是建设社会主义精神文明的重要阵地，是实现科教兴国战略、推动高等教育事业发展的重要力量。高校出版社在传播先进文化，传递知识信息，促进教书育人，培养和造就德智体美全面发展的社会主义建设者和接班人等方面具有重要的作用。

2. 高校出版社要高举中国特色社会主义伟大旗帜，以邓小平理论和"三个代表"重要思想为指导，深入贯彻落实科学发展观，坚持为人民服务、为社会主义服务的方向，坚持百花齐放、百家争鸣的方针，坚持解放思想，实事求是，与时俱进，坚持服务教育、服务社会、繁荣学术、培育人才的办社宗旨，坚持把社会效益放在首位，实现社会效益和经济效益统一的原则，坚持依托高校、面向市场，坚持深化改革、开拓创新，坚持突出主业、科学发展。

3. 高校出版社要努力承担积累传承文化，推动社会发展进步的历史责任。要做好高等教育、基础教育、职业教育和继续教育等需要的各类教材和教学用书的出版工作，在出版物数量、出版物质量、出版物结构和出版物载体等各方面满足各级各类学校教育教学的需要。要出版研究和解决我国经济建设、政治建设、文化建设、社会建设中重大问题的学术著作，促进我国哲学社会科学及自然科学研究的繁荣和发展。要以出版高质量的教材和学术著作，推进高等学校的教学科研和学科建设，提高高等学校学术水平和教师队伍素质，促进高等学校人才培养、科学研究和社会服务等功能的实现。为提高全民族思想道德素质和科学文化素质提供更多的精神产品。

二、推进高校出版社健康发展

4. 建设符合我国教育事业发展需要的学科门类齐全、地域布局合理、具备多种出版权、协调发展的具有中国特色的高校出版体系，逐步形成多层次的高校出版格局。努力创建国际知名、国内一流的高校出版社，这类出版社应具有一定数量的原创性、奠基性、前沿性、并在国内外有较大影响的一流出版物，拥有一流的作者和编辑队伍，具备一流的综合出版能力和雄厚的经济实力，具有一流的现代化出版手段和一流的社会服务水平，建有科学高效的运行机制和管理体系。建设一批拥有自主知识产权的知名品牌、有一定市场竞争力和国际影响力、大而强的出版企业；建设一批专业特色强，学术水平高，在相关专业出版领域中有较大影响的小而精的专业出版企业。

5. 制订高校出版社的发展规划。各高校要按照我国高校出版社的发展格局和本校的发展规划，对本校出版社进行准确、科学的定位，确定发展目标、发展思路和措施。各高校都要将出版社建设成与本校办学水平相匹配的高校出版社。具有多种出版权的高校可整合出版资源，优势互补，形成相对优势，提高出版产业集中度。各高校出版社要转变发展方式，创新发展机制，增强发展动力，提高发展质量，做到既有较快的增长速度，又注重提高增长的质量和效益，提高人均产值和人均效益；根据市场化、产业化和社会化的要求，进一步优化出版社内部机构，优化产品结构；全面提高综合实力、市场竞争能力和抗风险能力，提升高校出版产业水平。

6. 增强高校出版社的自主创新能力，形成优秀原创出版物生产的长效机制。高校出版社要大力提高原始创新能力、集成创新能力和引进消化吸收再创新能力。要牢固树立"发挥优势、突出特色、塑造品牌"的出版理念，规划和实施"品牌工程"，形成系列化、多层次、多学科、多媒体、有一定市场竞争力的精品出版物群；形成反映各出版社特色和优势的精品系列，树立高校出版社的整体品牌形象；通过品牌的培育和制作，形成精品生产的长效机制。

7. 推进高校出版社的数字化和网络化进程。高校出版社要积极利用数字技术改造传统出版的生产、管理和传播方式，积极参与建设数字出版综合业务平台。重视新型媒体的开发和应用，推动传统出版形式与现代出版形式的互动融合，鼓励以互联网、移动通讯网和数字电视为载体的图书、音像制品、电子出版物和期刊等数字产品的开发、制作、出版和销售。鼓励开展基于网络的多种出版发行活动。

8. 拓展高校出版社的国际交流。高校出版社要大力实施"走出去"战略，不断加大对外出版交流，扩大自主版权的输出，推广我国优秀的传统文化和高水平的学术研究成果；要采取多种形式，积极组织创作、翻译、出版一批国际市场需要的高质量出版物，占领和拓展海外市场；要积极稳妥地引进我国教育需要的各类教材和教学用书，以及国外先进科学文化等方面的出版物。支持和鼓励有竞争实力的高校出版社在境外设立出版机构，开展出版活动。

9. 营造高校出版社健康发展的良好环境。要合理配置高校出版资源，允许和鼓励出版资源向专业特色突出、市场化程度高、综合实力强的高校出版社集中和流动。积极支持信誉良好、经济实力强的高校出版社跨地区、跨媒体经营，通过联合、兼并、重组等提高高校出版产业的集中度。研究和解决高校出版社发展中出现的问题，会同有关部门制定符合高校出版社发展实际的经济政策，为高校出版社创造良好的经济发展环境。高校要建立有利于高校出版社发展的体制模式，为其创造宽松的发展环境，在人力、物力和财力等方面给予必要的支持。各高校应将出版社的经济收益主要用于出版社的自身建设和再生产，以及教材、学术著作的出版补贴。进一步加强中国大学出版社协会的建设，充分发挥其桥梁与纽带的作用，提高其服务和协调的能力，促进高校出版社的整体发展。

三、深化高校出版社体制改革

10. 明确体制改革的总体要求。高校出版社的体制改革要有利于坚持办社宗旨，有利于发挥高校出版工作者的积极性，有利于高校出版社增强活力、壮大实力、提高竞争力。高校出版社的体制改革要符合高校出版社的发展规律，着力解决制约发展的深层次矛盾和问题，全面推进体制机制创新，解放和发展文化生产力，推动形成有利于出精品、出人才、出效益的出版发展环境。

11. 建设具有中国特色的高校出版体制。高校出版社的体制以企业体制为主，极少数高校出版社可以保留事业体制。转为企业的出版社要创新体制，转换机制，面向市场，增强活力，出版多类别、多层次、多媒体教材，满足学习型社会和终身教育需求，不断提高经营能力和市场竞争力。极少数实行事业体制的出版社要在确保学校扶持的基础上，根据国家有关规定规范运营，转换机制，增强活力，改善服务，出版面向校内和特定行业所需出版物。

12. 规范高校出版社的转制。转制为企业的高校出版社是国有一人独资公司。高校是其出版社的主办方。学校或学校资产经营有限公司是出版社的出资人，出版社的资产由学校资产管理委员会进行管理与监督。学校要按照现代企业制度的要求，进一步完善产权制度，明确出资人权利，建立资产经营责任制；切实加强对出版社经营方向、资产配置、重大决策、重要干部的管理和监督；要确保国有资产安全，防止国有资产流失。转制为企业的高校出版社要建立科学合理的法人治理结构，采用适应市场需求、调控有力的经营管理模式，实行企业财务、税收、社会保障和劳动人事制度，成为自主经营、自负盈亏、自我约束、自我发展的市场主体。一些实力和竞争力较强的高校出版社可逐步建立以内涵式发展为主的专业出版集团。

13. 深化高校出版社内部改革。进一步推进出版社劳动人事、收入分配和社会保障等方面的改革。高校出版社须实行全员聘用（聘任）制度，按需设岗，公开招聘，择优聘用，严格考核。出版社须与受聘人员签订聘任合同。高校要积极探索和大胆尝试符合出版行业规律和高校出版社发展特点的薪酬制度和激励机制，要结合本校的实际及出版社的经济效益，确定出版社主要领导的薪酬；按照效率优先、兼顾公平和生产要素参与分配的原则，确定以岗位绩效工资为主要内容的出版社整体的工资制度和分配方式。

四、完善高校出版社管理

14. 建立健全主管主办负责制和属地管理相结合的高校出版管理体制。遵循党委领导、政府管理、行业自律、企事业单位依法运营的原则，进一步完善主管主办责任制和属地管理相结合的管理体制。教育部负责对高校出版社进行宏观指导和宏观管理。新闻出版总署对高校出版社实施行业管理和市场监管。高等学校承担主办单位的管理职责。

15. 加强对高校出版社的管理和指导。各地新闻出版行政部门对本行政区域内高校出版社履行属地管理职责，要把对高校出版社的管理纳入到出版行政管理的范围。各省（区、市）教育行政部门要对高校出版社加强指导和监督；随时掌握和研究高校出版社出版物的总量、结构、质量和效益，督促出版社优化结构，提高质量，增加效益；要定期研究高校出版动向，引导高校出版社健康发展；要协调和配合学校、属地出版行政部门加强对高校出版社的管理。

16. 明确高校对其出版社的管理职责。高校要督促出版社认真贯彻执行党的路线、方针和政策，遵守国家的法律和有关规定，保证出版社坚持正确的办社宗旨和出版导向。学校应选拔政治责任心强，思想素质高，熟悉出版工作，遵纪守法，善经营、会管理的人担任高校出版社的主要负责人，并保持相对稳定。学校要通过有效的管理方式，掌控出版社重大事项的决策权、资产配置的控制权、对主要领导干部的任免权和出版物内容的终审权，切实负起国有资产保值增值的监管责任。

17. 建立健全高校出版社内部管理机制，提高管理水平。高校出版社必须严格遵守国家有关法律法规和政策，遵守各项出版管理规定，依法从事出版活动；要建立和完善各项内部管理制度，并把各项管理规定落实到出版的各个环节，保证正确的出版导向、出版物的高品位和高质量；要提高出版社出版管理的自动化水平和能力，掌握现代科学技术，运用现代信息技术成果，加快高校出版社管理的数字化和网络化进程。

五、加强高校出版社队伍建设

18. 建立合格的高校出版社队伍。高校出版社队伍是我国社会主义先进文化的重要建设者之一。高校出版社要适应出版业快速发展的要求，不断提高高校出版从业人员的业务水平。高校出版社队伍要牢固树立政治意识、大局意识和责任意识，不断增强政治敏锐性，提高政治鉴别力，自觉树立马克思主义新闻出版观、良好的职业精神和职业道德。

19. 建立高校出版从业者准入、退出制度。高校出版社的主要负责人必须参加新闻出版行政部门组织的岗位培训，持证上岗；一般从业人员应具备国家规定的新闻出版职业资格条件。对失职渎职、违规违纪、造成重大经济损失的人员要坚决予以清理。

20. 建立健全高校出版社队伍建设机制。高校要切实重视出版社领导班子的建设，组建一个各有所长、凝聚力强、善于科学决策、团结协作的领导班子；要在高校出版社中探索和逐步实行职业经理人制度，确保高校出版社领导的专业性、职业性和稳定性；要建立出版社人才选拔培养的机制，为出版社培养更多优秀的高级复合型管理人才。加强高校出版人力资源能力建设，实施人才培养工程，加强出版社经营管理、专业技术和版权贸易等各方面专业人才队伍的建设，努力建设一支高水平、高素质的职业化出版队伍，为高校出版社可持续发展提供有力的保障。

教育部　　新闻出版总署

二〇〇八年十二月二十九日

教育部办公厅关于高校出版社转制工作有关规程的通知

教社科厅函〔2009〕3号

有关高等学校：

为积极稳妥地推进高校出版社的转制工作，促进高校出版社发展，根据改革试点单位的实践，经商新闻出版总署同意，特提出转制工作的规程如下，供高校出版社转制时参照办理。

一、学校成立出版社转制领导小组

学校应成立由学校主要负责人挂帅的出版社转制领导小组。领导小组主要负责研究制订本校出版社的转制方案，领导出版社的转制工作，协调校内有关部门支持出版社的转制，解决转制中的重大问题，确保出版社的转制规范有序。

二、制订转制方案

根据《教育部　新闻出版总署关于印发〈高等学校出版体制改革工作实施方案〉的通知》（教社科〔2007〕5号）的精神，学校须制订转制实施方案。方案中需明确的主要内容应有：学校体制改革领导小组的组成及任务；出版社的基本现状；转制的指导思想、目标及发展方向，转制实施步骤及进度安排；出版社的领导管理体制，法人治理结构；国有资产的管理与经营，出版社的出资方式和资金来源；转制中涉及到的社会保障和劳动人事关系的处理原则；转制后企业的名称，出版社有限（责任）公司的《章程》；出版社的发展规划（含产业发展规划、出版规划等）；其他需要说明的情况，如转制中存在的问题与遇到的困难，需要有关部门支持的事项等。

各高校出版社的转制实施方案需经主管部门同意后，报教育部和新闻出版总署审批。

三、清产核资、财务审计和资产评估

高校出版社转制方案经批准后，应按照国家有关规定，进行清产核资、财务审计和资产评估，合理界定产权归属。高校出版社的财务审计和资产评估，不得委托同一家中介机构。具体程序与要求可参考《高校产业改革改制指南》（西南交通大学出版社2005年版）。

1. 清产核资。转制高校出版社应按照国家有关规定，制定清产核资工作方案，开展清产核资工作。清产核资工作包括账务清理、财产清查、损溢认定、资产核实等方面内容。清产核资的范围应当包括高校出版社本部和投资控股企业。

清产核资结果经上级有关部门确认后，自清产核资基准日起2年内有效，在有效期内实施转制可不再另行组织清产核资。

2. 财务审计。按财政部关于企事业单位财务、资产管理的规定，由主办单位委托具备资质的会计师事务所进行财务审计。

转制前潜亏挂账、财产清查过程中新发现的资产盘亏（减盘盈）、毁损、报废、坏账等资产损失及按国家有关规定计提的各项资产减值准备，应由中介机构出具专项审计报告，转制单位提出意见，报上级有关管理部门批准。

3. 资产评估。按国有资产评估管理有关规定，由主办单位聘请有资格的资产评估机构对资产进行整体评估，确定其净资产数额，作为出版社转制的依据。对高校出版社资产评估，必须一次完成，不得将整体资产分拆评估。

4. 清产核资、财务审计、资产评估结果的核准批复。清产核资、财务审计和资产评估结果必须在单位内部进行公示，公示完成后由主管单位对评估结果进行审核，出具审核意见，连同公示的有关材料，按有关程序进行核准批复。

5. 办理产权登记手续。清产核资结果批复后，按照国家国有资产产权登记的有关规定，到有关管理部门办理产权登记手续，以取得企业资产的产权登记证明文件。

四、人员安置和劳动关系调整

高校出版社转制中涉及的人员安置和劳动关系调整，要严格按照《国务院办公厅关于印发文化体制改革中经营性文化事业单位转制为企业和支持文化企业发展两个规定的通知》（国办发〔2008〕114号）精神，根据"老人老办法、新人新办法"的原则，做好职工安置和劳动关系的调整方案，方案应符合《劳动法》及劳动和社会保障的有关规定，维护好职工的合法权益。

1. 制订人员安置方案实施细则。根据《劳动法》和企事业单位转制调整劳动关系操作办法等有关文件精神，由高校出版社制定《人员安置实施细则》，并需在职工中公示，学校审定。

2. 建立新型劳动关系。出版社转制后，继续留用人员依法重新签订劳动合同，执行企业工资制度。

五、资产管理

建立科学有效的管理模式。高校是其出版社的主办方。出版社的资产按照经营性资产管理办法进行管理与监督。学校资产经营公司是出版社的出资人；明确不成立资产经营公司并在教育部备案的学校，学校是出资人。

六、建立法人治理结构

高校出版社转制后，要建立现代企业法人治理结构。高校出版社的法人治理结构要确保学校对出版社的领导和出版导向的正确。要根据《公司法》制定高校出版社（公司）章程，明确高校出版社的决策、执行、监督机构。依据法定程序设立董事会、监事会。根据《中共中央纪委　教育部　监察部关于加强高等学校反腐倡廉建设的意见》（教监〔2008〕15号）的精神，校领导不宜兼任董事长。董事会聘请社长。转制后高校出版社社长人选须符合新闻出版总署的有关要求。

七、注销事业法人与进行企业登记

高校出版社转制成企业后，要按照国办发〔2008〕114号文件精神，进行企业法人注册登记。

1. 办理事业法人注销登记。高校出版社转制后，要向事业登记管理机关申请办理事业法人注销登记，事业法人注销登记的程序包括申请、受理、审查、核准、收缴证书和印章、公告。

2. 进行出版许可证变更。转制高校出版社涉及新闻出版行政许可或前置审批事项变更等，由主管部门报新闻出版总署审批，持新闻出版总署的批复文件，到省市新闻出版局办理出版许可证变更事宜。

3. 办理企业工商注册登记。转制高校出版社按照相关法律法规和有关规定，注册有限责任公司。

4. 办理产权等项变更登记。转制高校出版社的主办学校向国有资产管理部门或属地财政部门申办产权登记或变更产权登记。

八、完善内部管理制度

高校出版社转制完成后，须按照现代企业制度并结合出版行业特点，制定全面、科学的高校出版社内部管理规章制度，形成现代公司管理体系，保证高校出版社管理的规范、科学、高效。

1. 制定高校出版社公司治理的规章制度。包括《公司章程》、《重要会议制度》、《董事会议事规则》、《监事会工作制度》、《监事会议事规则》、《社长工作细则》等，促进企业治理规范化，确保科学决策。

2. 建立出版物内容管理制度。建立《编辑委员会会议制度》，将编辑委员会作为加强出版导向管理，研究重大出版工作和战略规划，解决出版工作中出现的重大难题的重要组织；建立《选题管理制度》、《合作出版管理制度》、《编校质量管理制度》等，规范出版工作，强化对出版物内容和质量管理，确保企业正确导向。

3. 制定人力资源管理制度。制定《企业劳动管理制度》、《企业岗位管理制度》、《干部竞聘上岗实施办法》、《员工双向选择、竞聘上岗实施办法》、《岗位薪酬绩效管理制度》、《职工奖励福利制度》、《企业内部提前退岗、待岗职工管理办法》等，建立现代人力资源管理体系。

4. 制定财务管理制度。建立《企业财务管理制度》、《资产管理制度》、《全面预算管理制度》、《内部审计管理制度》、《企业成本管理制度》等财务制度，强化财务管理。

5. 建立职工代表大会制度。制订《职工代表大会工作制度》、《工会会议制度》等，确定职工参与高校出版社重大决策的程序，保障职工权益。

6. 建立党风廉政建设制度。高校出版社转制后，要制订《高校出版社社务公开实施办法》、《党风廉政建设责任制实施办法》、《出版社领导干部报告个人重大事项的规定》等，建立健全教育、制度和监督并重的预防腐败体系，加强对党员领导干部的监督，加大反腐倡廉防治力度，确保出版社健康发展。

九、完成转制需向教育部备案的材料

各高校完成出版社的转制工作后，要向我部报送转制完成的工作报告，将实施转制过程中的有关材料报我部社会科学司备案，报告应包括清产核资情况，产权登记证和企业法人营业执照复印件，法人治理结构情况，公司章程，人员安置方案，学校对出版社转制给予的政策支持，责权分明的新型的校社关系等。

教育部办公厅

二〇〇九年二月三日

附录二：媒体对高校出版社的宣传报道材料[*]

北京大学出版社在综合基础上形成专业特色

作为中国改革开放以后在国内最早成立的大学出版社之一，北京大学出版社经过了二十几年的内涵式发展之后，出版队伍达到 300 余人，在包括文史哲、法学、经济管理、学术普及、汉语教学等出版领域形成了比较明显的优势和风格，已经成为综合性大学出版社当中特色鲜明的一支出版力量。

大学出版社从整体上来说经历了三个阶段：第一阶段是大学社发展的开始 10 年，即初创期。当时教育教学用书、学术出版物比较匮乏，综合性大学出版社，比如复旦大学出版社、北京大学出版社等，由于其舞台相对来说更为广大，因此其发展势头比专业大学出版社要强劲。第二阶段是上个世纪 90 年代，特别是 90 年代中期以后，随着经济、教育的发展，出版业虽然相对落后，但是也已经发展起来了。在这个 10 年中，综合性大学出版社出版范围广的优势弱化，由于其所涉足的每一个市场都并不深入，战线太长，反应不灵敏，因此发展的步调缓慢了下来；与此同时，专业性的大学出版社的发展步伐加快。到了第三个阶段，也就是最近几年中，专业性大学出版社虽然保持了进一步发展的势头，但是综合性大学出版社在排名上回升的速度加快，缩小了同前者的差距。

北京大学出版社在从第二阶段过渡到第三阶段的过程中能够反思自身的问题，并采取有效的措施进行调整，是其自身能够顺利发展的主要原因。在专业性出版社寻求更多资源、向综合社方向发展的同时，综合社也在保持综合性的基础上，逐步形成自己的特色。北京大学出版社在最近几年充分学习了专业社的经验，确定重点发展方向，寻求突破点，从而能够得到比较迅速的发展，呈现出欣欣向荣的成长态势。

在坚持为本校的教学、科研、学科建设服务的基础上，北大社并未将活动阵地局限在自己的学校内部，而在积极寻求拓展服务内容，努力做到为传播先进知识服务、为推动社会进步服务、为文化积累服务。在这几年里，该社对于服务内容的拓展主要体现在如下几个方面：一是调整了编辑部门；二是调整了产品结构，强化了教育类图书的出版，并且依托北京大学强化了学术著作的出版。北京大学的学术科研成果集中体现了国内高校的学术水平，在国际上也有很大的影响，而北大出版社也有义不容辞的责任出版能够反映该校学术发展状况的学术著作。不过，立足本校也有一个度的问题，如果出版社将眼光限制在象牙塔内，就不能更好地为社会服务，而且目前我国国民在科学素质、人文素质方面的普遍缺失，也要求出版社承担起学术普及、提高国民素质的任务。

对于未来的发展，北大社有两条原则是不能放弃的：

---

* 附录二中的文章均为各社选送的报纸公开发表的报道。

一是"立足北大，面向全国，走向世界"的开放式办社宗旨。不仅要使用北大的资源，还要吸收社会上的优秀资源。目前在学术出版方面，出版社不仅能够发掘兄弟院校的作者资源，还开发了国外的作者资源，进行国外学术著作的原创出版。目前正在考虑把北大社的品牌优势与国内区域优势、市场优势相结合，进行能够反映地方某些领域成就的学术出版。此外，出版社还准备在美国建立出版分社，而这个项目目前已经投入了运作。

　　二是出版社为教育、为科研服务的属性，学术为本、教材优先的出版方向。无论体制如何改，无论市场如何变化，北大社在这个方面要一直坚持下去。同时这个属性也不能简单地被政策所左右，更不能改变办社宗旨去迎合政策，在这一点上，整个出版社是有共识的。在出版社的经营活动中，经济指标有时候并不能代表一切，北大社在二十多年来的出版活动中始终都体现了一种文化内涵，即使出版学术普及性质的读物背后也是有着强烈动机的，都是要考虑如何支撑北大社这个品牌。比如该社已经启动的儒藏出版工程，就是这种理念的生动体现：北大社计划用15～20年的时间全面整理出版我国的儒学典籍，项目的社会价值毋庸置疑，但是北大社要为此投入两个亿左右却很可能没有任何经济效益。北大社已经运作的很多大项目，也都服从于该社的上述整体发展目标。

　　在当前北大社希望在政治法学、经济管理、人文科学、汉语教学、教育理论方向重点发展，在这些领域向专业社看齐，同时为了配合北京大学工科院系的发展，出版社也着手进行工科教育教材的出版工作。在"走出去"战略方面，北大社独辟蹊径，有意识地组织中国学者的英文版专著向国外输出，也就是说，在目前要先做好服务工作，积攒力量，等待时机发展成为一个实力强大的综合性大学出版社。

（载《中国图书商报》，2005 - 05 - 20，署名：王明舟）

北理工大学社吹响职教出版"三步走"国际化号角

最近，北京理工大学出版社动作频频，在职业教育出版领域重拳迭出。首先在 3 月底，该社与圣智学习出版公司（原汤姆森学习出版集团）在北京举行了战略合作意向书的签约仪式，双方将就高等职业技术教育等领域的图书出版展开合作，此举也标志着我国职业教育出版与国际职业教育出版的合作更加深入，并提供了全新的合作模式——将国际化的职业教育教学理念、教学体系、教学手段推荐给国内的高等职业院校，将国际化的企业需求和岗位技能标准传递给高等职业教育领域。

而仅仅在一个月前，北理工大学社和世界计算机行业协会（CompTIA）举行了合作签约仪式，成为 CompTIA 的会员单位及其在中国第一家出版界的合作伙伴，并得到其在教育、出版、培训、技术等方面的全方位支持。除此之外，该社还与美国汽车工程协会、德国制造业协会达成战略合作意向，将引进出版国际化的职业教育教材。

"按照我们的发展思路，与圣智学习出版公司的战略合作签约，标志着国际化合作的第三阶段已经全面启动。"用北京理工大学出版社社长杨志坚的话说，在高等职业教育出版领域，北理工大学社以高等职业院校为出版主体的本土化探索阶段——以引进并改编国际化职业教育教材为重点的深度开发阶段——对国际化职业教育教材配套教学课件、教学包的翻译与改造阶段"三步走"的基本思路，已经得到全面贯彻，并进入职业教育出版职业化实质性拓展阶段。

北理工大学社相继与两大机构的签约及创新的合作模式，也预示着国内职业教育出版已告别"来料加工"或简单的图书引进已成为过去。据该社社长助理张文峰介绍，2007 年该社高等职业教材销售码洋突破 5 000 万元，并意在 2008 年逐步转向改进图书竞争力和品牌影响力的建立与提升。该社还将进一步加强专家委员会建设，建立高效的教育出版平台，目前已初步探讨并建立北京理工大学出版社湖南地区高等职业教育机电类、汽车类、计算机类以及财经类专业专家委员会，并将在专业会议上为专家委员颁发聘书。

（载《中国图书商报》，2008 - 05 - 20，署名：马莹）

在整合中不断寻求突破

——来自北师大出版集团的体制改革报告（上）

编者按：2007 年 7 月，北京师范大学出版社完成转企改制，并以其为核心组建了北京师范大学出版集团，成为国内高校第一家集图书、音像、电子、网络、印刷等多介质产品于一体的现代出版集团。

如何做大做强？如何巩固和开辟市场？如何实现出版改革各项目标？面对出版体制改革过程中遇到的这些难点问题，作为先行者的北师大出版集团进行了有益的尝试，在出版体制改革这个没有硝烟的战场上打了一场漂亮的攻坚战。为深入挖掘北师大出版集团的改革经验，本报特组织了这组系列报道，以期对改革进程中的出版社尤其是高校出版社提供可资借鉴的经验与启迪。

改革是要 1+1=2 还是要 1+1>2，是要物理整合还是要"化学聚变"？成立 3 年的北师大出版集团通过这样一份答卷，给出了有力的回答。

北师大出版社 2004 年销售码洋为 5.2 亿元，2009 年销售码洋达 12 亿元，短短 5 年，销售码洋增长 130.77%。2009 年荣获"全国文化体制改革先进企业"称号，同时被新闻出版总署授予"全国百佳图书出版单位"荣誉称号，成为国家一级出版单位。

北师大音像出版社 2007 年成为出版集团下属企业后，2008 年扭亏为盈，2009 年净利润同比增长 17.1%。

京师印务有限公司 2007 年成为出版集团下属企业后，当年实现盈亏平衡，2009 年净利润同比增长 571.22%。

安徽大学出版社有限责任公司自 2010 年 3 月北师大出版集团与安徽大学合资重组安徽大学出版社有限责任公司以来，到 6 月底，新公司销售收入同比增长 71.6%，销售利润同比增长 165%，净利润翻了几番。

北师大出版科学研究院 2010 年 4 月举办第一届台湾知名出版人高级研修班，成为新中国成立以来首次在大陆举办的台湾出版人高级研修班。

在这份令人振奋的答卷背后，是北师大出版集团的锐意改革，是对物理整合的不断突破，是集团化运作的"化学聚变"。

突破地域　合资重组安徽大学出版社

今年 3 月 18 日，北师大出版集团与安徽大学正式签署协议合资重组安徽大学出版社，首次实现了国内高校出版社间跨地区、跨学校的联合经营，也迈出了北师大出版集团跨地区经营的第一步。新闻出版总署署长柳斌杰对此次合资重组作出批示："这是高校出版社跨地区重组的突破，应予积极支持。北师大出版集团深化改革、加快发展，已经在高校社中脱颖而出。这就再次证实，有改革就有大发展。"

根据双方协议，北师大出版集团以增资入股形式投资安徽大学出版社，并持有新成立的安徽大学出版社有限责任公司 50％的股权。合资重组后的安徽大学出版社有限责任公司的全部业务纳入北师大出版集团的整体规划，北师大出版集团派员对新公司实施管理，公司董事长由北师大出版集团派员担任。同时，公司法人代表仍由安徽大学出版社派员担任，维护了地方出版社的属地管理原则。

"通过合资重组，实现了优势互补。"北师大出版集团总经理杨耕说。北师大出版集团作为全国文化体制改革先进企业和国家一级出版单位，经济实力雄厚、学术影响力和社会辐射力较大，特别在教育出版方面具有突出优势。安徽大学是国家"211 工程"重点建设高校，安徽大学出版社以出版学术类图书和高校教材为主，在人文科学、计算机、外语出版方面具有较突出的优势与特色。此次合资重组既为安徽大学出版社借力改制跻身国内一流高校出版社，提供了资金和先进经验，又为北师大出版集团跨地区经营，在安徽省乃至华东地区的业务发展奠定了基础。从一定意义上说，此次合资重组破解了高校出版社重组、并购的发展难题，更为出版业跨地区经营特别是高校出版社跨地区经营提供了经验。

突破所有制　控股京师普教文化传媒有限公司

今年 6 月，北师大出版集团吸收民营资本，控股成立了经营助学读物的股份制公司——北京京师普教文化传媒有限公司，在集团和各投资股东之间实现了以资本为纽带的实质性合作，标志着北师大出版集团迈出了跨所有制经营的重要一步。

杨耕向记者介绍说，北师大出版集团在助学读物出版方面，实行内容提供与审查出版分离的管理机制。京师普教文化传媒有限公司是内容提供商，根据市场需求，及时提供质量过硬的稿源；北师大出版社是出版商，掌握书稿的终审权和出版权，双方以建设国内高质量的助学读物出版基地为目标，坚持精品化、系列化、立体化、多介质的出版原则，打造北师大版助学读物的品牌和特色，力争使京师普教文化传媒有限公司成为国内影响广泛、效益显著的助学读物出版基地。

突破行业　初步完成音像社重组和技术改造

2007 年，北师大音像出版社成为出版集团下属企业后，北师大出版集团对其组织机构、领导班子、员工队伍进行了重组，对生产设备进行了技术性改造。

"北师大音像出版社的技术性改造所缺资金全是北师大出版集团投入吗？"面对记者的提问，杨耕解释说，所缺资金通过集团注资 1/3、向集团借款 1/3、音像社自筹 1/3 来解决，充分调动了北师大音像出版社的积极性和潜能。在 2008 年成功扭亏为盈之后，2009 年，加快转企改制步伐，成为国内高校音像（电子）出版社中被保留独立法人和独立建制的 3 家出版社之一，并被新闻出版总署列入国家重点支持的 20 家独立音像（电子）出版、制作企业行列。

如今，有了政府的有力支持，北师大音像出版社正把发展的眼光投向数字出版，进一步调整业务范围和选题，以教育出版为主体，适时、适度开发大众产品、少儿产品；在政策许可范围内，尽可能吸收其他国有资本、民营资本，对音像社进行股份制改造，进一步做大做强。

突破单一 为京师印务改造提供政策支持

集团成立之初，就明确提出对京师印务公司进行股份制改造和技术性改造。这是走出原有体制机制不畅、技术落后、资金匮乏、经济效益低下困境的唯一出路。"北师大音像出版社进行技术性改造，集团注资了 1/3，京师印务公司开展技术性改造，集团投入了多少？"针对记者的提问，杨耕肯定地回答："一分没投，是通过政策支持，以股份制改造来完成的。"此次改造中，集团突破了单一的资本投入模式，把政策也变成一种投入。

目前，京师印务公司股份制改造和技术性改造已取得实质性成果。由出版集团控股、合资重组的北京京师印务有限公司已经成立。设备力量和工艺技术的配套能力大大增强，产品结构由单色、双色、平版印刷过渡到多色、高效的轮转印刷，改变了单一书刊印刷的产品结构，扩大到商业印刷、报刊印刷领域，增强了市场竞争力。

当问及北师大出版社的书是不是全由京师印务公司印刷时，杨耕告诉记者，目前北师大出版社图书的印刷业务量只占京师印务公司总业务量的 40％。即便是北师大出版社图书的印刷权也要通过竞争才能获得。还是那条原则，北师大出版社与京师印务公司业务直接对接，但必须市场化运作。

没有资本投入，只有政策支持，京师印务公司一样得到了发展。在 2007 年实现盈亏平衡的基础上，2008 年盈利增长 351.4％，2009 年产值同比增长 150.42％，净利润增长 571.22％，实现了跨越式发展，正在向现代印刷企业迈进。

3 年来，北师大出版集团通过集团化运作模式，以资本为纽带，突破了仅靠行政力量把子公司捆绑在一起的模式，使下属子公司在业务上直接对接，同时实行市场化运作，从而形成业务互动、优势互补、相互支撑、资源有效整合的文化产业格局，初步实现集约化发展。如今，北师大出版集团旗下已拥有 6 家下属单位，开始向国际一流大型出版集团迈进。

记者短评：聚变来自突破

突破地域、突破所有制、突破行业、突破单一投资模式……突破，成为北师大出版集团改革的最强音。

突破，要符合文化体制改革的要求。在改革中，集团以开放的视野，主动打破自身发展的行业、地域等限制，寻求新的发展模式和空间。

突破，要符合市场经济发展的规律。在组建过程中，集团以现代企业的理念，积极运用资本运作方式完成了市场主体重塑，初步实现了以资本为纽带的集团化发展模式。

突破，要除旧布新并有所创新。在对下属单位的改造中，集团既不是全盘包揽，也不是任其自生自灭。对音像出版社的 1/3 投资形式，对京师印务公司的政策支持，都大大激发了下属单位的发展潜力。

北师大出版集团的发展告诉我们：突破，是出版业改革的一种战略导向，只有不断实现自我突破，才能不断做大做强。

（载《中国新闻出版报》，2010－09－16，署名：姚贞）

"一体两翼"构筑出版新格局

——来自北师大出版集团的体制改革报告（中）

发展是要继续捧着基础教育教材金饭碗，死守一个支点，还是冒风险开拓新市场，寻找多个支点？北师大出版集团选择了后者。

1992 年，北师大出版社开始出版国家义务教育"五四"学制教材；2001 年，开始出版义务教育课程标准实验教科书和普通高中课程标准实验教科书，并因研究基础深厚、教育理念先进、编写质量上乘、服务水平专业成为国内公认的主流教材之一，北师大出版社也因此成为国家中小学教材出版基地之一。但北师大集团在成立之初便清醒地意识到，出版市场的竞争会越来越激烈，过度依赖基础教育教材，对企业的抗风险能力、学术影响力和社会辐射力等都是不利的。

集团成立后立即通过资源整合、品牌带动和立体开发，积极推进产品结构调整，确立了以教育出版为主体、以专业出版和大众出版为两翼的发展定位。

做强主体　教育出版飞速发展

为了做强教育出版这个主体，集团又确定了以基础教育为基础，以职业教育和高等教育为龙头，涵盖学前教育、基础教育、职业教育、高等教育、教师教育各个层次、各个阶段的出版布局。经过几年的努力，教育出版呈现出飞速发展的良好势头。

高等教材品种数量快速增长。"十五"期间，入选普通高等教育国家级规划教材的品种仅 6 种，而在"十一五"期间，入选品种已激增至 106 种。2010 年秋，大中专教材品种数量第一次列入新华书店《全国大中专教学用书汇编》前 20 名，位列第十二名，在教育类出版社中居第四名。2009 年，高职高专教材销售数量同比增长 30.92%，销售码洋增长 20.88%，形成了高职高专教材品种增加较快、重印率高的良好发展态势。

职教教材初具规模。作为国家中等职业教育教材出版基地之一，北师大出版社把教材开发与教研服务、教师培训有机结合，广集名家开发了《哲学与人生》、《经济政治与社会》等中等职业教育课程改革国家规划新教材，《心理健康教育》、《安全教育》等全国中等职业学校公共素质教育系列规划教材，《现代商务》、《中国饮食文化》等专业课教材，中职教材初具规模。与此同时，高职教材系列化建设初见成效。北师大出版社重点打造了公共素质课、文化课等 15 个系列、400 余种高等职业教育教材，形成了品牌影响力。

高校教材初成体系。北师大出版社充分论证、广纳名家，出版了包括本科层次的各学科基础课和专业课系列教材、大学公共课系列教材以及研究生教材等在内的一系列高水平优秀教材。形成了以《教育哲学》、《普通心理学》等为代表，具有较强学术影响力和社会辐射力、层次分明、特色突出、需求广泛的教材群，成为北师大出版社图书结构转型的关键一环。专门针对本科生打造的新世纪高等学校教材，涵盖教育学、心理学、中文、历史等高等教育主要学科，使用对象遍及国内上千所高等院校，已成为高校教材著名品牌之一，也成为北师大出版社新的经济增长点。

品牌带动　专业出版实力增强

学术专著是大学出版社的重要特色，对于创造出版社的品牌、提高出版社的品位、扩大出版社的学术影响力和社会辐射力，具有重要意义。北师大出版集团成立以后，把重点打造学术著作精品作为推动出版社发展的一个有力机翼。经过不断的谋划和发展，学术专业图书精品迭出，学术著作出版实力彰显。

"十一五"期间，北师大出版社的《马克思主义哲学基础理论研究》、《本雅明全集》、《启功全集》、《建构学习型社会研究》、《创新人才与教育创新的研究》6 种图书入选国家重点图书出版规划项目。以《当代中国哲学家文库》为代表，打造了一个阵容强大、学科齐全、具有权威性和理论性的学术著作文库群。此外，《中央实施马克思主义理论研究和建设工程课题：马克思主义哲学基础理论研究》2009 年获得国家出版基金资助；《中华艺术通史》2007 年荣获中国出版政府奖，2008 年获得中华优秀出版物奖，2009 年获新闻出版总署经典中国国际出版工程资助；《域外文化读本》、《哲学与人生》等一批图书入选农家书屋工程推荐书目。

教育理论和教师教育类图书，是北师大专业出版的另一特色。北师大出版社借助北师大教师教育研究和教师教育实践的优势，由国内一流学者撰写的《京师教育哲学论丛》等学术专著以及《京师教育哲学译丛》等系列引进版教育理论专著，凸显了鲜明的"京师"特色。在职业教育方面，《职业教育教师专业发展丛书》等书系，是我国职业教育领域鲜见的理论著作。

探索突破　大众出版模式完善

北师大出版社结合自身的教育出版背景，以教育、哲学、历史为主要内容，积极推进出版社发展的另一机翼——大众图书出版。以《大风堂丛书》、《与名人一起读书》等为代表的一批畅销图书，使该社实现了大众出版方面的突破。

其中，以《京师教育随笔丛书》为代表，该社探索出了一种成功的大众图书发展模式。该丛书是一套开放式的教师教育类图书，丛书理论造诣深厚、思想深刻，但又不是停留在理论层面上，而是与当前的教育教学实际相联系，具有很强的指导性和实用性。而《新编成语故事绘本》则探索了一条新的少儿读物出版思路，该丛书以精美的现代图画风格、时尚的图画书形式，将浓缩中国传统文化的智慧和精髓的成语故事以全新面貌呈现给小读者。

截至 2009 年底，在北师大出版社 3 500 个动销品种中，高等教育教材、学术专著1 500种，职业教育教材 480 种，已占全部动销品种的 56.6%，图书结构转型基本完成，图书重印率达到 60% 以上，这为该社的可持续发展奠定了坚实基础。2008 年，北师大出版社首次参加馆配会现场采购，取得全年销售码洋破百万元的成绩，实现了零的突破；2009 年 10 月，该社又创造了单次馆配会销售码洋破百万元的成绩。这表明，图书结构转型开始取得实效，也成为北师大出版社发展史上的一座里程碑。

对此，北师大出版集团总经理杨耕说："出版结构成功转型，一方面规避了企业的风险，另一方面为北师大出版社的学术地位奠定了基础。"北师大出版社，一个传统意义上的教辅出版大社，正在向现代意义上的教育出版集团转型，正在向具有较强市场竞争力、较大学术影响力和较广社会辐射力、国内一流、国际知名的现代文化企业迈进。

记者短评：发展源自忧患意识

杨耕常常对员工说："我们没有人民出版社的政治效应，没有高等教育出版社的经济规模，没有人民教育出版社的教育品牌，没有三联、商务、中华的历史地位，要想在竞争激烈的图书市场立于不败之地，只能走自己的路，创北师大出版社自己的品牌。"

这体现了一个企业掌舵人对未来发展深刻的忧患意识，也激发了一个企业迫切要求发展的欲望。

忧患意识让北师大出版社放弃了继续抱着基础教育教材金饭碗吃饭的想法，积极主动地改变图书出版结构，不断寻找和扩大出版领域，勇敢地面对挑战。

忧患意识让北师大出版社更清晰地分析自己，充分挖掘自身的资源优势、不断整合优势资源，将教育资源的优势发挥到了最大。

忧患意识让北师大出版社不满足于现有成绩。建成国内一流、国际知名的现代文化企业已成为该社新的奋斗目标。相信不管经历多少风雨，常怀忧患意识的北师大出版人终会实现自己的目标。

（载《中国新闻出版报》，2010－09－17，署名：姚贞）

机制创新开启领跑之路
——来自北师大出版集团的体制改革报告（下）

转企改制后，机制建设是墨守成规，还是要革故鼎新？北师大出版集团认为，转企改制能否成功的关键在于机制建设是否符合市场经济的发展要求和企业自身的实际情况，这也是激发企业内在活力的关键所在。作为出版体制改革的先行者，转企后的北师大出版社不仅完成了身份转换，更重要的是在内部进行了大胆的机制创新。

架构调整

编辑部变身分社　行政转换职能

集团成立后，将北师大出版社原有的十几个编辑部门经过撤并重组，调整为 3 个独立运营的分社，即高等教育分社、职业教育分社和基础教育分社。北师大出版集团总经理杨耕告诉记者："编辑部改成分社不是仅仅改变名称，而是改变性质，转变职能，穿新鞋走新路。3个分社的成立改变了以前编辑部的性质、功能，使大家尝到了很大甜头。"现在，除涉及政治、民族、宗教等重大选题或投资金额较大的选题须经出版社总编办公会讨论通过外，分社可以自主决定选题计划、营销策略、人员选用、印刷单位、装帧设计。分社是独立运营的业务单元集合体，是集某类图书产品产、供、销于一体的利润中心。同时，集团给予分社负责人充分的权力、切实的利益和明确的责任，大大激发了中层干部的主动性、积极性和创造性。

北师大出版社还对原有的行政机构进行精简、调整、合并，将中层建制由原来的 26 个削减为 13 个，层次不清、职责不明、条块分割的现象得到大幅改观，工作效率大大提高。"机构得以精简，更重要的是职能得以转变。"杨耕说。比如，撤销校对室、制图室、美编室编制，对上述工作进行市场化、社会化运作和管理，改变了人浮于事的局面。

同时，为进一步促进出版社由粗放式经营向精细化经营转变，由经验型管理向科学化管理转变，北师大出版社率先设立了专门的运营管理部，负责生产运营过程中的计划、组织、实施和控制。生产线随之由潜变显、从模糊变清晰，实现了随时、有效监控整个生产流程，对生产运营进行科学管理。

管理细化

编辑分级管理　营销走向专业

为发挥编辑潜力，增强自主创新能力，北师大出版社实行了策划编辑和文稿编辑的分类、分级管理。策划编辑重在考核销售码洋、利润和相应学科的规划与发展，文稿编辑重在考核编辑加工量。分配政策向策划编辑倾斜，鼓励优秀人才脱颖而出。

为实现编辑和营销的无缝隙合作，探索市场营销的专业化、立体化、网络化模式，3个分社分别成立了营销中心。其功能定位重在营销，负责各分社图书营销方案、推广方案、培训方案的制定和实施，订单的收集、折扣的拟定和客户的开发都走上了专业化营销和精细化营销之路，基本解决了编与发之间的矛盾。

原来的市场营销部剥离营销业务后，更名为营销管理部，其功能定位重在管理，下设结算中心、客户服务中心、物流配送中心和读者服务中心。由客户服务中心负责全社图书的发行和回款，探索业务经理与客服经理相结合的联合营销制度、纵向营销与横向管理相结合的营销管理模式。

薪酬激励

实现按岗取酬、同岗同酬

杨耕告诉记者，今年北师大出版社实行新的绩效考核管理办法和绩效分配方案，体制改革进入"深水区"。新方案的核心是实行分社管理下的目标考核制。

北师大出版社对下属 3 家分社提出总体销售额、回款和利润目标，对分社实行年度目标考核，进行一级分配。各分社按照考核和分配尽可能量化的原则，对编辑和营销人员进行二级分配。文稿编辑和营销人员率先试行按岗取酬、同岗同酬，不论什么身份的员工，只要达到岗位职责要求，薪酬均由工资、岗位津贴、绩效奖金 3 部分组成，从而建立并逐步健全与现代企业制度相适应的职责、任务、业绩和报酬相统一的激励机制。目前，按岗取酬、同岗同酬已开始在部分行政部门推广。

当问及不同编制员工的待遇有什么不同时，杨耕肯定地告诉记者："不管什么编制的员工，在同一个岗位上就是同一个待遇，同岗同酬。问题是你是否达到岗位条件，是否胜任这种岗位。同时，有些核心岗位必须是正式编制的员工。"

实施绩效分配方案，充分体现按劳分配的原则，初步实现按岗取酬、同岗同酬，在很大程度上改变了原来分配政策存在的平均主义。作为分配体制改革的前提，单品种图书的成本核算在出版社也同时实施。

制度保障

领导班子有铁律　岗位变动有条理

以制度立社，是北师大出版集团一直坚守的理念，是集团发展的坚实保障。

"任何人不得以任何形式改变集体决议或不执行集体决议；任何人不得以任何形式用公款在高档娱乐场所消费；任何人不得以任何形式在出版集团安置自己的直系亲属；除国家号召、学校规定外，任何人不得以任何形式承诺捐赠；除职务行为外，任何人不得以任何形式组织出版集团职工为自己撰写文章；任何人不得以任何形式随意接受有关出版集团的采访。"这是领导班子在集团组建第一天便定下的六项铁律。

北师大出版社总编室主任李桂福告诉记者："这六项铁律一把手带头遵守，3 年来没有人敢违反。"正是有了这样铁的纪律，才为集团的健康发展奠定了基础。

"企业能否发展靠改革，改革能否持续、成果能否巩固靠制度。"杨耕指着桌子上放的 3 本厚厚的制度手册说。从 2007 年至 2009 年，出版社出台了 100 余项管理规定，涉及选题论证、预算管理、出版管理、经营管理、人力资源管理等各个方面，制度建设的基本框架已经建立。其中，与人力资源管理相关的规章制度就达到 33 项。尤其是管理岗位的管理制度，强调上岗要有条件，转岗要有理由，待岗要有根据，下岗要慎重处理，重要部门的领导岗位要轮岗。根据人力资源管理的相关规定，出版社对不符合岗位要求的人员进行转岗和分流，截至 2008 年 5 月，出版社缩减了 47 个岗位，通过待岗、解除劳动合同以及劝其离职等方式分流了 35 名员工。在此过程中，出版社积极做好分流人员的思想工作，及时化解矛盾，实现了转企改制平稳过渡。

谈到改革后的变化，北师大出版社总编室副主任金蕾深有体会地说："休完产假，刚一上班，我发现出版社的风气有很大改变，大家的工作积极性、纪律性、主人翁责任感都明显加强。上班聊天、迟到早退的现象都没有了，以前有些人可能去济南出差都会坐飞机，现在肯定不会了。"

不断突破各种条条框框，走向集团化；深怀忧患，毅然迎接市场挑战；机制创新，全面激活内在发展动力，北师大出版集团始终以改革先行者的姿态，站在出版体制改革的前沿。尝到了改革甜头的北师大出版集团，正在向具有可持续发展能力，具有较强市场竞争力的国内一流、国际知名的文化产业集团迈进。

记者短评：活力源自机制创新

我们都很熟悉著名的鲶鱼效应，一船不动的鱼因一条鲶鱼的游动而被激活。而一套良好的内部机制就如鲶鱼一般，能使没有生气的企业变得生龙活虎。北师大出版集团深谙此理，把机制创新作为推进改革的关键。

机制创新体现为内部架构全面调整。精简合并、放权分社、优化核心部门等措施，充分激发了分社的发展活力。

机制创新体现为管理理念的转变。编辑分类、分级管理、营销专业化等，都体现了现代企业专业、细化、科学的管理理念，有效调动了员工的工作热情和积极性。

机制创新还体现在制度保障上。3 年出台 100 多项制度、岗位变动需要有理有据等，为出版社的健康发展提供了坚实的保障。

杨耕曾说过："人生是个大舞台，我们会给出版社每个员工一个舞台，使其充分展示自己的才华，从而在推动社会发展的过程中求得个人的发展。"的确，通过机制创新，企业为员工搭建起这样一个舞台，每个员工都会获得不断成长的空间。

（载《中国新闻出版报》，2010-09-21，署名：姚贞）

特色助北语社"驾船出海"

——访北京语言大学出版社社长兼总编辑戚德祥

一家曾经名不见经传的小社，因为在推动中国图书"走出去"方面建立了自己的特色，而在业界乃至海外声名鹊起。几年间，该出版社由资产仅 500 万元、销售码洋 4 200 万元的小社，发展成为资产总额过亿元，生产码洋近亿元的中型出版社。这是怎样一个飞跃？飞跃的背后带给业界的思考又是什么？北京语言大学出版社（简称"北语社"，下同）社长兼总编辑戚德祥的回答告诉我们，出版社"走出去"与规模大小无关，而在其是否有特色。只要有特色，且按市场经济规律运作，小社照样大有可为。

围绕"八做"挖特色

《中国新闻出版报》：近年来，在我国政府的倡导下，不少出版社积极"走出去"，可是实践告诉我们，一些出版社"走出去"之路并不顺利。据了解，北语社在此方面有着不错的业绩，如版权输出连续两年排名全国第一、本版书海外销售在全国名列前茅、北语社汉语教材已进入世界许多著名学校与机构等。北语社能够实现这些目标，您认为原因是什么？

戚德祥：作为国内唯一一家对外汉语教学与研究专业的出版社，这既是我们的优势，也是我们的劣势。优势不用细说，劣势是出版社容易沾沾自喜。事实上，今天的中国出版业状况亦非昔日，市场竞争的激烈使不少非专业出版社涉足对外汉语与研究出版领域。据我了解，现在国内有 91 家出版社在做这一块。竞争之下，北语社只有更强才行。为了实现目标，我们制定了"八做"，即做观念、做规划、做内容、做渠道、做队伍、做网络、做模式、做推广。

如今，北语社的汉语教材在"八做"的指导下，已成功进入一些国家的政府教育部门教材使用规划和世界一些著名高校。如加拿大埃尔伯塔省教育部已经评审选定我社《汉语乐园》和《美猴王汉语》为该省小学生汉语学习推荐使用课本，我社出版的《菲律宾华语课本》系列汉语教材已在菲律宾 100 多所中小学使用。据不完全统计，哈佛大学、斯坦福大学、加州大学伯克利分校等 100 多所美国大学，加拿大著名的多伦多大学、大不列颠哥伦比亚大学、麦吉尔大学和澳大利亚排名前八名中的 6 所大学等都在使用我社的《新实用汉语课本》。

《中国新闻出版报》：让我国图书进入世界主流渠道，你们制定的"八做"的具体解释是什么呢？

戚德祥：做观念，就是明确出版社定位，制定科学的海外拓展战略，借国家大势，自主发展。做规划，就是确立出版社立体化发展构架和发展思路，全面实施"北京语言大学出版社汉语教材国际推广计划"，实现汉语教材研发、汉语培训、网络出版与营销、网络教育一体化发展。做内容，就是以研发符合海外市场需求的产品作为图书"走出去"的重要前提，坚持以高质量、高品位为指导核心，每年投入2 000多万元用于研发、出版"针对性、普及性、立体化"的汉语教材，满足世界不同国家和地区、不同年龄、不同类型学习者的需求，增强了出版社的国际竞争力。做渠道，即搭建有效的立体化的海外营销渠道，推动图书快速分布到世界各地，让海外读者能够看得到、买得到。北语社在已有的223家海外代理经销商、覆盖40余个国家和地区的基础上，加强与美国亚马逊等国际公司合作，同时建设北语社网络营销体系。做队伍，我们重点建设三支队伍，一是培养了一支业务水平高、具有国际视野的优秀编辑队伍；二是打造了一支具有语言优势和丰富国际合作经验的海外拓展队伍；三是建立了一支以北京语言大学学者、教师为主，海内外其他学校专家、教师为辅的汉语教材研发队伍。做网络，从搭建对外汉语教学资源与服务平台、信息交流平台、网上营销平台入手，逐步扩展到对外汉语学习和教学平台、数字出版平台、网络教育平台，形成网络出版、网络教学、网络销售、网络服务一体化。做模式，本着合作双赢的思想，探索多种"走出去"的模式，一是与国外出版机构合作，实现版权输出、合作出版；二是与国外著名培训机构合作；三是与海外中文教学机构和中文教师共同研发本土化汉语教材；四是与国内新闻出版单位进行资源整合，共同走出去；五是尝试与国外出版机构合办出版社。做推广，实施"北京语言大学出版社汉语教材国际推广计划"，每年派出50多人次赴韩日、东南亚、欧美等国家进行合作交流、拓展市场、推广教材。

建设渠道扬优势

《中国新闻出版报》："八做"中有七项好理解，只有一项不好操作，那就是做渠道。我们知道，由于建立本版图书海外发行渠道的成本很高，不少大出版集团对此也只能望而兴叹。您刚才介绍北语社已经有223家海外代理经销商，覆盖了40余个国家和地区，这个营销网络是如何建立起来的呢？

戚德祥：拓展海外发行渠道的成本问题确实是个难题。不过，北语社的出版特色本身是优势。北语社的渠道建设有这样几个途径：一是主动走出去。每年我社都有计划、有目标地选派专业编辑出国，使之与海外学校、教师进行广泛的交流。2006年，我社派出10个代表团共51人次分赴法国、韩国、日本、加拿大、新加坡、俄罗斯、德国、美国、泰国等国家进行合作交流、拓展市场。2007年，我社派出11个代表团共56人次赴韩日、澳大利亚、东南亚、欧美拓展业务。二是充分利用海外汉语教学学术交流平台，加强与海外汉语教学单位和汉语教师的交流与合作。2005年至今，北语社先后共有48人次参加了美国、加拿大、德国、日本、韩国、新加坡、澳大利亚等国家汉语教学学术研讨会。这些学术交流活动，将学术研究与教材编写、研发、出版、资源服务有机地结合在一起，实现了北语社对外汉语教学的产学研发一体化。三是对海外发行客户实行代理制。截至2007年8月，北语社海外代理经销客户已达到223家，覆盖了40余个国家和地区。同时，还与美国汤姆森学习、巴伦斯、亚马逊等世界一流出版发行公司和日本NOVA、韩国一二三文化院等著名培训机构建立了合作关系，共同推动汉语教材的国际推广。2006年，北语社本版书海外销售码洋近2 000万元，在全国出版社中名列前茅。四是搭建对外汉语教学资源与服务网络平台。北语社已完成了信息化建设一期工程，北语社网站展示的全品种产品，如教案、课件、试题库、听力资源等，使用北语社产品的教师和学生查寻起来非常方便。同时网上还建立起覆盖全球的电子商务体系，购买者只要刷信用卡（如VISA卡、MASTER卡等）在线支付，或者通过国际特快专递等多种付款形式，就可以购买到图书。五是积极输出版权。2005年，北语社向韩国、越南、日本、新加坡、泰国等国家输出版权149种，排名全国第一。2006年，北语社又向欧美、韩日、东南亚等12个国家输出版权236种，排名蝉联全国第一。版权输出量的大幅度增长，既扩展了北语社的市场领域，也为今后的版税收入奠定了坚实的基础。版权输出已成为北语社汉语教材国际推广的一种重要形式和新的经济增长点。

在这个问题上，我提议，国内出版社间可以联手，在合作双赢的前提下，互相借助各自的渠道优势。如其他出版社可以借助汉语教材现在已有的优势，实现渠道整合。如果能够整合现有的海外经销渠道，在中国图书输出的重点国家和地区设立中国图书分销中心，搭建起有效的海外营销平台，必将会促进中国图书快速分布到世界各地。

《中国新闻出版报》：这些海外代理商是华人居多，还是外国人居多？

戚德祥：汉语是传播中华文化的有效载体，汉语教材是中国图书进入西方市场的重要手段。汉语教材随着学汉语的人数的不断增长，进入主流社会越来越多。汉语教材在中国图书走出去中起先头部队的作用，汉语教材推广有利于其他图书走出去。但汉语教材的推广究竟靠谁？它与其他图书不同，与外语在中国的推广不同。汉语教材的推广靠的还是华人。外国公司在作汉语教材上没有优势，它们不够专业，我们只是借助他们的一些营销渠道。我们可以借船出海，但更需有自己的船队。

"走出去"要落到实处

《中国新闻出版报》：您主张应对版权输出和本版书海外销售加强考核，要看样书和发货单，这样说是不是有什么体会？

戚德祥：版权输出与本版书海外销售，是"走出去"的两种形式，完全可以共存。我们不能拘于形式，要更看重实质。要让国外读者能买到我们的书，看到我们的书，这样才能传播我们的文化。书应是读者自愿购买的。在这里就有一个什么算是"走出去"了的问题。把书赠送出去不等于真正走出去，版权输出了但没有销售出去也不能算是真正的走出去，衡量真正走出去的标准是看产品的影响力和销售量，买书的人才是真正看书的。

这就需要出版企业做到几个创新：首先是思想观念创新。这里包括体制创新和机制创新，思想还停留在事业单位的概念里，观念还是传统守旧，这是很难真正走出去的。其次是出版内容创新。出版内容必须符合国外市场需求，不能想当然，不能认为自己喜欢的别人就喜欢。如汉语教材，就必须将世界汉语教学的最新成果体现出来，要体现新的教学模式、教学方法。第三，经营模式要创新。出版单位内部要采取现代企业的经营模式，经营模式要多角度、多元化，对外要本着合作双赢的思想，与国内外出版社广泛合作，共同发展。第四，营销渠道要创新。营销渠道是图书走出去的重要环节，我们要打破传统的发行观念，营造自己产品的国际营销渠道或营销网络。

　　当然，一件新事物开始时存在这样或那样的问题是不可避免的。但要真正落实我国图书"走出去"战略，就必须扎扎实实地做。我们应多一些科学精神，多一些务实，少一些作秀。克服浮躁，静下心来把自己的事情做好。

（载《中国新闻出版报》，2007 - 12 - 05，署名：章红雨）

清华大学出版社挺秀30年增辉书业

——访清华大学出版社社长宗俊峰

1980 年，创业初始的清华大学社只有两间十几平方米的办公室、十几个员工，年销售码洋 6 万元，年出版图书 4 种；现在，这家大学社拥有 400 余名员工，年发货码洋达 9 亿元，年出版图书 5 000 多种，并有 100 多种图书分别获国家图书奖、中国图书奖、全国优秀畅销书奖、优秀科研成果奖、优秀科技图书奖、输出版优秀图书奖等多种奖项。更为重要的是，该社集"全国优秀出版社"、"全国先进高校出版社"、"中国出版政府奖先进出版单位奖"、"全国百佳图书出版单位"这 4 个国家级荣誉于一身，并率先圆满完成了转企改制工作——历经 30 年的发展，清华大学社正在形成以图书和期刊出版为基础，大力拓展音像、电子、网络等现代出版模式，国内、国际市场同步发展的多元立体化出版格局，朝向更加宏伟的目标迈进。

□ 在 30 年的发展历程中，清华大学社是如何形成自己的出版品牌的？品牌优势和特色体现在哪些方面？

■ 品牌是一个企业核心价值的具体体现，对于出版企业来讲也是如此。品牌既表现在一本或一套优秀图书上面，更表现在出版社的整体图书上面；品牌塑造的决定因素是具有"精品意识"的人；品牌既是静态的，又是动态的，一个优秀的品牌，必须在继承的基础上创新，做到不断更新换代、与时俱进，才能保证品牌之树常青。

清华大学社建社 30 年来，始终坚持正确的出版方向，认真贯彻执行党和国家各项方针、政策，实施精品工程，努力打造清华版图书金字品牌。锐意进取，开拓创新，走清华出版的特色之路，使清华版图书深入人心，品牌影响力逐年上升。首先，依托清华大学综合优势，深入挖掘和利用优质出版资源，从源头上保证图书内容质量为上乘。第二，实施精品工程，建立有效的质量保证体系，出台一系列质量保证措施，追求一流的编校质量。第三，创新产品结构，紧密跟踪和研究教育与科技的发展方向，组织出版引领高等教育改革方向的教材和对国家经济建设有重大推动作用的学术专著和科技书，努力做好版权引进和输出工作，积极参与"十一五"国家重点出版规划项目、"三个一百"原创图书出版工程、"经典中国国际出版工程"等国家重要图书出版项目，为我国高等教育和科学研究吸取国际先进成果、促进文化繁荣、推动世界文明进步与经济发展作出积极贡献。30 年来，我社先后获国家图书子项目奖、中国图书奖、中华优秀出版物奖、输出版优秀图书奖等 230 多个奖项。成为中宣部和新闻出版总署、教育部表彰的"全国优秀出版社"和"全国先进高校出版社"，2007 年获新闻出版总署颁发的"中国出版政府奖先进出版单位奖"，在新闻出版总署首次等级评估中被评为国家一级出版单位，2009 年荣膺新闻出版总署"全国百佳图书出版单位"。

清华版图书的品牌塑造也有一个历史发展过程。20 世纪 80 年代末，在席卷全球的信息化浪潮中，清华大学社快速切入计算机图书市场并一直保持着领先地位，目前，多层次、高质量、全品种的计算机类图书已成为国内计算机教材出版与教学资源服务的第一品牌；理工和基础学科图书作为清华大学社的核心出版领域之一，始终站在教育和科技发展的前沿；清华版经管图书自上世纪 90 年代初率先引进国际优秀英文影印版经典教材开始，步入发展壮大之路，在促进国内经管教育与国际接轨、培养优秀经管人才方面作出了积极贡献。《新英语教程》曾创下累计发行逾千万册的销售业绩，近几年隆重推出的基于计算机网络的多媒体、交互式、自主性、个性化新一轮立体化教材——《新时代交互英语》，更是清华大学社的支柱产品之一。同时，我社还在人文、法学、艺术等方面建立了自己的品牌。

近年来，清华大学社进一步加快"走出去"步伐，与国际著名的施普林格、培生教育等国外几十家出版单位保持良好合作关系，向国际市场推出印有清华大学社标志的英文科技专著，进入国际科技和教育界的视野。

□ 在 30 年的时间里，清华大学社的发展经历了哪些节点？出版社又是如何抓住机遇谋求发展的？

■ 总结起来，清华大学社的发展有三个重要的节点：第一个节点是建社之初的上世纪 80 年代，第一代清华出版人艰苦奋斗，奠定了其后快速发展的基础，形成了"立足清华，面向全国，走向世界"的办社思路；第二个节点是上个世纪 90 年代，清华出版人抓住了世界范围内计算机普及的时代趋势大力发展相关图书出版，从而进入了快速发展期，迅速形成了鲜明的出版特色，社会影响也逐步扩大；第三个节点是 2004 年，清华大学社作为首批转制试点社之一，在出版界率先完成改制，驶入发展快车道。

尤其是在第三个节点上，我们建立了现代化的出版企业管理制度，在重点发展图书出版主业的基础上，强化跨图书、音像、电子、网络、期刊等各种媒体形式的多元出版能力，增强品牌影响力；出版社下设"计算机与信息"、"理工"、"经管与人文社科"、"外语"等 6 个分社，下辖 6 个子公司，有《清华大学学报》、《科技与出版》等 6 种学术期刊。出版社经过改制，构建了集团化雏形，为后续可持续发展奠定了雄厚的基础。

□ 出版社的发展离不开人才队伍的建设，清华大学社是如何进行团队建设的？又是怎样打造出版社企业文化的？

■ 清华大学社的快速发展得益于有一个团结自律、作风优良、具有很强的凝聚力和战斗力的领导班子。近年来，出版社充分发挥领导班子的凝聚力和战斗力作用，带领全社员工积极顺应出版体制改革的大趋势，大胆开创高校出版社体制改革新路，建立现代出版企业体制与运营机制，努力提高员工素质。在人员管理上，严格实行绩效考核和岗位责任制，实现了"干部按业绩可上可下，工资按效益可高可低，员工按合同可进可出"，充分调动了员工的工作积极性。此外，清华大学社还以国际化和专业化为目标，加强人力资源的引进与开发，形成了一支在行业内处于优势地位的充满朝气、有能力、敢打硬仗、勇攀高峰的优秀团队。

企业文化的形成是企业成熟的重要标志，也是队伍建设的重要保障。清华大学社非常重视该方面建设，致力于建立和谐企业。社党委和行政班子紧密配合，通过各种形式开展深入细致的思想工作，充分发挥新时期党组织在企业中的监督保障作用。在建立健全各项规章制度、强化管理的同时，出版社领导班子也在身体力行地贯彻"团结、严谨、自强、创新"的企业作风，发扬"自强不息、厚德载物"的清华精神，进一步增强了员工工作的主动性和质量意识，促进了各项工作的顺利开展。今后，我们还将树立积极进取、追求卓越的企业文化，将企业精神渗透到全体成员的岗位职责之中，彰显清华大学社的品牌文化影响力，提升出版社的核心凝聚力和创造力。

□ 从中央到地方的改制、集团化等对于传统大学社的发展空间势必造成挤压之势，数字出版对于传统出版也造成一定程度的威胁，在这种情况下，清华大学社如何制定自己的未来发展战略？

■ 当前国内出版业正处于一个大变革时期，兼并重组加速展开，数字出版日益壮大，跨行业、跨地区、跨领域的集团化经营模式已显端倪，市场竞争日趋激烈。面对这些挑战，我们应着重考虑两个问题：第一，出版社如何继续保持学术出版的权威地位并努力提高在世界出版界的影响力和知名度？第二，如何在激烈的商业性出版竞争中稳立潮头，在规模效益上保持行业的相对领先地位？

着眼未来发展，清华大学社会启动"品牌化"、"数字化"和"国际化"三大战略：启动"品牌化"战略，加强一体化教学资源整体解决方案的研发以提高竞争力，提升品牌效应；稳步推进信息化工作，建立并完善内部核心业务系统与外部服务支持系统，同时还会密切关注和研究数字出版领域的发展动态和趋势，加紧探索和布局数字出版领域；继续探索出版国际化的方式和途径，明确以高端科技学术著作作为国际化选题的开发重点，紧跟国际出版、国际信息业发展的步伐，直接面向全球学术界组织出版高水平的英文图书，培养国际出版大市场的竞争能力。

今后，清华大学社将继续发扬"自强不息、厚德载物"的清华精神，确立"管理增效益，创新促发展"的科学发展理念，聚一流人才，出一流图书，树一流形象，创一流效益，带领全社员工团结一致，解放思想，勇于创新，群策群力，奋发拼搏，为清华大学建设世界一流大学，为促进我国教育事业的科学发展，为繁荣我国社会主义文化事业贡献我们的力量。

(载《中国图书商报》，2010-06-08，署名：王东)

解读 30 年外研社发展经验

回顾外研社的发展历程，我们深切体会到，外研社之所以取得这样的成绩，关键得益于坚持以政治方向为根本，全面正确地理解和贯彻党的出版方针，坚持"以教育出版为中心"的战略，推动外研社快速发展；关键得益于以解放思想为先导，努力克服思想上的保守和观念上的陈旧，把发展作为第一要务，坚持不懈地提高经济效益；关键得益于以改革开放为动力，用改革的思路突破体制上的束缚，在继承中创新，在创新中发展，用创新的办法不断地破解发展中的难题；关键得益于坚持以人为本的原则，坚持走内涵发展、规模扩张的道路。

概括最基本的经验，就是四句话：

不动摇，坚持抓方向；不争论，埋头搞发展；不犹豫，坚持搞调整；不保守，大力搞创新。

不动摇，坚持抓方向

始终强化政治意识、大局意识、责任意识，坚持正确的出版方向是外研社持续快速发展的根本。

坚持政治方向是立社之本。外研社在发展过程中，始终坚持正确的政治方向，把党的各项方针政策同办社方向紧密结合起来，始终坚持为教学和科研服务的办社宗旨，把社会效益放在首位。应该说，坚持正确的出版方向是外研社持续快速发展的根本前提，没有方向的正确，所有的发展都是空谈。

为什么要一再强调政治意识？强调坚持正确的政治方向，这跟我国的出版体制有关系。在西方是为了利润而出版；而在中国，社会效益是最主要的目标，这就决定了我们是为人民而出版、为社会主义事业而出版。在这种出版体制下，坚持正确的出版方向，是我们的第一位的任务。政治问题是出版社的底线，是生命线。

多年来，外研社之所以不出政治问题，不打"擦边球"，不出低俗的出版物，是因为我们认真做好了三方面工作：

一是树立了正确的导向意识和质量意识。

从社领导到普通编辑，头脑中都紧绷着一条线，这就是政治意识、责任意识和大局意识。多年来，我们从不卖书号，也不与个体书商搞合作出版。对有政治问题、民族、宗教、外交内容的图书更是严格把关。多年来，我们没有出过一本有政治问题的图书，也没有出过一本有重大学术问题和知识问题的图书误导读者。我们深知，一个出版社创牌子不易，砸牌子不难，出一两本好书不能创牌子，而出一两本坏书就能砸牌子。正因为坚持了正确的政治方向，我们才得以埋头搞发展，得以持续快速地发展。

二是我们有一支政治素质很高的管理干部队伍、编辑队伍和质量检测队伍。

外研社每年自查的书稿质量合格率都达到 100％，有时连续三年在全国图书质量专项检查中都获得了好评。这与我们的编辑认真负责，质检中心严格把关是分不开的。

三是我们有一套完善的质量管理制度。

为了保证不出任何问题，我们严格实行"五审制"，制定并完善了一系列质量管理制度，并设有专门的质检中心，这两大措施在出版界也是不多的。

外研社因此受到中宣部、新闻出版总署、教育部和北京市委等上级有关部门的表彰，先后被授予以下荣誉称号：全国优秀出版社，先进高校出版社，讲信誉、重服务出版单位，全国教材先进管理单位，北京市先进基层党组织，全国语言文字工作先进集体。

不争论，埋头搞发展

树立强烈的发展意识，是外研社持续快速发展的先导。

坚持快速发展是强社之路。我们具有强烈的发展意识，敢于并善于抢抓一切发展机遇，敢为人先，追求卓越。外研社在 1992 年制定的改革方案中就这样描述："改革的目的就是要解放和发展出版生产力，增强外研社的经济实力和综合发展能力。"从那时起，我们就把发展作为主题，当作中心，一切工作都围绕这个中心，服务于这个中心。我们集中全社的智慧和力量，克服一切困难，排除一切阻力，聚精会神搞建设，一心一意谋发展，取得了阶段性的成果。

当初建出版大楼时，有很多人就提出"该不该盖出版大楼"。但是我们不争论，等盖起来再看。大楼建成后，给外研社带来极大的社会影响和品牌效益。

在建设外研社国际会议中心时，社内外也存在争议，认为我们不务正业，会影响图书主业的发展。我们用了两年多时间把会议中心建成竣工，创造了建筑上的奇迹，建成后，为社里创造了良好的经济效益，社会效益和美誉度越来越高，培训了大量大、中、小学英语教师，有力地推动了英语教学改革；同时，也有力维护了外研社教材市场份额，极大地推动了外研社的发展，我们用务实的行动和发展的实事回答了各种质疑与非议。

我们认为，发展是解决所有问题的关键。"大发展，小问题；小发展，大问题；不发展，全是问题"，已经成了全社的共识。离开了发展，任何事情都无从谈起。只有发展才能最大程度上统一干部员工的思想，只有发展才能真正凝聚干部员工的力量。千道理万道理，发展是硬道理；千任务万任务，发展是第一要务；千难题万难题，发展才能解决一切问题。

坚持了快速发展，我们才有实力。

外研社现在在出版界的影响来自哪里？来自实力。实力来自哪里？来自发展！

在全国 100 多家大学出版社中，外研社的综合实力居于首位，在全国 570 多家出版社中，外研社的综合实力排在前几名。有了实力，我们才能承担重大项目，才能抵御巨大风险；有了实力，我们才能在对外交往中占领先机；有了实力，我们才有更大的发言权。没有发展，没有实力，只能纸上谈兵。

坚持了快速发展，我们才有了解决问题的能力。用发展的办法解决前进中的问题是我们的成功经验。

在发展的过程中，总会出现一些矛盾和问题，这是正常的。这些问题包括群体的和个人的、历史的和现实的、利益的和心理的等许多方面，要解决前进中的问题和矛盾，关键是加快发展，发展带来的问题只有用发展的办法来解决。

只有发展了，才能增强我们的综合实力；只有发展了，才能改善我们的工作环境；只有发展了，才能提高我们的工资待遇；也只有发展了，才能支持学校的教学和改革。一句话，发展惠及全社上下、全校员工，是我们的根本利益所在。

坚持了快速发展，我们才有了凝聚力。

上世纪 80 年代，外研社招聘编辑根本招不到本科生，只能招专科生和高中毕业生。现在本科生根本进不了外研社，最起码是硕士毕业生，而且是要重点大学的毕业生。2005 年招收 30 多人，竟然收到了 3 000 多份简历，可谓"百里挑一"。在外研社的周围，集聚了一批有理想、有才华的年轻人，他们热爱出版事业，勤勤恳恳，无私奉献。而这种凝聚力源自外研社的快速发展，只有快速发展的企业才能给优秀人才施展才能的机会，进而增强企业的凝聚力。

不犹豫，坚持搞调整

根据内外环境的变化，不断地进行变革，是外研社持续快速发展的关键。

外研社的成功得益于不断改革，不断调整，包括四个方面：

一是战略方向的调整。"八五"期间，我们认识到国内图书市场正进入新的细分化阶段，数量的扩张将让位于质量和品位的提高，适时地提出了"在夹缝中求生存，以质量求发展，向特色要效益"的集约化发展战略，实施了"由数量增长型向优质高效型转变"的精品战略部署。1999 年 6 月，及时提出了"以教育出版为中心"的发展战略，从原来的以一般图书出版为重点转移到以教育图书出版为重点，加大各类课堂教育、技能教育教材的出版力度。2002 年，进一步提出规模效益战略，正确处理规模与效益的关系，调节好码洋与利润的平衡。在"十一五"规划中，提出"以出版为中心，以教育培训和信息服务为两翼，数字化出版、产学研结合，成为综合发展的教育服务提供商"的战略方向。

其他还有很多战略布局，如开发电子产品、向汉语出版领域进军的"走出去"战略等。

二是人才结构的调整。在向集团化、产业化方向发展的现代出版企业中，只有外语专业人才，只有专家、学者型的编辑队伍是远远不够的。还需要一大批高级经济师、会计师、律师、工程师，来完成对出版社的经营管理，所以我们又引进了高级工商管理人才、财务人才和计算机人才等。

三是组织结构的调整。早在 1992 年制定的改革方案中我们就提出：机构能设能撤。外研社的组织结构年年有调整，经常在调整。调整的原则是发展的需要。

四是产品结构的调整。在"十一五"规划中，我们确定的发展目标是"以出版为中心，教育培训、信息服务为两翼，数字化出版、产学研结合，打造教育资源和服务平台"。

这就是说，我们的出版要为教育和信息领域服务，我们的出版是由纸质、音像、电子和网络等多种手段组成的多媒体立体化的综合出版，我们的出版还要实现数字化出版和产学研结合。

不保守，大力搞创新

与时俱进地解放思想，更新观念，创新求变，是外研社持续快速发展的动力。

不保守，大力搞创新，就是以创新为动力，大胆实践，积极探索，为外研社的发展增强后劲。

发展模式的创新：走出了一条专业化——多元化——专业化的发展之路，即从专注于英语出版，到扩大规模，兼顾外语、汉语、科学、少儿出版，并对资产进行多元经营，如今，又转向更高层次的专业化——集外语出版、教育、培训为一体的产业链拓展。

出版模式的创新：摆脱"就书谈书"的发展模式，有效地整合出版资源，综合利用出版、教育和培训资源进行立体化出版。

一方面，以纸介图书出版为中心，向期刊、电子、音像和网络等多种媒体领域扩张，形成多媒体协调发展的格局。另一方面，强调出版与培训、科研互动互补。通过书、刊、盘、网联动，科研、出版和教育培训互动，使单一的纸媒体出版向多品种、多元化、多载体、多形式的现代化出版模式转化，构建立体化的出版格局。建立大型的英语语言信息资源库。语言信息资源库的投资和建设推动了网络教学和网上出版的进程。

营销方式的创新：一是销售观念的转变，从简单的市场发行到市场营销的转变。二是营销主体的转变，从纯粹的销售人员做营销工作转变到编辑和销售人员相结合的营销，即营销工作与编辑工作互动。三是营销客体的改变，从向销售店的推广转变到直接向用户的推广。四是营销手段的改变，从推广产品转变到推广一种观念。五是衡量标准的改变，从讲码洋到讲实洋的转变。16个信息中心的成功建立与经营，体现了"用本土文化占领本地市场"的营销理念。

管理思想的创新：第一，改革内部管理体制，体现了民主与集中的管理思想。外研社的内部管理机制是在社长负责制的基础上，实行三个委员会的管理制度，即社务委员会、编辑委员会和经营管理委员会。三个委员会制度强调集体智慧，充分调动大家的积极性，使外研社形成一个既有民主又有集中的经营管理体制。第二，改革人事制度，不拘一格用人才。在人事制度上，摈弃了传统的人事管理机制，坚持"干部能上能下，职工能进能出，收入能高能低，机构能设能撤"的原则；重视职工的文化素质与业务素质的提高。第三，改革分配制度，激发员工的积极性。坚持"按劳分配，多劳多得，兼顾效率与公平"，实行全员聘任制，实行年薪制以及效益奖励的办法。

（载《中国图书商报》，2008－11－18，署名：李朋义）

阔步创新途　激情创业路

——解读中国人民大学出版社的发展路径

伴随着共和国 60 年的足迹，中国人民大学出版社也走过了 54 年的历程。作为新中国成立后第一家大学社，她不仅见证了大学社的快速成长，也彰显了大学社迅速崛起的个性化魅力。50 多年来，人大社一路探索，一路创新，一路跨越，如今已发展为中国人文社会科学出版的"旗舰"，规模大，实力显，竞争力强，影响力广，跻身名社行列。

业绩骄人，令人振奋。人们不禁要问：是什么激活了她创新发展的能量？是什么托起了她走向今天的辉煌？那就让我们带着这些思考，循着人大社发展的轨迹，与读者一起来体味她在发展路上的那份执著，一起来分享她在创新路上的那份激情！

定位精准化，坚守"深出版"理念

穿越时空隧道，梳理人大社的发展之道，给人印象最深的，就是她的精准化定位，那就是"出教材学术精品，育人文社科英才"，做先进文化的传播者。这也是她能在 100 多家大学社中脱颖而出的一个制胜法宝。

定位准，方向明。精准制胜，既是她的一种承诺、一种力量，更是她的一种工作标准、一种操作理念。这种承诺与理念没有随着时间的推移和人员的更迭而产生丝毫疑问，而是一代又一代人大社人一直所坚守的。用贺耀敏社长的话说，就是"人大社始终坚持组织和策划人文社会科学优秀图书，不随波逐流，不混乱浮躁"。

勇立时代潮头，组织策划出版马克思主义研究系列著作，人大社人不遗余力。比如大家非常熟悉的"当代马克思主义哲学研究文库"、"国外毛泽东研究译丛"、"马克思主义研究译丛"、"邓小平理论和'三个代表'重要思想研究丛书"等。

站在学术前沿，力主高端出版，人大社人用心尽力。通过多年的努力，出版社已经积累了大量的学术图书品种，每年学术图书品种的出版数量都占到图书品种数量的 30％，这个学术出版规模在全国都是比较少见的。

引领教育改革，做精教材出版，人大社人敢于创新。教材出版是人大社的支柱，每年都要占到图书品种数量的 60％。在高校教材出版领域，人大社人也始终追踪教学科研最前沿的成果，紧紧围绕高校教学实际需要，凸显为高校教学提供高质量服务的特色。可以说，每一次教材工程的实施都引领当时教材改革之前沿，一次次推动了高校教材出版的革命性变革，为祖国哺育了一代又一代的青年学子。

尤其值得一提的是，人大社在扶植和鼓励中青年优秀学者上表现出了难得的学术眼光。如早年的"中国人民大学博士文库"着力发现和培植学术新人，对那些具有学术潜力、富于探索精神但在学术界崭露头角的青年学者给予大力扶持。近年策划并出版的"新生代学人文丛"延续传统，以其学术性、国际性、开放性，及新学人、新作品、新机制的鲜明特色促进了学术领域繁荣。

坚守"深出版"理念，高扬人文社会科学这面旗帜，不受社会浮躁之风干扰，不为眼前利益左右，专心致志做好学术著作出版，做好大专院校文科教材出版，做好大众类哲学社科图书出版，人大社人把这种出版特色和出版导向体现在了出版工作的各个方面，在他们眼中，做先进文化的传播者并不是一个口号，而是已经内化到图书策划、出版内容、出版管理和全体员工所追求的出版理念当中了。

为了坚定员工们的这种理念与意识，社里每年都通过"员工学习课堂"对他们进行培训。虽然在当前人文社会科学研究与教学中，出现了许多似是而非、不科学或者伪科学的东西，一些学者写的东西没有经过认真研究和周密论证，故作深奥，耸人听闻，但人大社严把质量关，从专业和学科角度审查，凡是站不住脚的图书，坚决不出。

专业成就价值，品质成就未来。人大社人这种多年来坚持不懈的努力，换来的是在出版界独树一帜的品牌。

策划立体化，走原创研发之路

策划力求立体化，研发讲究原创力，这是人大社扬品牌魅力的又一个诀窍。

策划是一种手段，也是一种力量。一次好的策划，能迅速形成巨大的社会影响力和读者向心力。策划的关键在于能否善于以敏锐的目光和超常的想象力在市场中捕捉住种种机会。人大社的图书策划，无论在总体思路上还是在具体操作上，都有许多独具匠心之处。

凭借着多年在图书出版领域的浓厚积累，人大社目前形成了自己独到的选题规划思路：教材选题，紧跟学科、专业调整的步伐，自主研发，服务教学，引领潮流；学术著作选题，坚守高端的文化追求，关注前沿，注重传承，涵养品牌；大众出版选题，注重需求与品位结合，贴近读者，整合资源，创新阅读。从实践来看，这一选题规划思路符合人大社的发展实际，对保证人大社的品牌和核心竞争力起到了导向性作用，因此，多年来对人大社的选题开发起到了关键性的指导作用。

凭借着多年在教材出版领域的不懈探索，人大社涵养、铸造了一大批成规模、成系列、高水平的精品教材，成为人文社科高等教育教材出版领域引领潮流的出版社。概括起来讲，在教材策划上，人大社形成了四大特色：一是形成了整体性、系列化的教材研发战略，"21世纪系列教材"就是其多系列、全品种本土化教材的一大主体工程，也是人文社科教育领域最系统、最全面、容量最大的系列教材；二是形成了多元化、多层次的教材结构体系，以自主研发为主导，区域开发和引进出版为补充，从本科、研究生到成人、中高职，涵盖了不同的学历层次，从重点大学、一般院校到独立学院、民办大学，满足了不同院校的多样化需求；三是形成了体现前沿性、前瞻性和规范性的教材编写特点，做到在关注专业顶尖级专家学者的同时，还关注边缘学科、新兴学科，更关注教材的规范性；四是形成了立体化、网络化的教材发展形态，在策划、研发主教材的同时，考虑与教材配套的教辅、教学课件和教学资源库的开发，目前已完成了100多门课题的教学资源库的建设。

尤其值得一提的是，人大社多年来在策划、研发环节一直致力于对原创精品的追求。他们始终坚持"做人文社会科学的出版重镇"，把原创出版提升到实施品牌战略和科学发展的高度来认识，紧紧抓住人文社会科学这个优势领域，依托中国人民大学以及全国其他高校丰富的科研资源，跟踪重大科研项目的最新成果和进展，出版了一大批相关学科领域的前沿科研成果和重要学术著作，一系列"大作"、"新作"、"原创作品"铸就了"人大"品牌，"人大出版"也成了中国出版业最知名的品牌形象之一。

正是在这一出版原则和理念指导下，人大社推出了一系列原创精品，比如学术和社会价值极高的大型系列丛书"经济科学文库"、"管理科学文库"、"法律科学文库"、"中国当代法学家文库"、"社会学文库"等，又如李瑞环同志重要著作《学哲学　用哲学》、《辩证法随谈》，李铁映同志重要著作《改革　开放　探索》等，都是中国改革开放伟大实践的理论总结。正是有了这些饱含人大社人心血与汗水的原创精品，铸就了"人大出版"的品牌形象。

对于重点图书，人大社则采取了重点策划、重点研发、重点支持的策略。贺耀敏社长说："人大社具有明显的出版特色，这个特色只能加强，不能削弱。例如，人大出版社的经济、管理类图书出版在全国出版界可谓独树一帜，每年仅这一领域的图书出版码洋就达两亿之多。我们采取的是'差异化'发展战略，就是对于出版社竞争力最强、优势最明显的出版领域，在资金、书号、人力资源等出版要素的配置中，给予强有力支持。目的就是争取在不远的将来在这些领域居于牢牢领先的地位。"

精品集群化，打造竞争力品牌

2008 年，在首届中国出版政府奖评选中，人大社不仅一举捧得了先进出版单位奖，而且出版的《知识产权基本问题研究》、《开发性金融论纲》也分别摘得了图书奖和图书奖提名奖。

这只是人大社出版的众多精品图书的一个缩影。据不完全统计，自复社以来，人大社获得各类奖项多达 280 多项，300 多种图书获奖。其中，每年至少有一部图书获得出版业最高奖——国家图书奖（两年一评）或中国图书奖（两年一评）。在图书产品的印制上出版社自 2004 年至 2006 年连续三年获得新闻出版总署颁发的"出版物印制优质产品出版社金奖"。这在业界只有两家出版社，人大社就是其中的一家。人大社的《中国人民大学学报》连续两届（第二届、第三届）获得期刊业的最高奖——国家期刊奖。

精品图书与日增多，得益于人大社一直实施的精品战略和品牌战略。在 2000 年前后，人大社的各类教辅图书占出版社总码洋的 40％以上，而到了 2007 年就降低到了 10％左右。为什么要进行这样的产品调整？就是为了突出特色、突出水平、树立品牌。为了将精品战略推向深入，人大社还将 2004 年定为"品牌建设年"，这一年相继推出了一大批精品力作。出版社的品牌影响力持续上升，市场认同度、读者认同度、社会认同度和政府认同度均显著提高。

目前，人大社的精品图书已呈集群化趋势，教材精品、学术精品和大众精品是其"三驾马车"。

先说教材精品。当年李秀林等教授编写的《辩证唯物主义和历史唯物主义原理》和相关教材印数之多，恐怕至今无人能及，可谓是创造了"出版神话"。1993 年人大社推出中国人民大学新编百余种教材；1996 年人大社推出教育部"九五"重点教材、国家级重点教材；

1998 年人大社启动了规模浩大的"21 世纪系列教材"，现已出版 45 个系列、1 017 种教材，其中有 361 种教材被评为"十一五"国家级规划教材。引进版教材也是人大社的一大突破、一大亮点。从上世纪 90 年代初，人大社以"经济科学译丛"和"工商管理经典译丛"开创了引进版经管类图书的先河，首次把西方最经典的经济管理类教材引进到国内，在促进中国经济学和管理学教育教学发展的同时，也为人大社塑造了经管类图书的金字招牌。大家耳熟能详的引进版系列"公共行政与公共管理经典译丛"也是最具代表性的。

再说学术精品。不管是"国际共产主义运动史文献"、"社会主义论库"、"当代马克思主义哲学研究文库"、"马克思主义研究译丛"、"国外毛泽东研究译丛"、"邓小平理论和'三个代表'重要思想研究丛书"等马克思主义理论著作，还是原创版的"经济科学文库"、"法律科学文库"、"管理科学文库"、"中国经济问题丛书"、"社会学文库"、"中国经济体制改革研究丛书"、"中国经济改革与发展研究"和"新生代学人文丛"等，都引领了时代潮流，赢得了读者的欢迎，为人大社的品牌增了光添了彩。

在大众图书出版领域，虽说人大社近几年才开始出版大众精品，但她一直坚持即便是大众读物也要有品位，不能媚俗。在策划出版方面运用各种资源，借鉴公司化的运作方式，把市场预测和营销作为主要考虑因素，密切关注国内外各大媒体的图书排行榜，保证大众类图书的品质。

正像纪宝成校长所评价的那样，人大社是"学术沃土，思想摇篮"，多年以来，人大社以自己厚重的精品出版物，架构了一种崭新的、丰富无比的精神形象，活跃在中国的精神文化领域，丰富着中国的先进文化。

正如贺耀敏社长所言："品牌生辉重于一味赚钱"，"出版精品力作和实施精品战略是带动出版社整个产品水平和质量的关键。这在人大社已经成为共识，多年来我们积累了不少精品，这是'镇社之宝'"。他曾这样表达对品牌的认识，"在品牌、资金、人才、产品当中，如果说必须放弃什么，我想产品可以放弃，资金可以放弃，人才也可以放弃，唯独品牌不能放弃，品牌是最具价值的。出版社的学术积淀和学术传统构成了品牌的力量"。

品牌力就是影响力。多年形成的个性化优良出版品牌，在给人大社带来诸多社会效益和经济效益的同时，实际上也在影响和改造着人大社人。无论在工作中还是生活中，他们就会很自然地形成这样一种共识：爱护品牌就跟爱护自己的眼睛一样，有利于品牌的事情，要多做、努力做、拼命做，不利于甚至损害品牌的事情，坚决不做。

管理人性化，崇民主作派兴社

人才战略是兴业之本，一流的出版社必须有一流的团队；造就一流的团队，必须有一流的管理。

客观地说，出版文化企业与一般工业企业不同，因为这里云集了一大批高智商的人才，充分尊重创造精神，尽最大努力维护广大员工的权益，使每个员工在这里都能够充分发挥聪明才智，实现自己事业、生活和精神上的追求，这才能保障出版社健康、快速地发展。

对于人大社来说，团队的合力之所以能充分发挥，出版社的竞争力、凝聚力、吸引力之所以明显增强，可以说是与其"以人为本，民主办社"的理念分不开的。

贺耀敏社长说，在人大社有这样一种追求，出版事业比个人奖金重要，理想追求比肤浅炒作重要，十分看重出版人应有的职业操守和出版追求。广大员工很少有社会上的那种不良风气，保持了恬静的工作、生活状态。应该说，正是因为有这样一批有着相同追求的出版人聚集在这里，人大社才能形成如此一致的共识，成为一个名副其实的精神家园。

人大社十分重视发扬职工的主人翁精神，在广大员工的积极参与下，对社务进行民主管理。只要有利于出版社的发展，任何人就任何事都可以共同商量讨论。为充分保障广大员工的民主管理和民主监督的权利，人大社还建立健全了社务公开制度，充分利用社局域网，让广大员工能及时了解社务情况，增强社务工作的透明度，同时还设立各种论坛，让员工畅所欲言，形成了领导和员工之间的有效沟通渠道。

人大社非常关心员工业务素质和技能的提高，采取各种形式，努力建立鼓励学习、培育知识型职工的长效机制。比如员工素质提高工程培训、员工学习课堂、员工继续深造、支持职工参加社会实践活动和学术活动、鼓励员工参加各种知识性大赛等。通过各种知识性大赛，也可以提高职工的知识水平和业务能力，如已举行的"希望杯青年编辑技能大赛"、"社庆杯国际书展英语大赛"、"先锋杯国际书展英语大赛"等。

另外，创造性地开展一系列特色文化建设，对于人大社提高员工们的凝聚力、积极性也起到了关键作用。比如自2002年以来，每年开展一个主题的文化活动，活动丰富多彩，员工受益良多。

"让人大社成为所有对出版有兴趣、有热情的人成就事业的地方，让每一个员工在这里都能充分展示自己的才华，"贺耀敏社长说，"我们的任务就是要搭建这个事业的平台。"

置身人大社，你就会感受到，"以人为本"在这里不是一句空话；"民主办社"在这里是原则而不是口号。相信所有了解人大社的人，都会对这种和谐、民主的氛围有所触动。恐怕这就是支撑人大社快速发展并将再创辉煌的原动力吧！

（载《中国新闻出版报》，2009 - 09 - 17，署名：冯文礼）

特色定位　内涵发展
——东北财经大学出版社走上"专、精、特"发展路

东北财经大学出版社作为专业特色十分鲜明的财经专业教育出版机构，始终坚持财经专业教育出版的战略定位，在市场竞争中逐步形成了品牌优势，双效显著，已经成长为一家典型的"专、精、特"出版社，并因"坚持专业特色、走内涵式发展道路"而获重点支持。而东北财经大学出版社走上专、精、特的发展道路，是通过不断突破、准确定位进而提高核心竞争力实现的。

（一）坚持不断创新，实现三个突破

发展需要突破。旧有模式总会受到新挑战的冲击。企业成长的环境在不断变化，企业需要审时度势，作出决策。东北财经大学出版社作为地处一隅的高校出版社，在出版资源、人才资源、交通物流等多方面处于劣势，因此所面对的挑战尤其严峻。

1. 创新发展模式，实现资源约束型向市场导向型的突破

建社之初，东北财经大学出版社隶属于财政部管辖，承担了财政部很多大中专教材出版任务，其绝大部分利润也来自这些行政资源。"背靠大树"的格局固然减少了竞争压力，但是，也限制了出版社的战略定位和发展思路，员工的市场意识和创新能力不强，资源优势中潜伏着竞争劣势。2000 年出版社与财政部脱钩后，面对的困境是前所未有的，唯一的出路就是突破。他们充分利用多年积累的专业资源优势，加大自主开发选题的力度，在图书结构、渠道网络、员工队伍等方面进行大幅度的整合，在利用资源、优化资源、开发新资源的内容、手段、方式方法上不断推陈出新，使出版社的创新步伐在重新创业阶段不落后甚至赶超同类出版社，核心竞争力得以稳固和提高，实现了资源约束型向市场导向型过渡，走上了稳定、高效的可持续发展道路。

2. 创新产品结构，实现由单一性向多元化的突破

优化产品结构是出版业在经历规模和数量的过快增长后所面临的客观形势，也是出版业从制约自身发展的主矛盾中逐步形成的共识和必须进行的战略调整。

最初东北财经大学出版社的产品是定制型的，先有需求后有产品，而且产品基本是培训教材和财政部所属院校的教学用书，这种单一的产品结构越来越不能满足经管专业高等教育多样化的发展需求。他们转变思维，密切跟踪国内财经教育的发展和专业设置、教学改革的动态，逐步调整了选题开发思路，加大选题自主开发力度，全面优化产品结构，不断深化、细化产品线，立足经济学、管理学各专业、学科门类，开发了面向研究生、本科、高职高专、中职等多个教育层次和全日制普通教育、职业技术教育、成人教育、远程教育、专业后续教育等多种教育形式的教学用书，加快了选题开发和教材建设的步伐。在及时调整、充实、改造既有优势教材的基础上，积极拓展新的教育层次、教育形式和新专业的教材，注重

开发教学支持体系。逐渐形成了门类齐全、体系完整、层次分明的专业教材、教学用书体系。由于教材结构比较合理，加上在作者遴选和采用目标方面均能面向全国，因此效果良好，已经完成了产品转型升级。

东北财经大学出版社坚持发展专业化基础上的产品结构多元化。目前，教材、专业图书、学术著作基本上维持在 7：2：1 的比例，国内原创选题与引进版权选题基本上保持着 8：2 的比例，这是总体结构上的"多元化"。在教材内部，又存在着专业学科、教学层次、教学属性等方面的细分市场。通过深入挖掘、合理调整，既优化了产品结构，又有效地分散了风险。

此外，在引进版图书、高水平学术著作、财经类实务指导书、考试辅导类图书等方面也注重挖掘选题，形成了立足财经专业、重点突出、根基扎实、侧翼丰满的图书结构。

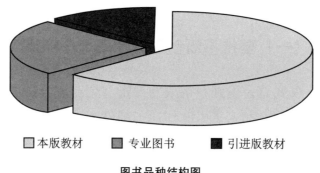

□本版教材　■专业图书　■引进版教材

图书品种结构图

3. 创新体制机制，实现从条块化向科学化、规范化的突破

在制度建设方面，秉承严谨、务实和开拓的作风。1994—2008 年间，相继进行了三次内部管理体制改革，陆续制定、修订和完善了一系列规章制度，已经基本形成了约束到位的管理机制、育人到位的竞争机制、利益到位的激励机制。

建社初期出版社只有 30 多人，业务流程松散、管理机制薄弱。员工事业编制的身份也使激励和约束机制难以到位。外部市场环境的变化和自身发展的内在要求迫使他们重新思考、规划出版工作流程和运营机制。他们逐步理顺自策划、组稿起直至销售、回款的全部业务环节，明确各部门和相关人员的职责与任务，并在此基础上对内部流程进行了优化、重组和再造，推动了内部管理的标准化、科学化和效率化。

加强制度建设，规范绩效考核和业绩公示制度、考勤制度、劳动保险制度、财务制度、岗位责任制度、物流管理制度等。针对不断改进的战略目标和工作流程制订与完善了相应的实施细则，使各项制度更加灵活、高效和具有可操作性。制度建设的步伐基本上保证了规范化管理的需要，也大大促进了工作效率和两个效益的提高。

在人力资源管理方面，已实现了不同用人机制的并轨，干部任免上已经完全打破了用工制度的界限，按照公开、平等、竞争、择优的原则定期进行，薪酬的设计、管理与员工绩效考核紧密挂钩，形成了比较完善的激励和约束机制，使整个集体呈现出一种进取、合作、应变、关注自身与企业共同发展的态势。

（二）树立三个意识，走出特色之路

回顾 23 年的历史，出版社不断努力谋求进步从而渐渐厘清发展模式和战略定位，沉淀历史，梳理脉络，企业发展中的三个意识从无到有，不断强化，愈见明朗。

1. 破除"广种薄收"观念，树立品牌意识

2001 年，教育部在《关于加强高等学校本科教学工作提高教学质量的若干意见》和《关于"十五"期间普通高等教育教材建设与改革的意见》中，明确提出要把"实施精品战略，抓好重点规划"作为"十五"高校教材建设的重要指导方针。在这种大背景下，东北财经大学出版社以财经专业教育为己任，不遗余力地探索适应我国高校创新人才培养需要的多学科、多层次、多类型、多品种、多媒体配套的立体化精品教材体系的建设之路，通过实施精品战略，努力锻造所在专业领域内的品牌优势。

在 20 多年的发展过程中，他们始终注意破除"广种薄收"的粗放型出版经营观念，树立讲效益、抓重点、抓精品的集约经营思想。形成了内涵式发展模式，打造了一批不可替代或不容易被替代的拳头产品。目前已有 100 多种图书入选"十一五"国家级规划教材，30 多种图书成为国家级、省级精品课程教材。多批项目列入国家重点图书出版规划项目。

2. 服务教学与科研，树立服务意识

大学属于教育系统，出版社属于新闻出版系统。大学出版社成为两个系统的交叉点，既要服务于高校教学和科研，又要服务于社会大众。前一个职能也是它与一般出版社的重要区别之一。

这里介绍东北财经大学出版社服务意识的两个方面。一是弘扬学术，鼓励创新，设立教材、专著出版基金，资助学术著作和新学科、小学科教材的出版，激励原创性和前沿性研究成果的传承，这是服务高校教学与科研的有力诠释。二是不断完善教学支持体系，免费为教师和读者提供多介质的配套资源。同时设立专门的教学支持部门深入教学一线，了解高校师生教学需求，开展多形式、多渠道的后续服务工作。

另外，东北财经大学出版社早在 1998 年就建立了互联网站，此后进行了多次改版。目前网站采用教育网和电信网双线服务器，有查询、下载和试读等各项功能栏目近 40 个。向教师会员提供电子课件、习题答案及附录和试题等免费教学资源（近 400 种）；向所有读者开放免费试读章节（200 多种）。网络延伸了服务的平台。

3. 坚持全程质量管理，树立质量意识

图书质量管理一直是作为一项系统工程在东北财经大学出版社开展的，它要求从社长到每一位员工都负有保证和提高图书质量与服务质量的相应责任，要求将质量管理落实到从选题设计和组稿到图书营销与售后服务的生产经营全过程，要求图书的内容质量、编校质量、印刷质量、装帧质量以及图书生产经营过程的工作质量和服务质量均符合国家或行业标准，并分环节制定了岗位责任制和质量管理细则。控制图书品种、优化选题结构和严格"三审、三校、三检"制度，坚持出版物的高质量、高水平和高品位。

在发展的过程中，东北财经大学出版社一直积极支持和参与社会公益事业，努力为营造和谐的社会文化氛围履行自己的职责。2006—2007 年间，东北财经大学出版社响应教育部号召，先后 7 次向西藏大学、三峡库区"农家书屋"、新疆财经学院、新疆塔里木大学、江西井冈山大学、中国光华科技基金会"光华公益书海工程"等捐赠图书 12 712 册，总码洋达417 130.5 元，向大连市慈善总会捐款 6 000 元。2006 年被评为"辽宁省精神文明创建工作先进单位"。在 2008 年 5 月 12 日四川汶川特大地震后，通过中国大学出版社协会向灾区捐款 10 万元，员工个人捐款 23 765 元，为灾区救援和重建贡献了一份力量。

在出版业 30 年的发展历程中，高校出版社不断开拓进取，不断发展壮大。在过去的 23 年，东北财经大学出版社因专业定位有力地带动了品牌建设，专业运营为稳步发展打下了坚实的基础，使其在激烈的竞争中立足于财经专业教育出版领域，站稳了脚跟，彰显了特色，形成了优势。体制改革的深入、持续开展为我们解放了出版生产力，东北财经大学出版社将继续坚持邓小平理论和"三个代表"重要思想，按照出版改革形势的要求深化改革，因势利导，利用优势资源，发挥自身特色，坚持专、精、特的发展道路，更好地完成高校出版社的使命。

（载《中国图书商报》，2008 - 11 - 18，署名：蓝有林）

黑龙江大学出版社三大优势铸就品牌影响力

8月18日，是黑龙江大学出版社挂牌运行3周年的日子。3年来，黑大出版人积极践行为教学科研服务、为大众读者打造优质读物的宗旨，在激烈的市场竞争中，打拼出了一片属于自己的天空，确立了大学社生力军的地位。

出版图书289种，其中新书246种、重印书43种。短短3年，取得如此骄人的业绩，不少出版人称之为"黑大现象"。

作为一家年轻的出版社，究竟是什么力量使其产生如此大的影响力？《中国新闻出版报》记者在采访中真切地感受到，这种力量就是将优势进行到底。黑大社社长、总编辑李小娟向记者概括了三大优势，即利用地域优势打造特色品牌，把机制优势转化为竞争实力，让文化优势迸发创业激情。

利用地域优势打造特色品牌

提起黑大社，人们会自然而然地想到其出版的一系列精品图书。不管是集多位马克思主义研究专家数十年研究之大成的《国外马克思主义研究论丛》（6种已出版），还是填补马克思主义研究领域空白的《东欧新马克思主义译丛》（共40种，年内出版10种）；不管是具有法哲学研究领域开拓意义的《西方著名法哲学家丛书》（5辑30种，已出版两辑10种），还是展示新中国最早从事俄语教学研究工作老专家毕生成果的《当代中国俄语名家学术文库》（3辑30种，已出版1辑11种）等，都在社会上产生了很大的影响力。

尤其值得一提的是，涵盖《黑龙江与俄罗斯文化关系丛书》、《萧红全集》等众多子系列，充分挖掘黑龙江地域文化资源的大型出版项目《黑龙江历史源流与流寓文化系列》，尚未全部出齐但已引起了众多读者的关注。

其实，向精品要品牌力、影响力，是黑大出版人一贯的追求。早在出版社成立之初，时任总编辑的李小娟就根据学校的学科优势和黑龙江地域文化特点策划了《国外马克思主义研究论丛》、《满文档案文献整理集成》、《黑龙江与俄罗斯文化关系丛书》3个选题，并入选了"十一五"国家重点图书出版规划，随后的《西方著名法哲学家丛书》又补入了"十一五"国家重点图书出版规划。

3年时间，黑大社出版的图书在评奖和立项方面捷报频传。《国外马克思主义研究论丛》荣获第二届中华优秀出版物奖——图书奖，《大学使命与文化启蒙》荣获第八届全国高校出版物优秀畅销书一等奖和2007—2008中华印制大奖，《智能隔震与高层隔震的理论与试验》荣获第八届全国高校出版物抗震救灾特别奖，《大爱无疆——39小时生死时速》荣获跨省爱心救助行动突出贡献奖、第九届全国高校出版物优秀畅销书二等奖，《东欧新马克思主义译丛》、《商务俄语教材系列》等63种图书入选2009、2010年度黑龙江省精品图书出版工程……

细细想来，这些精品图书都带有浓浓的龙江地域特色，而这正是黑大出版人的优势所在、特色所在。李小娟说："以黑龙江大学马克思主义哲学以及俄语语言文学等优势学科为依托，以黑龙江省地域优势为基础，坚持专业化与多元化发展的出版模式，这就是我们最为独特的优势。"

把机制优势转化为竞争实力

与众多其他大学社相比，黑大社在机制上的优势显而易见。虽然成立较晚，2007 年 8 月 18 日才挂牌运行，但它是黑龙江省第一家正式注册为企业的出版社。也就是说，从一"出生"就走上了一条企业化、市场化道路。

把机制优势转化为竞争实力，黑大出版人从一开始就瞄准了这一目标。李小娟深知制度建设的重要性。出版社成立伊始，就非常注重强化现代企业的经营管理理念，通过调整社内部门组织机构，创新出版社管理模式和用人机制，使得企业的制度建设更加规范化、管理手段更加科学化、人员结构更加合理化。

据李小娟介绍，出版社通过积极引入现代企业经营理念，成功地推进了出版社作为现代出版企业运营模式的转变。通过对出版社外部形象的打造和设计，已经完成企业外部形象整体设计及内部工作室的装修、环境装饰工作，为员工提供了宽敞明亮、清洁优雅的办公环境；通过出台《编辑出版工作流程》、《工作量及薪酬管理细则》等多项规章制度，成功完成了出版社内部制度建设。

要想把机制优势转化为竞争实力，人才建设至关重要。黑大社现有员工 36 人，除 7 人是建社伊始学校委派到出版社创业的人员外，其余 29 人全部是通过招聘方式被录用到出版社的。黑大社一直高度重视加强编辑队伍的培训，培养适合现代出版企业，具有策划、编辑、营销等多种能力的人才，培养一批学者化的编辑队伍。今年上半年，黑大社 2010 年岗位培训工作拉开帷幕。虽然 30 多名专兼职编辑人员 90% 具有硕士以上学历，其中还有多位博士，但像这样的培训，黑大社每年都会有计划、有组织、有步骤地为员工安排。可以说，这些针对性强、实用性强、形式多样的岗位业务培训活动，为员工迅速成长起到了关键作用。李小娟说："'活到老，学到老'——终身学习的习惯不但是职业的基本要求，而且还是专业发展的必经之路。"

如今，黑大社基本形成了以学术类图书为主体、教材类图书为辅助、大众类图书为补充，比例均衡、构架合理的图书出版结构，竞争实力明显增强，总码洋已达 2 000 多万元。

让文化优势迸发创业激情

常言道，一年的企业靠打拼，十年的企业靠制度，百年的企业靠文化。作为掌门人的李小娟深谙其理。因此，她一直非常注重出版社的企业文化建设。其中，首倡精神、使命是她最看重的。

在积极开展出版工作、服务文化事业的同时，出版社努力通过多种方式让员工们践行图书出版单位所肩负的社会使命与责任。2008 年 4 月，由李小娟带队的编辑出版团队仅用了 48 天时间就成功策划、编撰出版了爱心公益图书《大爱无疆——39 小时生死时速》，全面而生动地再现了"三八"哈尔滨——长春跨省爱心大救援的整个过程。之后，黑大社对此书举行了义卖活动，将销售收入捐给了爱心基金会，以资助那些患有先天性疾病的儿童。2009 年以来，出版社还成功举办了多次公益性的中、高考名师报告会和志愿填报指导会等活动。

谈及这些公益活动，李小娟动情地说："精神产品是净化人的心灵、提高其生活质量、实现自我提升的途径，使人更加完美。我们希望通过举办一些与书相关的公益活动，去感染读者、服务读者、影响读者，从而为社会多作一些贡献。"

作为黑龙江省第一家注册为企业的出版社，"书香北疆、文化天下"的治社理念，是黑大社企业文化的高度浓缩，更是黑大社 3 年来精品迭出、人才辈出的关键所在。置身其中，每个人都会受到这种人人创业、人人成才、人人奉献的企业文化的感染。

（载《中国新闻出版报》，2010－08－10，署名：冯文礼）

复旦十载　人文强社的崛起

——访复旦大学出版社社长贺圣遂

自 2000 年以来，整整用了十年时间，原本面目模糊的复旦大学出版社，一跃成为中国学术出版的重镇，国内一流高校教材的出版基地之一，一批人文社科读物精品更是将复旦大学社的社会声誉推至业内瞩目的境界。

同时，自 2000 年以来，尽管略有起伏，但复旦社的销售额和利润以年均 15％的速度攀升，尤其是，这样的数字是建立在"学术文化出版"的基础上，不由让人在打量复旦大学出版社时，更多了几分感佩。

市场经济背景下，如何践行出版理想，坚持文化出版志业？也许，复旦大学社给我们提供了一个绝佳的典范和标本。

认识贺圣遂的人，首先都会感慨于他对出版的激情，以及对思想与文化的执著。

1993 年，时为复旦大学古籍研究所党支部书记、副教授的贺圣遂，奉命调入复旦大学出版社任副社长，从此开始了与学术经历完全不同的出版生涯。十多年来，他也曾经遭遇波折，但并不妨碍他将生命的热情全部倾注到他以"理想"称之的出版事业上。自 2000 年起担任复旦大学出版社社长以来，贺圣遂及其同仁经过不懈努力，使原本面目模糊的复旦大学出版社，一跃成为中国学术出版的重镇，国内一流高校教材的出版基地之一，同时《狮城舌战》、"南怀瑾著述系列"、"悦读经典一百句"、《我们的国家》、"裸猿三部曲"、"西方数学文化理念传播译丛"、"现代作家精选本"、"复旦大历史系列"（包括易中天的《帝国的终结》、骆玉明的《权力玩家》等）等一批人文社科读物精品相继推出，更是将复旦社的社会声誉推至业内瞩目的境界。

苏格拉底说，"未经省察的人生没有价值"。贺圣遂早对出版活动的本质进行了透彻而深入的思考。他说："我始终呐喊、坚持出版的文化品位，崇拜、赞美那些在精神生活领域能够开拓出美好境界、培育出优秀成果的作者，心甘情愿地为他们服务，并通过自身的编辑、出版活动尽可能地将优秀的精神食粮奉献给广泛的读者。"

"如果我们不需要意义，而将我们的劳动和工作简单化为一种直接的市场交易和产品交易，就有可能把交易看成最本质的东西，首先考虑的不是提供的产品好不好，而是产品能得到多少经济回报。我认为后者是生意人的品质，不是出版人的品质。"

这并不意味着贺圣遂不懂经济。事实上，他踏入出版社的第一刻，承担的就是销售和营销管理工作。他以出色的营销实绩，跨越了这一重考验，赢得了全社上下的信服。2000 年以来，尽管略有起伏，但复旦社的销售码洋和利润以年均 15％左右的速度攀升，前者由 7 000 万元提增到超过 3.3 亿元，后者由 600 多万元增长到 3 300 万元，流动资金平时有 7 000 万元，年底最高可以达到 1.2 亿元，对于一家 150 人（相比 2000 年，员工人数仅增加了 50％）的出版社来说，确实是非常良性的结构。尤其是，这样的数字是建立在"学术文化出版"的基础上，不由让人在打量复旦大学出版社时，更多了几分感佩。

对于贺圣遂而言，他的生活一如从前，没有改变。他衣着简朴，不讲究饮食，他常常选择乘坐火车出行，至今仍住在学校分给他的80多平方米的校区宿舍里——很多员工都住得比他好。

对贺圣遂而言，这些不过是身外之物。接踵而至的韬奋出版奖、中国百名优秀出版企业家、中国出版政府奖优秀出版人物等荣誉，也是意外之喜。将复旦社形塑成中国思想文化的出版高地与标杆，为作为出版根基的文化内容呐喊和呼吁，这才是他一生痴迷的事业。

市场经济背景下，如何践行出版理想、坚持文化出版，也许，复旦大学社给我们提供了一个绝佳的典范和标本。

新星耀出，崭露锋芒

他总结了决定一本书营销成败的关键点：其一，信息能够达到的宽度和广度。其二，任何信息的传播都需要众多合作者共同完成。最后，在信息传播过程当中，要选择利益相关者一同努力。

从学界初入出版界，贺圣遂并没有感受到身份置换的压力。他谦虚地称："从事出版工作前，在学术研究上我才刚刚起步。"然而，在"起步"的过程中，贺圣遂一直担任古籍研究所党支部书记、办公室主任和教研室主任等职务，从事文化学术的研究和管理工作。学校的调任，也许首先就是因为，领导意识到他有从事文化生产管理的能力。在相识的朋友——葛剑雄、周振鹤、骆玉明、陈思和等著名学者看来，贺圣遂是一个能够理解知识和学问的人，而同时又是可以从事文化管理的人。

基于自身的文化素养，贺圣遂很容易就实现了角色转换。但他依然觉得二者之间还是略有不同："我原来的角色是参与从事学者们（包括我自己）的学术研究，转入出版业后，不得不放弃自己的专业研究，我的角色转变成优秀文化的'发现者和催生者'——发现优秀的作者和市场契机，协助作者创造出更能适应读者需要的图书，通过专业的编辑出版工作将优秀文化撒播出去。"而因为自身就是一个读书人，贺圣遂了解学界的状况，清楚每位作者擅长的领域。

对于现在流行的一些说法，比如，"出版社的经营管理者，本身可以不是读书人，只要把出版社的规模效益做上去就可以了"，贺圣遂并不赞成。

"出版史告诉我们，出版领域里面所有取得成就的人，既能发现优秀作者、编出好书，也能使优秀的文化产品传播出去，从而在经济上获得成功。出版人首要的品质就是热爱文化。一只'梨子'是好是坏，自己先要心中有数，这样才能将'可口的梨子'推荐给别人品尝。因此，我不相信不爱文化、不懂文化的人能够做好出版工作。"

然而，贺圣遂还是感觉到"读书人"和"出版人"二者身份的不同："过去，我只注意个人喜欢的书——为自己的专业或爱好读书。从事出版工作后——我是为读者读书，不再仅凭个人的兴趣爱好评定一本书的价值。"贺圣遂认为，一本书满足了大众的需求，是好书，满足小众的需要，也是好书。关键是，要思考这本书有没有读者。

当然，对于贺圣遂来说，进入出版界，他还要补上营销一课。就此，贺圣遂将自己称为"幸运儿"："我一开始进入出版领域，就有了一个天赐的机会——营销《狮城舌战》。"

其实，更大程度上，这个机会是一种挑战。其时，出版市场已经向买方市场转换。然而，贺圣遂把握住了机会。在短短两年时间里，他使《狮城舌战》销售了40万册，复旦大学社因此声名鹊起。

回想《狮城舌战》的成功，贺圣遂列出了三点原因：第一，"这是一本改变风气、广受欢迎的优秀校园读物"。第二，贺圣遂有很多媒体朋友，而在这本书的宣传方面，他得到很多帮助。这让贺圣遂领会到，在图书营销中，媒体的信息传播是很重要的。此外，信息的传播要多，要立体，平面媒体、广播、电视等等的一体结合，都让他看到了宣传的功效。第三，这本书引起了新华书店方面很大的关注，"在跟新华书店的合作过程中，我理解到一本好书，可以用哪些流通手段使它走得更远"。

比如，签名售书。当时，进行签名售书营销的图书还不是很多。再比如，进大学作专题演讲报告；联络媒体的采访；作者与读者面对面地对谈，等等。在《狮城舌战》的推广中以上营销技巧都曾运用。贺圣遂至今仍记得当时读者的狂热："容纳2 000人的礼堂涌入了4 000多人倾听辩手演讲；书店里的柜台被热情购书的读者挤碎、挤破，不得不出动武警维持秩序。"就这样，贺圣遂迅速切入了一个领域，在极短的时间里熟悉了如何编书以及通过哪些有效手段实现营销目标。

他总结了决定一本书营销成败的关键点：其一，信息能够达到的宽度和广度。信息传播的时空范围越广，得到的销售机会就越多。其二，任何信息的传播都需要众多合作者共同完成。比如，宣传和实体的营销步子不能脱节，否则，大量的信息就起不到作用。所以，要和媒体及实体书店有很好的合作，"要研究如何利用相关的组织力量，让信息得到有效传播"。最后，在信息传播过程当中，要选择利益相关者一同努力。"大家的目标越一致，信息传播的效率就越高"。这些，都是贺圣遂的肺腑之言。

在出版实践中，有一些图书投入大量资金进行地毯式宣传，效果往往一般。对此，贺圣遂一针见血地指出："《狮城舌战》的宣传当然是成功的，可是如果《狮城舌战》不是一本好书，也不能取得这样的成果。有些产品不值得这样花心血。"贺圣遂认为，图书内容是最重要的。同时，要准确地选择图书信息传播的对象。比如《狮城舌战》，定位就是给大学生和中学生读的，"假如我们传播信息的对象换作大学教授、机关干部，就起不到应有的效果"。

1996年，复旦版《中国文学史》的问世，使得复旦社在社会上影响更大。策划人贺圣遂敏锐地感觉到，这样一部认为"文学是讲人性的，文学的发展是人的感情、心灵丰富的发展过程"的文学史，是对此前机械唯物主义的，片面强调人民性、阶级性，源自苏联的翻版的文学史教材的"推翻"和"打倒"，是对文学本性的"张目"。今年4月，由关西大学文学部教授井上泰山主译的《中国文学史新著》在日本的出版，意味着建国60年来中国学术界最高规格的文学史著作引起了国际学术界的重视，该书韩文版也将在半年后陆续推出。

仅当年，《中国文学史》"洛阳纸贵"，销售出7万套，累计销售20余万套。复旦社像新星耀出，开始崭露锋芒。其实，《中国文学史》出版过程的曲折与艰辛，出版后的影响与好评，也正是贺圣遂作为一名优秀出版人的最佳见证。当他联络两位主编，表示有意在复旦社出版此书时，被告知已有两家出版社联络了此书的出版事宜。但他深知这样一部大著作对于复旦社的重要意义。为了争取到出版机会，他曾从出差途中连夜赶回上海，制定了详细周密的编辑出版计划和营销规划，力图使这一著作的学术价值和社会影响得以最全面发挥，因为他深知学者们最大的期望就是自己的"学术工作和著作能为更多的人所认可与接受"。两位主编最终为贺圣遂的专业精神和诚信所打动，决断将《中国文学史》交由复旦社出版。

《中国思想史》的出版与此有相似之处。当贺圣遂得知时任清华大学教授的葛兆光正在撰写一部彰显"一般知识、思想与信仰的世界"的思想史著并向葛教授约稿时，也已有多家出版社与作者进行了洽谈。但贺圣遂的真诚、热情以及对文史专业的良好素养，再次给他以神助。且由于此前《中国文学史》的成功，葛兆光教授最终也将这部著作交给了贺圣遂。《中国思想史》出版后，不仅赢得学界的广泛赞誉，获得国家图书奖（提名奖）、首届长江读书奖等重要荣誉，更是输出到海外，出版了韩文版，英文版也即将推出。此书迄今已销售7万余套，经济效益惊人。业界很多人都说，贺圣遂有聚拢高端作者的魔力。可是，在他本人看来，出版人只有具备宽广的知识和视野、敬业的服务精神和待人以诚的态度，才能赢得优秀作者的信任与尊敬。

连续几部广受赞誉的著作的出版，使贺圣遂在业界赢得交口称赞，也使很多出版社有意高薪聘请他去开辟新的天地，他都一一婉言谢绝，毅然选择了留在复旦。作为复旦大学中文系的毕业生，他有浓重的"复旦情结"，他坚信复旦是个做事情的地方。

执掌门户，寻找支撑

复旦社的高等教育教材开枝散叶，落地生根，这就是复旦社的经济支撑。

机会来了，经过学校领导的深入讨论和慎重考量，2000年9月，贺圣遂受命出任复旦大学出版社社长。他是复旦社的第六任社长，也是唯一一位由复旦社员工推选出来的社长。贺圣遂说，此事表明复旦社真正走向了成熟。谈及往事，很多老员工也用"众望所归"来形容。

从这一年开始，复旦大学社步入了发展的正轨，持续稳定，年年增资，逐年增产。由于运营的良性，资产结构的良性，复旦社还曾被评为上海出版界"国有资产增值保值最佳单位"之一。规模效益的攀升，并未使复旦出版人止步不前，他们心中荡涤着"思想文化高地"的出版理想，不盲目扩张，不贪多求大，坚持走学术文化的专业出版道路。

"抓一流作者、创一流品牌、占领学术文化高地"，贺圣遂反复强调，这是"复旦社一向的定位"，而不是"我当社长以后的策略"。然而，在实现这一战略目标的途径和方法上，贺圣遂决策定下了"7、2、1"出版工程的实施，显然有决定性的意义。当然，现在略有变化，复旦社的高校教材现在约占60％，学术著作在25％～30％，社会读物在10％～15％。

对于三者的关系，贺圣遂看得很清楚。第一，配合高等教育的发展，复旦社坚持凭借学校的地位和威望，为中国高等教育的学科建设提供尽可能多的一流教材，这是复旦社经济上能够生存和持续发展的基础。第二，复旦社始终认为，大学出版社担当的最重要的使命是学术出版。复旦社坚持发现出版当代学者的原创优秀学术著作，这是复旦出版人追求的境界。要成为一流出版社，重要的是能将学术品牌和出版品牌合为一体。

但复旦出版人也始终有这样的愿望——"以自己的出版物构建起一所没有围墙的大学"，将大学里的优异的精神文化尽可能通俗化，使没有机会进入大学或者一流大学的社会大众也能感受精神的滋养。"所以，我们也做了很多普及读物。"在普及读物的出版方面，复旦社始终坚持一个原则——找最优秀的作者写最好的书。"我们有些小书，比如《我们的国家》，其作者都是蜚声学界的一流专家，他们肯俯允赐稿复旦社，与我们的编辑专业素养和优质的服务精神是分不开的。"

事实上，为了寻找经济上的支撑，复旦社也曾经走过弯路。"随着市场经济的发展，我们也知道教辅有不错的经济回报，也做过一些。2003年，复旦社坚决地、自动地退出中小学教辅市场，因为这不是我们的本行。"

早在2001年，复旦社就敏锐地捕捉到了高等教育大发展的先机，选用校训开头的两个字——"博学"，在工商部门注册，将品牌教材统一冠名为"复旦博学"。2004年，复旦社意识到职业教育发展的脉动，打造了新的教材品牌，面向实践性本科和高职院校的"复旦卓越"。此后，复旦社的高等教育教材开枝散叶，落地生根，成为品牌教材。现在，复旦社有各类优秀的教材500余种，持续年销售可以达到1万册以上的占200余种，这就是复旦社的经济支撑。

复旦社一直秉持这样的理念，一流教材要找一流的教师撰写。树立了品牌，就有了向外做品牌宣传的基本点。贺圣遂认为，教材也遵循图书出版的一般规律——系列化的教材容易成功。单本书销售，往往会有较大局限性。而系列图书的特点是，长江后浪推前浪，可以不断地补充新的品种，新的品种会带动老的品种。

志存高远，践行理想

行业的舆论很容易被"大鳄"们绑架。而当一方的标准成为唯一绝对标准时，整个行业的噩梦也许就开始了。

有了持续的经济保障，复旦人开始践行自己的学术出版理想。通过《中国文学史》、《中国思想史》、《中国人口史》、《旧五代新辑会证》、"名家专题精讲"、《中国文学史新著》、《中国行政区划通史》、《历代文话》、《越南汉文燕行文献集成》、《韩国汉文燕行文献集成》、"名家三十年集"、"当代中国比较文学研究文库"等等的出版，复旦学术著作的整体效应开始彰显，复旦社的原创学术出版重镇的形象，越来越广为人知。更重要的是，借由原创性学术著作的出版和广泛影响，复旦社在"中国文化走出去"、版权输出工作方面取得了引人注目的成绩。许多代表中国优秀传统文化的原创性学术著作和文化读物都输出到海外，并受到欢迎。章培恒、骆玉明主编的《中国文学史新著》，骆玉明教授著《简明中国文学史》，葛兆光著《中国思想史》，陈思和主编《中国当代文学史教程》，樊树志著《国史概要》，汪涌豪著《中国游侠史》等多种图书以英文、日文、韩文在美国、欧洲、日本、韩国等地出版，为中华文化在海外的传播作出了贡献。

在做学术精品的时候，复旦人也有自己的步骤。首先，以复旦为平台、以复旦学者为核心，打好这个基础，吸引全国的精英来参与人文社科图书出版的建设。

在如何把握和孵化优秀学术著作方面，贺圣遂更有自己一套关于"出版工作者"的理论。贺圣遂经常在社里强调，作者是"上帝"，出版者是"选民"，作者可以选我们，也可以不选我们。如果以为作者要看出版者的脸色，那就错了。他经常和编辑说："我最害怕你们出去吃请，我希望你们能够有机会请吃。'吃请'，一定是受人之托为人出书，而一般而言，这样的书稿乏善可陈；'请吃'，是编辑自己花气力为某一选题寻找到了最优秀的作者，是能写出动人篇章的合适人选。"其中，编辑的个人素质非常重要。一个优秀的编辑人员必须具有慧根、慧眼、慧才。所谓慧根就是敬仰文化，热爱文化，有悟性。所谓慧眼就是有文化鉴别力，能从众多的书稿中发现最有文化价值的书稿。所谓慧才，就是要有对书稿进行深加工的能力，要能够完善作品，提升作品，并用完美的形式推出作品。其中慧根是最重要的。出版是一个非常需要激情、想象力、创造精神、个性化劳动的工作。出版人如果没有崇高感、荣誉感和创造精神，就不可获得真正的成功。复旦社在确立选题意向时，很多产品基本上都没有踪影，只是专家们的一个构想。通过长期跟踪、忠诚服务，优秀的编辑基于自身的业务素质，能够帮助作者找到文化聚点，起到启发、辅助和催生的作用。

贺圣遂坚信，优秀的文化产品一定有文化层面的价值和稳固的读者，同时也必定能体现经济价值。只是在文化产品产生的过程当中，出版社有义务把这个文化产品做得足够精致，足够好，并且有能力将这些文化产品介绍给需要的人。

所以，对于业界的一些看法，比如"坚持在学术文化领域，不利于出版社大规模的扩张"等，他不敢苟同。事实上，在他看来，出版业面临的困境，根本原因在于我们的出版社什么都想做，不愿意走专业的道路，从而将出版的很多本质特征模糊了，稀释了。同时，图书产品制造的过程不够认真、不够严密，精心呵护的产品太少，从而使图书太多、太滥，导致读者无法选择。同时，他认为，中国出版最严峻的是市场流通的问题。

"那么多品种，但是我们的流通什么能赚钱就卖什么。专业书店很少，真正热爱和懂得图书价值的书店经营者太少；有效的信息传播太少。以上诸多因素造成有效供应始终不足。"

所以，"与其扩大规模，我更关注的是如何提高我们产品的质量。我不相信不讲品牌、不讲质量的文化产品，仅仅靠规模就能够得到持续的扩张和永续的发展。但不扩张不代表我们不做强，也许我们正因为想做强，我们才不扩张。能不能做优秀的文化产品，这是文化企业发展的前提"。

小有小的好，大有大的好，文化领域更需要百花齐放。海战中，既需要航空母舰，也需要战列舰、驱逐舰、巡洋舰甚至鱼雷快艇，它们大小不一、功能不同，但是目标都是战斗的胜利。"我一向主张出版应该是多元化的，我希望我国的出版社具体分析各自的优势与特点，把自己的特色和优势发挥出来。出版社的经营目标不应该一刀切，应该有不同的层次：有商业出版优势的出版社尽可以发挥自身的优势做好商业出版，而有文化优势的出版社就应该利用好自身的文化资源，多出版一些严肃的、厚重的、有文化传承价值的优秀出版物。"贺圣遂的忧虑是，行业的舆论很容易被以经济规模论成败的"大鳄"们绑架。而当一方的标准成为唯一绝对标准时，整个行业的噩梦也许就开始了。

"中国式"的管理哲学

"公有制的组织架构，有可能使得一些人逐渐选择了轻松的生存方式，而不是拼搏奋斗的精神。"

贺圣遂在很多场合对"文化出版"的捍卫，让很多人误认为他是一位保守主义者。事实上，在对企业的经营管理上，他绝不"保守"，而是一位"精明"的"与时俱进"的经营管理者。前两年，当出版社还主要依赖传统媒体进行营销的时候，他已经和笔者谈起了网络"病毒式营销"；当大多数出版者还在观望时，复旦社的手机书已经上线，并开始有了颇丰的盈利。

同时，在销售领域，贺圣遂早就意识到教材的销售和读物的销售是不能合二为一的。复旦社的教材销售，重视进入学校，直接到达终端使用者面前；而在读物的销售流通领域，实体书店和网络书店并重，并越来越强调立体化营销，越来越依赖网络传播信息，使图书能够有更好的展现机会。

在绩效考核方面，营销部门还是以每年销售数额是否达标、销售回款是否到位作为最主要的标准。据本报了解，复旦社的待遇并不低，实现销售指标的业务人员，年薪也是令人羡慕的。

对编辑的考核，复旦社的做法是分类对待。第一，对于新进的编辑，努力让他们尽快掌握专业的基本功，认真编两年书，待遇也不拉开，使这些青年编辑知道最基础的编辑工作是怎么回事。第二，努力鼓励有活动能力的编辑创利，给相应利润提成，使为社里创利的人能够得到较好的待遇。第三，创造条件让真正有文化追求的人做好书，不管得奖不得奖，给予特别的奖励。"我们复旦社每年要有那么几个品种是让人特别称赞的，这些品种做起来可能很辛苦，但只要编辑努力去做，出版社绝不亏待他。"

在贺圣遂看来，复旦社这些年来能够成功，首先归功于队伍的稳定，"团队里面有一些忠心的、扎实的、诚实的、肯干的人最重要"。同时，他始终认为，任何出版社搞得好不好，说到底在于有没有一个优秀的社长。社长安心和热衷于出版，出版社就容易得到发展。社长要对文化有崇敬心，有深刻的理解，这是前提。其次，他要有传播文化的热情，有为作者和读者提供服务的素质。"热情是要带动和激励更多的人跟你合作，有否高素质的人才合作，最终决定了一个出版人能否作出优异的成就。"贺圣遂说，"在我的出版职业生涯中，班子给了我重要的帮助，原来有一个好总编，现在有一个优秀的执行总编，有一个勤勉的财务总监，有个一年为经营市场出差可以达到两百天以上的以社为家的总经理，这是我的福气。"尤其是，这些骨干相信他，信赖他，愿意跟他合作，并团结了其他各式各样的同志，使得复旦社始终处于稳定发展状态，而一个社能够十年稳定就不得了。

在选择人才的标准当中，贺圣遂始终认为，忠诚第一，然后是能力。当然，在谈标准的时候，都有个度。"比如忠诚，你要让他完全做到大公无私，一个人也聘不到。能力方面，也是人各有千秋，尽量用人之长，不用人之短。"

尤其是，我们的出版社都是公有制，所以，"我们要尊重公有制企业的游戏规则，包容心特别重要"。"公有制的组织架构，有可能使得一些人逐渐选择了轻松的生存方式，而不是拼搏奋斗的精神。"其实，这也正是所有的出版社所面临的问题。民营企业的很多管理经验虽好，但在公有制出版社得到真正实施可能还需要相当长的一段时间。

客观看待阅读"失落"

直到有一天，知识和教养真正成为人拥有人生意义和成功的基础，阅读也才会真正受到重视。

好书一定赚钱，甚至说越好的书赚的钱越多，在贺圣遂看来，这不是事实，因为"文化和经济不同步"。一本好书改变一个社会政治的、经济的、文化的、观念的面貌和形态，促进文明和进步，在贺圣遂看来，这是出版最重要的意义所在。

至于当前阅读的失落，贺圣遂认为也很正常。"阅读是对世界怀有兴趣、对生命渴望理解的人的需要。阅读让我们狭窄的心能拥有宽广的宇宙，短暂的生存得以追问永恒的意义。直到有一天，知识和教养真正成为人拥有人生意义和成功的基础，阅读也才会真正受到重视。"贺圣遂说。

（载《中华读书报》，2011－06－08，署名：陈香，略有删改）

扎根大学出版沃土　构建和谐校社关系

——50周年华诞之际访华东师大社社长朱杰人

经过 50 年的发展，华东师范大学出版社在出版事业上取得了卓然成就，为业内人士所认同。回顾其 50 年——尤其是最近 10 年的成长历程，我们不难发现出版社的发展壮大，在很大程度上得益于和谐的校社关系。在华东师大社社长朱杰人看来，良好的校社关系需要两个决定性前提，一是学校领导的开明与战略眼光，二是出版社要摆正自己与学校的关系。出版社只有真正把自己放在为学校服务、为学校作贡献这一位置上，才能依托学校、依靠学校领导发展壮大自己。而如何处理好这种关系、实现和谐发展的目标，最终触及的则是如何定义并实践中国大学出版社定位的大问题。

□ 从您担任华东师大社社长以来，出版社有了怎样的发展？目前的图书产品形成了怎样的规模和特色？

■ 我是在 1997 年下半年来到华东师大社任社长一职的，至今已整整 10 年。1997 以来，华东师大社经历了一个超常规的发展历程：以销售回款码洋为统计标准，1997 年为 3 700 万元，2006 年为 5.6 亿元，特别是 2003 年、2004 年、2005 年连续三年销售回款码洋净增长 1 亿元；固定资产由 1997 年的 276 万元增长到 2006 年的 1 163 万元；总资产由 1997 年的 4 357 万元增长到 2006 年的 2.012 7 亿元；净资产在 1997 年为 3 400 万元左右，到 2006 年达 1.355 亿元；1997 年销售收入为 1 000 多万元，2006 年达 2.3 亿元。

在图书结构上，我们先后完成了两次突破：1997 年以后，我社初步确立了"以教材保证利润、以教辅保证码洋、以社科保证学术高端品位"的产品格局；2003 年以来，出版社开始尝试产品的立体化"转型"，逐步形成以"大教育"为核心的出版宗旨，从而保证全社的产品核心，并同时在社科、少儿、泛文化等领域开始探索高端、原创的出版路子。

近日，上海市新闻出版局发布《关于 2006 年上海市出版社图书出版社会效益评估的报告》，华东师大社以 96 分的总成绩列居第二名，在上海 14 家大学社中位列第一名，而在前两届的评估中，我社也分获了第一名和第三名的好成绩。这说明，华东师大社的大跨度式经济发展在方向上是正确的，以弘扬人文学术、服务于教育为己任，以社会效益为根本，同时做到了经济效益的大力提升。

□ 在您看来，华东师大社之所以获得发展的关键因素有哪些？学校在出版社成长的过程中给予了哪些支持？

■ 华东师大社这些成绩的取得，不但是因为我们全社员工励精图治，走好了关键性的几步棋，把握住了几次难得的历史机遇，同时还因为我们的背后站立着一个巨人——华东师范大学。学校对出版社的支持，首先是学校领导始终把对出版社政治导向上的把关作为其行使领导职权的第一要务，并且始终要求出版社在经济活动中循规蹈矩、廉洁自律，这是保证出版社能够健康发展的最基本条件。在这个基础上，学校也从领导班子的稳定、经营管理的权限、出版社改制以及出版工作上给予了全方位的支持与配合。

首先，华东师大社领导班子在 10 年间保持稳定状态，这有赖于学校领导的坚定支持与信任。从我 1997 年上任至今的 10 年间，出版社领导班子一直比较稳定，基本没有伤筋动骨的变动，这期间主要是充实了年轻有为的同志，为出版社的长远发展考虑进行了一些微调——而这一点的意义极其重大。由于众所周知的原因，大学出版社的行政归属于事业单位，而事业体制特有的领导轮换特点往往会造成出版社主要领导的不稳定，再加上学校这个相对封闭的环境所造成的其他因素，使出版社班子稳定的问题更为复杂，长期以来，领导班子的稳定问题已经成为各社社长的一个解不开的心结。而其隐忧，就是领导团队的频繁轮换以及任职的短期化、非职业化，对大学出版社的稳定发展影响甚大，出版社也很难形成战略性的发展模式。华东师大社领导团队的 10 年稳定，换来了出版社的平稳运行与超常规发展。在这 10 年间，华东师范大学的校领导更换了两届，而我们出版社的领导班子却依然稳定。就个人而言，我已任满三届，学校领导着眼于出版社的未来发展，仍决定对我进行超龄延聘，其高瞻远瞩与开明，值得钦佩。

　　其次，学校主管领导在具体经营活动上完全放权，不对出版社进行干预。华东师范大学校长俞立中同志曾非常谦虚地对我们说："在图书出版方面，我是外行，你们说了算，我不干预。" 10 年来，出版社在具体经营活动上从来没有受到学校的任何牵制与干预。华东师范大学的领导十分尊重出版社的经济实体属性，支持和尊重出版社按照市场规律办事，也要求学校各部门与出版社的业务往来完全遵守市场的原则，符合国家的法律要求。我们出版社以销售形式提供给学校的图书也是按照市场价格进行结算，销售手续不打折扣，票据齐全，账目明晰；学校与出版社之间的其他经济往来采取收支两条线的做法，出版社上缴学校与学校向出版社的商业支出界限分明，既不给出版社制造额外经济负担，也保证了办事程序上的合法。

　　第三，学校领导能够积极推动出版社的各项改革，帮助解决改革中出现的一些棘手问题。2000 年，在学校领导的支持下，华东师大社列为学校人事制度改革的试点单位，停止扩编事业单位的编制招聘，而以企业编制的名义自主进行人才招聘，这极大地拓宽了我们的用人渠道，顺应了出版社发展的要求；2003 年，华东师范大学领导还支持我们取消社领导班子的学校行政级别，唱响了华东师大社体制性改革的先声。在转制之前，事业与企业管理体制并存，出版社在管理上有很多棘手的问题。对于这些问题，学校领导协调相关部门，绕过事业与企业的体制性壁垒，下放给出版社各项权力，使问题得以有效解决。比如，学校党委帮助出版社解决企业编制党员过组织生活的问题，帮助新进人员解决职称问题、住房问题、福利问题等等。华东师大社为净化办公环境，保障饮食安全，取消了外买盒饭制度，让职工在学校的食堂用餐，但这其中又存在着如何有效保障国家对学生、教师就餐补贴的问题。学校领导十分重视这一问题，很快出台解决方案，统一为企业编制职工发放与在校学生、教师具有同样功能的校园卡，这样一来，我们的所有职工不仅可以在学校食堂就餐，更可以到学校图书馆借阅图书。学校在组织制作校园卡的时候，特别注意把以往的"临时工作人员"字样去掉，防止了歧视性行为的发生，在细节上做到尊重人才，实践了以创建和谐社会为目标的用人制度。近几年，华东师范大学的办学地点逐步向上海闵行新校区迁移，考虑到出版社随着规模的扩大，办公场所日渐局促，学校领导决定改善出版社的办公条件，经过调配，学校已决定将三幢大楼划拨给出版社使用。在不久的将来，我们就可以看到一个面目一新的出版社办公楼群的出现。

在大学社转制的关键年，学校领导能够响应中央的关于文化体制改革的战略决策，旗帜鲜明地支持出版社转制。关于大学出版社的转制问题，实事求是地讲，学校的领导在动议初期的认识是比较模糊的，但在听取了出版社主要领导的汇报以后，校领导的态度就非常明确，他们以服从大局的胸怀，以大出版改革战略的视野，支持出版社转制，使得华东师大社成为上海市两家高校出版社改革试点单位之一。校党委常委多次开会讨论出版社转制的细节问题，对于政策性强的问题还提出了具体解决办法，同时帮助解决转制中的一些政策不配套的问题，方案几易其稿，最终通过。目前，华东师大社的转制工作已经进入实施阶段，将在年内完成，此举将把华东师大社的发展推上一个新起点。

此外，学校领导能够做到全面开放、调动学校现有出版资源，协调各部门关系，为出版社提供各种资源。华东师范大学部分学科的优势与高水准的作者队伍，为华东师大社出版资源的开拓创造了得天独厚的条件。同时，华东师范大学的领导层总是积极主动地协调学校各院系，在科研成果的出版上向出版社倾斜，为出版社的选题内容提供源源不断的素材。在我社覆盖全国的中小学国标教材中，7～9 年级数学由华东师范大学前任校长、数学家王建磐先生担纲主编，而由我社出版的上海二期课改教材中的高中语文则由华东师范大学前任副校长王铁仙先生担任主编。我社近年来经济效益的跨越式发展，这些中小学教材的出版功不可没。

更为难能可贵的是，华东师范大学校领导还利用自身的社会资源与出版资源，丰富我社的选题资源。2005 年，在纪念抗日战争胜利暨世界反法西斯战争胜利 50 周年期间，我校党委书记张济顺同志因自己的学术研究方向，接触到了一部名为《见证二战——从上海到太平洋战场》的口述历史著作，它以二战时期的上海为背景，讲述了一个美国士兵与中国姑娘之间所发生的"从'蝴蝶夫人'到'第二次握手'的好莱坞电影般的真实故事"。张书记及时把这本书稿推荐给我社，使它为那年"二战"题材图书增添了一股别致的风情，并在当年的上海书展上获得了读者的好评。最近，在俞立中校长的主导下，美国弗吉尼亚大学教授学术著作的引进出版项目已经启动，其著作将由华东师范大学出版社出版；多年前，华东师范大学就与美国弗吉尼亚大学建立了"姐妹学校"的关系，有诸多合作项目，这个出版项目是俞立中校长与弗吉尼亚大学共同倡议的结果，属于全盘合作计划中的一个新增项目。我们还为此专门成立了由双方学校教授共同组成的编委会，首批引进 5 本图书，均涉及最前沿的美国文化和美国历史及美国政治制度的研究。

华东师范大学为鼓励我校学者的学术研究，设立了"学术著作出版基金"与"教材出版基金"，每年为两项基金各投入 20 万元，用于入选学术著作的出版工作，而这两项出版基金也花落华东师范大学出版社。

□ 作为大学社，除在图书出版上为教学科研服务，华东师大社还对学校有哪些回馈呢？

■ 1997—2006 年，华东师大社累计向学校上缴利润达一亿多元，一直是校内上缴利润最高的企业。同时，我社延续上世纪 90 年代以来的传统，出资设立多项出版基金，用于扶持中青年教师学术著作的出版，协助学校培养了一批学术骨干。

出版社还从勤工助学、丰富校园文化生活的角度为学校提供了很多帮助。如我社将在2007—2008 年为学校研究生提供 10 多个岗位，同时还让本校的在校学生参与到每年春秋两季在上海各大书城举办的导购活动中来。为了丰富闵行校区学生的文化生活，我社于2005年在闵行校区开设"大师书局"，并以大师书局为平台联络举办各类学术讲座，拓展了学生的学术视野。

2007年是华东师范大学出版社建立50周年，我社没有搞形式主义的庆典活动，而是把向学校捐赠100万元作为出版社社庆活动的一个重要内容，表达了我们全体员工回报学校的一片真情。

（载《中国图书商报》，2007 - 10 - 23，署名：王东）

南京大学出版社加强中国传统文化研究
弘扬以爱国主义为核心的民族精神

《中国思想家评传丛书》200 部整体出版座谈会 9 月 2 日在南京召开。国务委员陈至立出席并强调，要加强中国传统文化研究，弘扬以爱国主义为核心的民族精神。

陈至立说，由已故著名教育家、社会活动家、南京大学名誉校长匡亚明教授主编、南京大学出版社出版的《中国思想家评传丛书》，是中国传统文化研究中一项重大原创性、基础性工程，对继承和弘扬我国优秀历史文化传统、建设先进文化具有重要意义，对普及优秀传统文化知识，开展优秀传统思想文化教育，提高公民文化素质将发挥积极的作用。

陈至立指出，深入研究中国传统文化是建设先进文化的需要，也是实现中华民族伟大复兴的需要。要继承和弘扬我国优秀传统文化，增强民族自信心，扩大中华民族文化的影响力；要加强对大学生进行优秀传统思想文化教育，让青年一代深刻了解中华民族的历史，了解中华民族历史中深厚的文化思想底蕴，弘扬以爱国主义为核心的民族精神；要通过弘扬中国优秀传统文化，推动社会主义和谐社会建设，促进和谐世界的构建。

陈至立要求，要进一步加强中国传统文化研究，很好地总结、借鉴《丛书》编撰出版过程中积累的宝贵经验，不断提高研究水平。她强调，研究传统文化，要坚持以马克思主义为指导；要在继承和发扬中华民族优秀文化传统的同时，积极学习和吸收一切外国的优秀文化成果，做到古为今用、洋为中用；要把传统文化的研究与时代精神结合起来，处理好继承与创新的关系，寻找传统文化与时代精神的内在联系。

陈至立强调，高等学校是学术研究的重要力量，在中国传统思想文化系统研究中负有特殊的责任。要造就一批用马克思主义武装起来、立足中国、面向世界、学贯中西的学术大家，造就一批国学功底扎实、勇于开拓创新的学术带头人，造就一批年富力强、政治和业务素质良好、锐意进取的青年学术骨干。

《丛书》被誉为世纪之交"规模最大的中国传统思想文化研究工程"，南京大学组织海内外 200 余名知名学者撰写。编撰工作从 1986 年开始，历时 20 年完成，涉及 270 位著名的历史人物，时间跨度 2 500 年，共计 6 000 万字。

（载《光明日报》，2006 - 09 - 03）

上海交大出版社　走专业出版之路

近年来，上海交通大学出版社坚持"依托交大、弘扬学术、教材为本、市场优先"的发展理念，积极进行事业部改革和选题遴选制度改革，坚定地走"专业规模化、产品经营化、业态数字化、平台国际化"的发展道路，致力于出版具有上海交大优势和特色的专业图书，取得了较好的社会效益和经济效益。日前，记者就此采访了上海交通大学出版社社长韩建民。

坚定不移走专业出版之路

大学出版社在专业出版方面有着得天独厚的学术资源。如何用好这些学术资源以服务于经济与社会，是大学出版社取得发展的关键所在。

而上海交通大学出版社则始终十分注重系统策划出版学术著作和大学教材。韩建民介绍："我社近三年来已经累计投入资金600余万元，建立了四个专项出版基金，出版了一大批学术水平高、得到师生高度评价的交大版图书，包括交大学术出版基金列选近100种，立项教材列选200余种，文治堂学术出版基金列选10种，大学通识课程核心教材列选50余种。"这些学术著作和大学教材，通过出版走进了全国的大专院校、科研院所和图书馆，走到了专业人士手中。同时，许多学术著作通过交大出版社成功获得国家科技著作出版基金、全国古籍整理出版补贴项目、中国图书对外推广计划、上海科技专著出版基金、上海文化发展基金等项目的资助，不少著作还获得了"三个一百"原创图书奖、文津图书奖、全国优秀科技图书奖、上海图书奖等各类奖项。2009年，上海交大出版社累计获得各种基金资助和出版补贴2 000余万元。

以获得国家出版基金资助的"大飞机出版工程"为例。大飞机承载着几代中国人的梦想，其研制涉及数学、机械、电子、空气动力学、材料、冶金、仪表、化工、控制等多门学科。韩建民说："我们积极服务于国家战略，紧紧依托交大和全国的优质学术资源，全面整合既有相关各学科选题，在品质方面上层次，在品种方面上规模，积极策划启动'大飞机出版工程'，汇集国内航空领域最高水平的科研和教学力量，集中编辑出版一大批大飞机相关的学术著作、译著和教材，不但成功获得2009年度国家出版基金近百万元的资助，提升了品牌知名度，同时也为大飞机的研究、制造和人才培养奠定了扎实的知识基础，提供了有力的技术支撑。"2009年底，首批图书成功出版，并在北京图书订货会上亮相，受到了科技、教育、工业、出版等各方面专业人士和广大读者的高度赞誉。另外，在科学史、新能源（尤其是太阳能）、材料科学、船舶与海洋工程、传播学、古籍整理等专业领域，也取得了一定的成绩。

创新专业化营销思路　实现书与人的相遇

专业图书的读者人数少、布局分散，其营销也就与大众图书存在重大区别。而交大出版社的营销思路是怎样的呢?

韩建民说:"首先,我们为每个事业部配备专职营销编辑,从选题策划阶段开始,不但策划内容,而且策划专业营销渠道和目标市场,为40％以上的重点图书和专业图书制定有针对性的营销方案。例如,《中国学会史丛书》、《船舶工业手册》等书,出版社与相关学会、期刊、学术会议在策划、编著、营销等方面深度合作,全面利用其专业知名度、影响力以及会员和订户资源。其次,引入重大选题遴选制度,通过策划编辑参加项目策划答辩的方式,让专家学者、书店代表和出版社共同确定下一年度出版社集中精力进行重点打造和营销的系列图书。第三,为重点省区配备地区营销经理达20多位,他们不但在新华书店、高校书店等实体书店的推广上把工作做足做细,还积极深入相关高等院校针对相关学科教师进行教材终端推广。第四,积极开发与维护新兴营销渠道,如网上书店、门户网站和专业性网站,通过专家推介和内容连载等方式,因应读者获取信息与购买习惯来吸引专业读者,如《走近钱学森》等图书由于其在网络上的高曝光度一举登上了网上书店排行榜。通过这些举措,我们致力于将图书信息及时准确地告知最有阅读和购买需要的研究人员和专业读者,最终完成有效销售,专业图书的'精准营销'实现了书与人的相遇。"

借助数字出版和国际化战略做好专业出版工作

数字化是传统出版社21世纪面临的最大挑战。交大出版社依托交大优秀科研资源建设各类数据库,积极探索业态数字化与专业规模化相融合的模式。他们与上海交大外语学院、电信学院合作开发的"科技文献双语语料库及翻译与教学平台",获得2009年上海市科委数字出版重点项目资助。另外,与上海交大医学院合作开发的"超声影像医学资源库"、与上海交大图书馆合作开发的"科技论文数据库",也都进入了实质性操作阶段。

出版社是国内、国外学术界相互交流的枢纽。一方面,国内一些新兴科研课题和产业亟须借鉴国外的学术成果、数据资料和历史经验,另一方面,为使国内学者走向国际,迫切需要将他们的科研成果以出版的方式传播到全球学术界。交大社敏锐发现近年来太阳能科研和产业发展突飞猛进,而国内相关权威著作相对缺乏,于是联合澳大利亚新南威尔士大学、上海交大能源研究所等太阳能科研院所,集中翻译出版"21世纪新能源译丛",不但在专业领域内产生了较大影响,而且其市场表现也超过预期。同时,交大社还致力于与国际主流科技出版集团合作出版中国学者的英文版学术专著,面向全球发行,努力使该社成为上海交大乃至全国科技成果走向世界的桥头堡之一。"我们向爱思唯尔出版集团成功输出了江泽民学长的重要学术著作《论中国信息技术产业发展》和《中国能源问题研究》,并在法兰克福国际书展上成功举办了'江泽民学术著作英文版全球首发式'。"韩建民说,"此外,《盲信号处理》等一批高端前沿专著也即将正式出版英文版,通过施普林格出版集团向全球发行。"

向一流学术大社迈进

专业规模化思路使交大社在传播学术成果、推动科研教学等方面贡献了较大的社会效益,同时也取得了较好的经济效益。2009年,交大社出版品种大幅增加,突破了多年来出版资源配置瓶颈，全年新出图书 618 种，较 2008 年增长 35%，其中专业图书和教材占到 60% 以上。经济效益稳步提高，出版社经营实力进一步增强，全年造货码洋 2.2 亿元，销售码洋 1.82 亿元，较 2008 年增长 14%，销售收入 7 257 万元，较 2008 年增长 11.82%，利润 760 万元，其中专业图书和教材的贡献率达到 70% 以上。

"我们尽管取得了一些成绩，但与先进的兄弟出版社相比还有很大差距。我们希望在市出版局和学校的领导下，坚定走'专业规模化、产品经营化、业态数字化、平台国际化'道路，争取早日实现'文理兼备、市场融通、面向国际的一流学术大社'的办社目标。"韩建民表示。

（载《科学时报》，2010 - 04 - 01，署名：钟华）

上海外语教育出版社30年　与中国外语教育共成长

2009年，是上海外语教育出版社（简称外教社）建社30周年。经历了初创时期的艰苦拼搏、发展时期的开拓进取，外教社风雨兼程、一路前行，发展成为我国最大、最权威的外语出版基地之一。外教社的成长，是我国教育体制、出版体制改革成果的一个缩影，更见证了中国外语教育历史性的发展与变化。

30年的耕耘，外教社专注、执著，用行动履行着一个誓言——全心致力于中国外语教育事业的发展。在"服务外语教育、传播先进文化、推广学术成果、促进人才培养"的过程中，外教社得到了长足的发展，同时也愈发坚定了这样的信念：只有紧紧围绕国家战略，牢牢把握出版方向，才能更好地承担起一家大学专业外语出版社的社会责任与历史使命，才能继续创造奇迹，书写辉煌。

上篇　白手起家铸就金字招牌

1979年12月，外教社在改革开放的进程中诞生。成立之初，该社启动资金只有6万元，且当时我国外语教材、作者和出版资源都十分匮乏，缺乏专业的编辑出版和经营管理队伍。简陋的办公室，几张办公桌，几部书稿，几支笔，这就是成立之初的外教社。当时的办公地点在西江湾路的一幢小楼里，楼下是上外教工的托儿所。艰难的创业期，老一辈出版人以崇高的使命感和执著的敬业精神为外教社的发展打下了坚实的基础。

崛起：迎合时代需求　品牌生命力蓬勃

上世纪80年代，外语图书需求不断升温，培养更多掌握外语、精通专业的复合型人才成为时代的需求。作为专业外语出版社，外教社承担起了国家外语教材与学术著作出版的重任。80年代中期，教育部组织专家编写的国家级重点教材《大学英语》（试用本）由外教社出版，后《大学英语》几经修订，历时20余载，使用学生达数千万，总发行量上亿册，成为我国影响最深远、体系最完备、久经时代和市场考验的大学公共英语教材之一。此后，外教社策划了《现代语言学丛书》等学术专著，在外语教学界产生了巨大的影响，外教社的品牌开始显示出蓬勃的生命力。

20世纪90年代末，"科教兴国"战略的实施和教育文化体制改革的深入，为外教社创造了鲲鹏展翅的历史机遇。机遇面前，外教社人凭借敏锐的市场意识、强烈的忧患意识、先进的超前意识，居安思危、奋力拼搏、勇于创新、团结一致，用汗水和智慧创造了外教社的今天。

成果：500余种图书获奖　"星光"熠熠

走进外教社的陈列室，可以看到一本本"闪光"的图书：荣获国家教委优秀图书奖并曾被全国80%以上英语专业学生使用的《新编英语教程》，培养了无数日语专业人才的经典教材《新编日语》，具有里程碑意义的全球最大的英汉双解词典《新牛津英汉双解词典》，国内首套完全按照《大学英语课程教学要求》编写的新一代大学英语系列教材《新世纪大学英语》，影响中国未来、伴随青少年英语学习与成长的《SBS朗文国际英语教程》，填补了国内英文版百科全书出版空白的《不列颠简明百科全书》，一代人的标准工具书《语言与语言学百科全书》……

30年来，外教社500多个品种在省部级以上各类评比中获奖，多种教材获全国高等学校优秀教材奖，《朱生豪传》、《中国文化在启蒙时期的英国》、《现代汉语学习词典》、《新世纪英语用法大词典》（缩印本）等先后获中国图书奖，《新世纪英语新词语双解词典》获国家辞书奖一等奖，而这些只是外教社累计出版的23个语种、6 000多种图书中的冰山一角。

发展：从6万到6亿　数字见证巨变

除了图书成果，数字也许能更好地见证外教社的巨变：

从几部书稿到近几年每年出书近1 500种、重版率70%以上、图书总印数近6亿册；从6万元起步到目前发行码洋超过6亿元；从蜇居小楼一隅到建起上海市大连西路标志性的文化建筑——一栋近2万平方米12层的现代化、智能化、多功能出版大楼；与国外60多家知名出版机构建立了合作关系；几十套共上千册教材被列入教育部"九五"、"十五"、"十一五"规划教材，图书及教育服务产品涵盖了教材、学术专著、工具书、读物、数字出版、外语学术期刊等外语教学相关的各个方面；在出版主业稳固发展的基础上，建立了1个教材与教法研究中心和两个研究所，1个教育培训中心和7个异地图书发行有限公司；外教社目前的员工近200名，却创造了连续10年销售码洋年均5 000万元的增幅，在外语教育领域，外教社虽然不是规模最大、人员最多的出版单位，却称得上是人均效率和效益最高、运营管理最好的出版社之一。

2009年，外教社更名为上海外语教育出版社有限公司。体制改革将带来新的机遇，外教社的发展将进入一个全新的阶段。

下篇　深化改革成就专业品质

30年发展，外教社的办公地点从蜇居小楼一隅变成了近2万平方米的出版大楼。回顾外教社30年的发展历程，以市场为导向，以改革为动力，以品牌为目标，以技术为依托，根据内外环境的变化，不断进行战略思想、出版模式、出版观念、经营管理、企业文化等各方面的变革，是外教社持续快速发展的动力和关键。

战略思想变革：从"四个一百"到"出版、科研、教育"互动

谈到外教社，也许不得不提《大学英语》，但在外教社产品链中，《大学英语》早已不是唯一的拳头产品。1998年，庄智象任社长后不久，就转折性地提出了"四个一百"工程，即在3～5年时间里，出版100种教材、100种学术著作、100种工具书、100种读物，在保持教材、学术专著领先地位的同时，加快外语读物、工具书和电子出版物的发展，对外教社的图书结构整体布局进行了战略性调整。现在，外教社的产品链贯穿教材、学术专著、工具书、读物、教辅等外语出版的各个领域。外教社的选题开发，在经历了建社初期品种单一和中期过分依赖教材的阶段后，已经形成了纵横立体化发展的格局。

然而，外教社并没有因此而感到满足，如何整合大学社宝贵的学术、教育资源，成为学术文化建设的排头兵，始终是社长庄智象及其员工们思考的问题。"我们要把出版社建成一个融出版、科研、教育为一体的综合性平台。通过做大做强出版主业来支持、服务科研教育；同时，通过教育带动出版，通过科研支撑出版，通过出版的发展更好地服务和支持教育科研的发展，形成良性互动。"庄智象说。终于，这一具有转折性的战略思想在"组建外教社出版集团的报告"中被明确提了出来。

在这一发展战略的指导下，外教社以出版为主业，继续做大做强为教学科研服务；以科研为支撑，提升出版层次，优化选题结构，实现精品战略；以教育为契机，传播先进出版理念，推广先进教育思想，创造出版机遇，走出了大学出版社独特发展之路。

出版模式变革：从传统的"编、印、发"到构建立体化出版格局

外教社成立之初，编辑部的员工大多是来自本校各院系的教师，对编辑出版工作缺乏经验，初具规模的出版工作采取的还是手工操作模式。而现在，编辑出版工作流程实现了计算机管理，基于新技术的多媒介、数字化出版已经成为外教社新的经济增长点。

1998年，外教社在全国最先尝试立体化教材的开发，推出了《大学英语》配套多媒体教学光盘；2003年，外教社受教育部委托开发的"新理念大学英语（全新版）网络教学系统"，在全国180所示范院校推广使用。此后，外教社成立了数字出版中心，在传统纸媒介出版的基础上，注重图书的横向立体化发展，开发了音像、电子、多媒体光盘、网络、学习型网站等配套的多元化产品，运用不同的出版手段和载体，打造集声、像、网络互动于一体的立体化内容信息平台。

在数字化出版大潮面前，外教社"守正"又"创新"，既以内容资源为核心，积极发挥传统出版的优势，又对内容资源进行了数字化加工和个性化开发。目前，外教社近千本入选国家"十一五"规划的教材均同时进行了立体化资源的开发，建成了"外教社有声资源网"等近10个子网站，研发了"外教社大学英语分级测试题库"等一系列数字产品。外教社正在实践"传统出版物数字化，数字出版网络化"的目标，这个目标带领外教社构建了一个集纸介、音像、电子、网络出版为一体的多媒体、立体化出版格局。

出版观念变革：从单纯的图书出版者到综合性教育信息服务提供者

外教社将图书的出版视为起点，因为图书的背后是教学理念，是学科发展，是科研进步。但是，在努力出版优秀图书的过程中，外教社正逐步从一个单纯的图书出版者转变为综合性教育信息服务的提供机构，用行动实践了"全心致力中国外语教育事业发展"的宗旨。

长期以来，外教社在服务教育、推进科研、培养人才等方面做了很多实事。20多年前，外教社率先开办了"全国大学英语教师暑期研修班"，每年邀请一流英语教育专家作报告，探讨教师关心的教育改革热点问题，为师资队伍的建设起了积极的推动作用。近几年，教师培训的投入与规模一再扩大，每年参与培训的英语教师超过万人。

此外，外教社每年不惜投入巨大人力、物力和财力，组织各类学术研讨会近百场，"全国英语专业院系主任论坛"等学术论坛已经成为外语学界思想碰撞的盛会。另外，"全国中学生英语阅读竞赛"吸引了全国近百万中学生参与，"外教社杯全国大学英语写作大赛"得到1 000多所高校、500多万大学生的踊跃参与……

在出版社获得快速发展的同时，外教社不忘以自己的力量关爱大众、回报社会。2004年，外教社收到了一封满载青海省海西州乌兰县希望小学全体师生感激之情的信："由于贵社帮助我们修建了学校，从根本上改变了乌兰县赛什克乡怀灿吉村、圆山村、兴化村的学生们上学困难的实际问题。"2003 年"非典"期间，外教社在第一时间捐款 100 万元现金。2008 年，"5·12"汶川特大地震发生后，外教社员工及企业共向灾区捐款 80 万元，并以最快速度出版了相关图书。

回首过去，展望未来。外教社从艰难起步到如今稳健发展的 30 年，是与改革开放阔步同行的 30 年，也是全面见证、参与和推动中国特色社会主义文化建设、促进文化繁荣的 30 年。我们有理由相信，外教社将在新的起点上，创造更加辉煌的明天。让我们期待辉煌，等待奇迹！

学术篇

外语学术期刊

外教社目前出版 6 种学术期刊，包括国内唯一以外语教学为主要研究对象的中国外语类核心期刊《外语界》、反映语言学和外国语言文学最新研究成果的中国人文社会科学核心期刊《外国语》、全国中文核心期刊与中国人文社会科学核心期刊《中国比较文学》、研究国际问题的全国人文社会科学核心期刊《国际观察》、我国唯一专门介绍阿拉伯国家的综合性刊物同时也是中文社会科学引文索引（CSSCI）来源期刊《阿拉伯世界研究》以及中国外语教学期刊质量检测网络入网刊物《英语自学》。所出版的 6 种期刊中，5 种为中文社会科学引文索引来源期刊，4 种为全国外语类或社科类核心期刊。

《当代语言学丛书》

外教社 1982 年组织策划并由王宗炎、许国璋和桂诗春教授担任主编的《现代语言学丛书》出版后，在学术界产生了巨大的影响，为推动我国的语言学研究和外语教学作出了很多贡献。17 年后，外教社组织策划了《当代语言学丛书》，在引进和评论外国学者研究成果的同时，结合我国语言、文化、教育实际，与国际学者对话。此外，还出版了以 8 大语言学前沿学科为线索、以我国具有代表性的研究成果为基础的《迈向 21 世纪的语言学系列丛书》以及《认知语言学丛书》、《21 世纪语言学新发展丛书》、《语言学系列丛书》、《现代语言学丛书》、《牛津应用语言学丛书》、《剑桥应用语言学丛书》、《21 世纪修辞学丛书》等语言学著作。

《外国文学史丛书》

这是一套涵盖了英、法、美现代戏剧、现代小说和现代诗歌研究，收录了阿拉伯、澳大利亚、德国、新西兰、俄罗斯、意大利、西班牙、捷克等国文学史研究专著的我国原创大型文学史丛书。其中，《意大利文学史》和《澳大利亚文学史》分别获得了"全国高等学校优秀学术专著特等奖"和"第四届全国优秀外国文学图书奖"。在文学与文学史方面，外教社还出版过具有广泛影响的《剑桥文学指南丛书》、《外国文学研究丛书》、《外国现代作家研究丛书》和《外国文学简史丛书》。

《改革开放 30 年中国外语教育发展丛书》

为纪念改革开放 30 周年而出版的《改革开放 30 年中国外语教育发展丛书》是国内首套全面记录、反映、总结改革开放 30 年中国外语教育发展历程、成就、经验、思考与展望的丛书，涵盖了我国英语、日语、法语、俄语、德语、西班牙语、阿拉伯语及非通用语种等在内的多个语种的学科发展趋势，是迄今为止全面介绍高校外语专业教育、大学外语教育、高职高专教育和基础外语教育的研究报告。《21世纪报》将该丛书的出版列入"2008中国十大英语教育新闻"，认为这是我国英语教育界意义深远的大事。李岚清同志在该书的序言中指出，这套丛书在两方面做得好，一是"正视现实"，二是"总结经验"，对今后外语教育事业的发展具有指导意义。除结合我国实际的多套外语教学法专著外，外教社引进出版的《外语教学法丛书（英文版）》涉及了外语教学的各个方面，反映了当今国外外语教学法研究及相关学科的发展。

《新牛津英汉双解大词典》

该书所依据的《新牛津英语词典》，被誉为自1884年《牛津英语词典》（*Oxford English Dictionary*）问世以来最重要的一部英语词典。外教社耗时6年、耗资400万元、组织全国近百位专家来从事《新牛津英语词典》英汉双解版的编译出版工作，才有了牛津大学出版社授权在中国大陆编译出版的全球规模最大的英汉双解词典——《新牛津英汉双解大词典》的问世。这本2 500多页、英文总字数超过1 000万字的超大型英汉双解词典的出版，体现了上海出版人对整个出版工作的一种良知、一种责任、一种魄力、一种理念，被牛津大学出版社视为与外教社合作的里程碑、牛津大学出版社从事英汉词典出版以来的里程碑，成为一项可以载入英汉双解词典编纂史册的重大出版工程。

《语言与语言学百科全书》（第二版）

该书14卷本涵盖语言学6大领域、纵贯语言学3大分科，由励德爱思唯尔（Reed Elsevier）集团于2006年出版，并在美国、英国、法国、澳大利亚、日本、新加坡等国家同时发行，是全球70多个国家和地区的700多位权威专家历时10余年编纂完成的世界上最全面、最先进、最权威的一套语言学百科全书，被誉为"一代人的标准工具书"。语言学没有国界，上海外语教育出版社将其适时引入国内，为中国的语言学研究者提供了充足的理论养料。

《汉俄大词典》

该书出版恰逢2009中国俄语年和中俄建交60周年。这部编纂历时20年、收录了12万词条、总容量近1 000万字的词典是中国俄语学者与俄罗斯语言学家集体取得的一项重大科研成果，也是半个世纪以来长期从事俄语教学和研究的老中青三代学者才智与学识的结晶。《汉俄大词典》的出版引起了俄罗斯领导人的关注。2009年9月，俄罗斯联邦总统梅德韦杰夫委托俄罗斯驻华大使谢·拉佐夫专门致函上海外语教育出版社庄智象社长以示感谢，并对该词典编纂者和出版者的劳动给予高度评价，认为他们为促进俄语在中国以及汉语在俄罗斯的推广，为深化俄中两国人文领域的合作，为巩固两国人民之间的传统友谊作出了切实的贡献。

教材篇

大学英语系列教材

从《大学英语》到《大学英语》（全新版），再到《新世纪大学英语》，外教社开发的国家级大学英语教材伴随着数以亿计的学子走过了大学时代，也为国家培养了众多精通外语的复合型人才。《大学英语》最早的版本试用本于 1986 年出版，1992 年外教社出版了正式本，该教材于同年 9 月荣获全国高等学校第二届优秀教材特等奖以及国家教委高等学校第二届优秀教材一等奖，成为唯一获得特等奖的外语类教材，这也是当时全国教材评比的最高奖项。《大学英语》系列教材的生命力在于与时俱进。在《大学英语》（全新版）和《大学英语》（第三版）之后，外教社适时推出了《新世纪大学英语》，成为国内首套完全按照《大学英语课程教学要求》编写的新一代大学英语教材。

英语专业系列教材

曾荣获过全国普通高等学校优秀教材奖的《新编英语教程》和《交际英语教程》是我国英语专业的经典教材，几代英语专业毕业生曾将这两套书烂熟于心。而今，英语专业毕业生有了更多的选择，外教社开发的"十五"国家级规划教材——《新世纪高等院校英语专业本科生系列教材》几乎涵盖了当前英语专业开设的全部课程，总数超过 150 种；供英语专业研究生使用的《高等院校英语语言学文学专业研究生系列教材》，总数达 50 余种，这也是我国首套英语语言文学专业研究生教材。在翻译专业本科和翻译硕士专业学科建设方面，外教社均开先河，及时出版了《翻译专业本科生系列教材》和《翻译硕士专业系列教材》。

高职高专系列教材

由教育部高等学校大学外语教学指导委员会主任委员王守仁教授担任总主编的《新标准高职高专公共英语系列教材》体现了高职英语教学的实用性、职业性特征。《新标准高职高专公共英语系列教材·行业英语系列》由教育部高等学校高职高专英语类专业教学指导委员会主任委员刘黛琳教授担任编写专家委员会主任，该教材为高职高专公共英语教学如何与行业相结合提供了一个科学、合理的解决方案。行业英语涉及 13 个专门用途英语教学领域，所有的语言素材自德国引进，由国内富有教学经验的专家根据我国高职教学的实际进行了改编，为我国高职行业英语教材建设开辟了一条新的思路。

小语种本科生系列教材

编写我国首套涉及高校所开设的多个小语种的《新世纪高等学校外语专业本科生系列教材》是高瞻远瞩之举，罗致了我国外语界的权威作者。教材规模宏大，包括日语、俄语、德语、法语、西班牙语、阿拉伯语、韩语、意大利语等成系列的本科生教材，其中前 6 个语种的系列教材入选"十一五"国家级规划教材。教材总数 200 余种，其理念之新、规模之大、配套之全在国内首屈一指。

（载《中国新闻出版报》，2009 - 12 - 10，署名：方颖芝）

厦门大学出版社潜心整合出版资源，打造学术图书精品

目前厦门大学出版社年生产图书 400 多种，90％为学术著作和高校教材，特色图书和品牌图书占 60％。厦大社所出版的图书获省级以上奖励 508 项，其中国家"十五"规划重点图书《透视中国东南：文化经济的整合研究》等四种图书荣获中国图书奖，国家"十五"规划重点图书《台湾文献汇刊》被选送作为 2006 年胡锦涛主席访美赠耶鲁大学图书馆的赠书之一。在 2009 年揭晓的新闻出版总署首次对全国 500 家经营性图书出版单位的等级评估中，厦大社被评为福建省唯一的"一级出版社"，并荣获"全国百佳图书出版单位"称号。

实施三大战略，构筑核心竞争力

坚持学术为本，实施精品战略；发挥学科优势，实施品牌战略；立足高校阵地，实施目标市场战略。这三大战略的实施，使该社的图书形成自己的品格与特色，构筑起核心竞争力。

厦门大学在台湾及东南亚与华人华侨研究方面有雄厚实力，厦大社充分发挥地域优势、学科优势，出版了一大批标志性的传世图书和特色图书。如出版的国家"十五"重点规划图书《台湾文献汇刊》是迄今为止大陆最大型的台湾历史文献出版工程，全书 100 册，涵盖了目前有关台湾的珍稀历史文献。在东南亚与华人华侨研究方面，近期推出的国家"十一五"重点规划图书《吧国公堂档案丛书》是研究当时华侨社会历史的非常珍贵的唯一的档案资料，有很高的学术价值。"十一五"国家重点图书《东亚华人社会的形成与发展：华商网络、移民与一体化趋势》首次对东亚华人社会进行了整合研究，深入剖析中国崛起与华人社会资源之关系，多角度探究东亚经贸圈与华人社会的互动。最近他们正在策划《海西与台湾书系》，将首推《漳州与台湾关系丛书》（11 种）。

厦大社坚持为教学科研服务的办社宗旨，逐步形成了一批在书界颇具影响的品牌图书。厦门大学在经济学科和管理学科方面学术影响位居全国前列，厦大社立足本校，向全国辐射，经管类图书占总选题量的 30％，其中《21 世纪会计学教材系列》、《福友现代企管书系》影响广泛。厦大社的法律类图书在全国异军突起，已出版了 400 多种专著、高校教材和普及读物，《高等学校法学精品教材系列》、《共和国 60 年法学论争实录丛书》、《国际经济法文库》等 20 多套丛书的作者涵盖全国主要法学高等院校，近两年来法律类图书零售销售排行居全国前列。厦门大学广告学专业被誉为广告人才的"黄埔军校"，厦大社和该学科带头人联手进行学科建设，实现了双赢。如《21 世纪广告丛书》是全国第一套系列化的广告教材，为该学科的建设作出了重要贡献，经多次修订和改版，历经 16 年畅销不衰。随后出版的《广告传播与艺术丛书》、《先锋广告人丛书》等一批广告教育图书和《厦门大学广告学丛书》等一批有影响的学术专著和高校教材系列的出版，壮大了这一品牌。人文类图书是厦大社的主要图书构成，以历史和文学研究图书为主要基干，国学研究、海关史研究、闽南地方文化、女性文学研究和戏剧影视研究方面的图书形成特色。在古籍整理方面以史料文献和旧方

志图书为主，如《中国稀见史料》第一辑收纳海内外现存复本十部以内乃至孤本的稀见史料78种，具有保存、传播珍贵史料的价值。目前《中国稀见史料》第二辑（厦门大学图书馆馆藏稀见史料）已出版。计算机教材的出版在全省占有优势，多个版本10多年来一直被福建省高校所采用。

厦大社在立足高校阵地，实施目标市场战略过程中，以品牌图书为基干，开发多学科多层次教材系列，并立体化地整体推进：组织一系列精品专业课教材、高校公共课教材、职业考试培训用书；开发研究生、本科、专科院校等不同层次适用的教材；配套出版高校教辅图书以及供教学使用的电子出版物。

以改制为契机，不断提高经营管理水平

厦大社去年列入大学社第二批转制单位，转企改制工作正在按要求顺利地进行。他们以改制为契机，在明确专业化经营目标的前提下，苦练内功，不断提高经营管理水平。

从去年起，厦大社就开始酝酿新的组织结构调整方案和新的考核与奖励机制。2010年，厦大社根据自身发展的需要对组织结构进行了调整：设立营销中心，取消原有发行一、二科建制，对原有发行力量进行整合；还根据未来五年的发展规划，对原有的一系列岗位责任制、经营目标和分配办法进行修改和调整。如制订了新的编辑、营销中心、文编、美编、出版考核方案，获奖图书奖励办法。改革的目的是提高编辑的策划水平，提高单种书的效益，从而鼓励编辑改变粗放式的工作形态，有更多的时间和精力介入市场；强化发行改革，制定更细致、切合出版社发展目标的考核办法，鼓励营销人员参与图书的策划；探索新的质量保障方式和措施，鉴于校对工作职能发生了变化，校对工作改为文字编辑，校对室改为文编室。这些新制度目前已颁布并实施。新机制与发展目标和出版社发展思路相适应，更具有操作性和激励作用。

厦大社这些年能持续平稳高速发展，得益于一支朝气蓬勃的出版团队，稳定、富有事业心和凝聚力的领导班子，还有长期形成的温馨和谐、团结奋进的企业精神。厦大社领导班子团结和谐，分工明确，各成员充分发挥个人才智对社内重大事务民主、科学决策，在领导工作中以其人格魅力凝聚人心，引导全社实现高速平稳的增长。厦大社历来重视人才的培养，逐步完善人力资源管理的体制和机制，积极探索加强队伍建设的新思路和新方法；构筑人才干事业的良好工作氛围；切实解决新进人员的业务培养、思想教育和生活问题，让他们能一心一意干事业。同时，在社内形成互助互爱的优良传统，使出版社成为充满人文关怀的温馨的家。

积极开展信息化建设，探索新兴出版方式

厦大社在信息化建设方面起步较早，从1996年起即组织本社的技术力量，开发出版管理系统。在2007年开发成功基于B/S结构的南强出版管理系统，并将"南强出版管理系统"进行商标注册。该系统是国内第一套由出版社自己开发的全流程出版管理系统。使用该系统后，管理流程与业务流程完全吻合，能采集到出版社全业务流程的数据，对出版社的工作真

正起到了促进和规范作用。通过互联网和 VPN，还可以做到远程、实时、全天候办公。目前，该系统仍在不断地细化和完善，大大提高了出版管理、决策的水平和效率，也深得使用者的喜爱。

挖掘数字、网络出版潜力，组织出版高等教育类电子出版物，既满足了教学的需要，又促进了有关专业的学科建设，为提高福建省高校乃至省外众多高校的教学科研水平，作出了积极的贡献。通过教材配套电子课件的出版，促进了本版教材的发行工作；通过网游客户端光盘的出版，为今后开展网络游戏的出版积累了宝贵的实践经验。出版社正在规划的大型台湾研究数据库出版工程，将通过台湾研究数据库的建设，促进海峡两岸经贸、文化等方面的交流，对促进两岸的和平统一具有重大意义。2008 年该社获得新闻出版总署批准的网络出版权，成为福建省第一批获得网络出版资质的图书出版社之一。近年来，他们一直在积极探索网络出版的发展道路，并在技术、人才、资源、出版管理等方面都奠定了基础。目前，厦大社已全面具备图书、电子、网络等多种媒体的出版资质，他们充分利用互联网这个广阔平台，整合和拓展优势出版资源，深入发掘读者和用户的需求，为学术出版市场提供更加丰富和多元的知识产品。

厦大社在获评"全国百佳出版单位"后，更是强调要扎实地做好书，培养人才，壮大实力。目前该社正在制定《"十二五"出版规划》，主题还是如何通过改制，转变观念，调动积极性，用市场的方法，专业化经营。他们在基本建设上加大投入，购置新办公楼和库房；围绕"大学"，做足"出版"的文章，对已有的特色品牌加大人员和资金的投入；对学校的重点学科加强出版的沟通和扶持力度；对全社的发展目标和激励机制重新厘定。厦大出版社正在朝着实力不断增强、优势特色更加明显的方向迈开稳健的步伐。

（载《中国新闻出版报》，2010 - 11 - 09，署名：涂桂林）

浙江大学出版社"走出去"有声有色

一本原创性高端科技成果英文图书要卖人民币 5 000 元，但美国国会图书馆、欧洲各国的主流图书馆却不嫌贵，纷纷订购。记者 11 月 26 日在浙江大学出版社见到了这本由该社出版的英文图书：《第 11 届国际电除尘学术会议论文集》，定价 495 欧元。

到今年 10 月出版的浙医二院彭淑牖教授的专著《肝尾叶切除手术图谱》，该社已出版原创英文科技图书 24 种，全部进入西方各主流图书馆、高端学术机构。这意味着中国的创新文化和科技成果已被西方主流社会接纳。据悉，中国科技进展图书系列进入西方主流社会，这在中国出版界还是第一次。新闻出版总署署长柳斌杰赞扬，浙江大学出版社"走出去"工作做得有声有色，是高层次的"走出去"。

"我社'走出去'是被逼出来的。"总编辑徐有智说。上世纪末，浙大出版社还是个"无品牌、无规模、无效益"的"三无"出版社，到 2002 年码洋还未突破 6 000 万元。本世纪以来，该社在进行人事、分配、工资等一系列管理体制改革的同时，开始实施"走出去"发展战略。

"大学是创新的源头，大学出版社要关注高水平的学术成果，用科技创新和原创出版来提升核心竞争力。"徐有智说，"我社推出'中国科技进展'丛书，内容是两院院士、长江学者和国家杰出青年基金获得者的最新高端原创研究成果。"

该社"走出去"的方式是"借船出海"。2006 年初，该社与全球最大的科技出版集团德国施普林格出版集团达成战略性合作，共同出资建立国内出版界第一个跨国科技出版基金，基金设立由 9 名中科院、工程院院士组成的专家委员会负责选题方向的指导和选题的评审。丛书由中国科学家用英文写作，面向全球发行。该社社长傅强强调，丛书由中德两家出版社联合出版，但由该社主导，选题、评审、编辑、出版等环节均由该社独立完成；施普林格负责市场调查并向全球发行。

"走出去"使该社的原创学术著作的对外推广取得重大突破。3 年来，该社先后与 20 多位院士和科学家签订出版协议，已组织出版原创性科技图书 24 种，全部进入西方高端读者群；目前确定的选题有 70 个，计划 5 年内出版 100 种。

图书"走出去"，观念引进来。"走出去"战略给该社的出版流程、编校质量、印制质量带来了挑战。该社第一本合作出版的图书被施普林格认定质量与国际市场有差距，1 500 本图书全部报废。出版必须与国际接轨，这就要求编辑必须具备高水平的外语、科技知识和国际现代编辑与出版新理念。该社一边培养自己的编辑人才，一边聘请剑桥大学出版社等国际出版机构的专业编辑为出版把关。该社的英文科技编辑水平、图书制作质量和国际化人才培养因此得到提升。

据悉，"中国科技进展"丛书已入选"中国图书对外推广计划"、"'三个一百'原创出版工程"、"中国文化著作翻译出版工程"、"2009 法兰克福书展中国翻译出版资助项目"，该社也获得"为全国科技出版事业做出突出贡献奖"、"全国百佳图书出版单位"等称号。

2009 年 10 月法兰克福书展，该社作为新闻出版总署确定的 42 家重点参展单位唯一一家北京之外的大学出版社参展。

目前，该社已与美国全球国际出版社、美国海马出版社、西班牙 Future 出版社建立合作关系，最近又与比利时鲁汶大学出版社商谈合作出版人文社科类图书事宜。

国务院新闻办公室副主任李冰认为，浙大出版社与施普林格共同出资设立跨国科学出版基金，资助中国科学家出版自己的著作，这是解决国际出版合作难题的重要方式。

"走出去"使该社核心竞争力大增，原创图书占全社图书的 30%，精品力作不断涌现，中国主流的科技成果进入西方主流社会，该社的经济实力也因此大增，出口图书收入已累计超过 1 000 万元，今年码洋将近 3 亿元。改革使浙江大学出版社名列全国知名出版社的行列。

（载《光明日报》，2009 - 12 - 04，署名：叶辉）

向行业要生存　向市场要效益

——访问中国矿业大学出版社社长、总编辑于广云

转企改制后，专业高校出版社如何做到既立足高校又面向市场要效益？中国矿业大学出版社根据专业优势，以发展学术为本，在高水平服务高校、服务所在行业与产业方面形成品牌特色。日前，《中国新闻出版报》记者专访了中国矿业大学出版社社长、总编辑于广云。

明确定位　实施精品战略

《中国新闻出版报》：中国矿业大学出版社在去年荣获"全国百佳图书出版单位"荣誉称号，你认为经验与优势在哪里？

于广云：坚持专业分工，明确出版定位，强化特色，坚定不移地塑造煤炭和安全专业方面的图书品牌，形成了突出的专业特色，也取得了较好的社会效益和经济效益，实力和影响力不断增强，这就是我们成功的秘诀。

《中国新闻出版报》：中国矿业大学出版社是如何高水平服务于高校、所在行业和产业的？

于广云：面对近年来出版行业大干快上、规模推进的咄咄逼人形势，我们认识到，作为一家小型的专业出版社，不能盲目跟风，必须正确定位，寻求适合自身的发展之路和生存方式，扬长避短，坚持"小而专"、"小而精"、"小而特"的发展方向，处理好"有所为有所不为"的关系，根据专业优势和特色资源，坚持面向煤炭大中专院校教学科研，以及面向煤矿职工安全培训、煤炭能源科技进步的定位，不断强化、拓展办社思路，着力打造图书品牌，实施精品战略。在 2009 年的出书品种中，"煤"字和"安全"方面的选题板块约占 78%，形成了鲜明的专业特色，树立了矿大社的品牌形象。

特色经营　以专业赢市场

《中国新闻出版报》：图书的专业特色和内容质量是出版社立身之本，但要实现出版社的长远发展，生产经营业绩必须做上去，在这方面你们又是如何做的？

于广云：在努力树立良好的企业形象和信誉的同时，我们坚持特色经营，向市场要效益。围绕不同层次教学需要，组织编写本科、高职、成教、中技等不同类型的教材，做到理论性与应用性、时代性与创新性的结合；配合中国煤炭远程教育网，针对生产一线学员的素质状况编写远程教育教材，配备多媒体课件和电子光盘，便于学员学习和自测；针对国家煤矿安全培训大纲要求，"工学结合"，组织生产技术人员和培训教师按照不同生产条件的煤矿实际，编写地方性安全技术培训教材。出版社不仅为国家能源经济发展、煤炭行业人才培养、煤矿职工安全生产作出贡献，而且以专业特色赢得了市场，其产品年销售码洋以 40% 的幅度增长，馆配图书码洋年均以 200% 的幅度增长，综合实力和社会影响力得到提升。

力求实用　为读者"量身定做"

《中国新闻出版报》：有了特色，就创出了品牌，有了品牌，就有了竞争的法宝。如何保证出版社持续健康发展呢？

于广云：我社在强化特色的基础上，以出版资源、服务对象、出书定位等综合因素为基础，把精品图书出版作为一项系统工程来实施，抓好国家级和省部级重点图书的出版，用精品书塑造矿大社的品牌。在选题规划环节上精心设计，科技含量和学术水平都具有国家专业领域中的最高水平，其作者都是知名度很高且有影响力的专家。另外，在出版环节上精心施工，从专家论证、集体审稿到反复修改，环环相扣，确保重点选题出精品，形成了品牌效应。

品牌竞争的根本是以质取胜。策划组织编写过程中，我们充分考虑读者的需求特点，以科学性、适应性和可读性为原则，创新作者选择方式和内容编写方式，如在山东兖矿集团和山西晋煤集团多次举办培训班培训生产一线的作者，为各类读者提供"量身定做"的出版服务，保证了出书的高质量和实用性。在编写方法和出书形式上，灵活多样，采用漫画、电子书等形式，提高了图书的适应性和可读性。完善质量检查机制，从而争取市场份额的最大化。

整合资源　积极"走出去"

《中国新闻出版报》：面对竞争日益激烈的出版业发展的大形势，面对集团化资本的优势，你们如何规划发展之路？

于广云：以专业特色和学科优势为品牌建设夯实基础，把发展作为第一要务，不盲目追求出版规模，在做大的过程中做强，在做强的基础上做大；坚持内涵发展，抓队伍建设，抓产品质量，抓增长质量和效益，追求社会效益与经济效益的有机统一，在不断提高质量的前提下追求出版规模的快速发展。具体为：错位竞争，品牌延伸争市场。从历史积累、资源深度、队伍规模、细分市场占有情况、产品特色等方面进行综合分析，确定本社出书方向和营销重点；拓宽视野，延伸出版触角。成立北京分社、西北出版机构、淮海地区出版机构，将自身专业优势与区域出版资源有机结合，开拓新的出版资源"活水"；积极探索，整合出版新资源。以实施高端出版、数字出版、整合出版为突破口，努力拓展其他介质媒体出版业务，成立了电子音像编辑部，制作电子产品和出版电子书库，为煤矿企业、院校服务，为图书出版业务的成长形成有效的支撑；拓宽社会合作渠道，创新合作形式。积极开展国际合作，推进自身品牌产品"走出去"，将国外优秀产品"引进来"。

2010 年是出版社发展的重要一年，是出版社完成转企改制真正向市场转型发展的重要关节点。全社上下力争实现 2010 年图书码洋增长 30%～50%，迈向新的台阶。

（载《中国新闻出版报》，2010 - 05 - 17，署名：王坤宁）

广西有这样一家出版社

不久前，新闻出版总署发布《2009年新闻出版产业分析报告》，广西师范大学出版社在我国图书出版单位总体经济规模综合评价中排名第六，在大学图书出版社中排名第二。

广西师范大学出版社地处边远小城桂林，倚靠的广西师范大学也只是广西区内一所普通高校，在品牌、渠道、地域、资源各方面并不具有天然优势。可就是这样一家出版社，却成为我国人文社科出版的重镇，并在出版社的体制改革、机制创新方面，小步快走，走在全国同业的前列。

好书不断　创新不止

"虽身处边陲，却敢于创新，因而每每能在形势转型之际得风气之先"，回望广西师大出版社的发展历程，何林夏社长掷地有声。

早在上世纪80年代末，刚刚成立不久的广西师大出版社，就以朋友的身份，真诚地同书商进行深入合作，迅速在全国建立了高效的教辅销售网络。这一举措，引起业界一场震动。广西师大出版社的教辅图书，借助这个流通渠道发到全国各地，迅速成为市场上的品牌产品。而由此带来的商品意识的觉醒，直接催生了全国教育图书发行联合体，双方结成共赢的合作关系。

然而，在广西师大出版社人看来，只做教辅图书，并不能很好地体现一个出版社的追求。同时，市场风云变幻，教辅市场分化严重、经营利润急剧下滑，固守教辅这一阵地，必会失去出版的大片江山。广西师大出版社审时度势，决定强势进入人文学术图书和珍稀文献的出版。

2000年，广西师大出版社在北京成立了寓意为"to be better"的贝贝特出版顾问有限公司，从事选题策划和批发本版图书。不久，广州、南京、广西、上海四地也相继成立了以"贝贝特"命名的公司。

如今，5家"贝贝特"一年能为广西师大出版社贡献一个多亿码洋的产值。

在广西师大出版社看来，"贝贝特"战略的意义，更重要的在于摸索出了一条独特的发展道路，让出版社在学术人文图书和珍稀文献类图书领域大放异彩。

以"雅典娜思想译丛"、"插图珍藏本系列"、"思考中医系列"等图书构成的广西师大出版社人文艺术图书出版框架已具雏形，好书不断，好评如潮，品牌形象为越来越多的人了解和认同。

截至去年，出版社成立24年间共出版60多种、近2 000册国内外罕见的珍籍密卷。《满铁密档》系列、明清档案系列、《美国哈佛大学哈佛燕京图书馆藏中文善本汇刊》等具有极高的学术研究价值，在海内外学术界引起了高度关注。

一切为了人与书的相遇

"为了人与书的相遇"，北京贝贝特墙上最为醒目的一句话，代表着广西师大出版社人对"出版"的深刻理解。

雅典娜思想译丛、"温故"系列、影像阅读系列、电影馆系列、中医文化系列、"百家讲坛"系列、大学名师讲课实录系列……一本本散发着墨香、浸润着文化的书籍，见证了广西师大出版社对文化品位的坚持和坚守。

在广西师大出版社有一面大大的"作者影像墙"，钱穆、唐君毅、牟宗三、萨孟武、何炳松、何炳棣、劳思光、杜维明、许倬云、余英时、白先勇……正是他们和出版社的牵手，实现了"人与书的相遇"。

团结在广西师大出版社周围的，不仅有作者，还有出版人。在广西师大出版社，有一个奇特的现象：多年来，虽有一些员工流动，但骨干和中层队伍几乎没有流失，只是不断加入了新鲜的活力。而广西师大出版社的新鲜血液，大多都是学文史哲的毕业生，离开学校就进入出版社，一直没断了"读书"。

正因为如此，他们才能在广西师大出版社这一纯净的环境里，获得内心深处的认同，凝聚为一个具有理想而专业务实的团队。

把员工内心的使命感和价值观凝结在一起，成为广西师大出版社内部管理最有效的方式，他们执著进取、激情飞扬、充满朝气，基于对文化的守望对每一本书负责、对每一位读者负责。

萧规曹随　与时俱进

2009 年 6 月 28 日，广西师范大学出版社改制为广西师范大学出版社有限责任公司，并在此基础上成立广西师范大学出版社集团，成为全国高校出版社第一批转企试点单位中唯一的地方高校出版社，也是我国第一家地方大学出版社集团。

转企改制、成立集团，并不仅仅是改变了单位性质和经营形式，更重要的，它是全面梳理出版单位生产关系、建造起真正意义上的现代企业的一个良好契机。

何林夏社长说："出版社改制，我们不想简单翻一下牌。转企，政府有要求是一方面，企业本身发展的要求则更是基本动因。企业发展，需要企业文化，还需要现代企业的治理制度，让大家有共同的理想的同时，又有科学的利益体系，从而形成紧密的合力。"

2009 年，广西师大出版社在内部微观运行机制改革上大胆突破，把原先内部比较松散的社科、教育、综合三个图书出版中心改组为社科图书、文献图书、高等教育、基础教育、综合图书出版的五个分社，各分社的权能、责任和利益大大增强。在何林夏看来，转企改制带给企业的是最大的活力。

在编辑制度上，广西师大出版社颠覆了传统吃"大锅饭"的局面，要想生存就必须策划好书！改制后，各个出版编辑部门往往会因为由谁去策划一本好书而"各显神通"。

多管齐下，广西师大出版社的成绩让人欢欣鼓舞：不论是图书生产数量、质量，还是销售数量、质量，都比以往有大的提高。文献分社 2009 年生产总码洋、销售码洋、回款实现翻番；社科分社全年销售码洋和回款实现翻番；基础教育分社在教材下降 60％的情况下，由于区内系统教辅增长 43％，遏制了出版社利润下滑的趋势……

"多年来，我们一直致力于打造一个具有全球性思想文化对接与交流的平台，过去是，今后更是。"出版社党委书记姜革文如是说。

（载《光明日报》，2010－10－07，署名：刘昆）

学术精品立社　多元开拓做强

——华南理工大学出版社 25 年发展走笔

成立之初的 1985 年，华南理工大学出版社仅有 16 人，资产只有几百万元，年出书也仅有 20 多种。25 年后的今天，该社总资产已翻了几番，累计出版新书 3 000 多种，重版率达70％以上，形成了学术精品、创新教材和大众精品的特色品牌，有 400 多种图书获得国家级、省级图书和中南地区大奖。

近年来，华南理工大学出版社以新闻出版总署、教育部和广东省委、省政府的有关精神、政策为指引，通过体制机制的改革创新，调整出版结构，走出了一条跨越式发展的道路。

构建科学合理的管理体制

华南理工大学出版社在成立时即领取了企业法人营业执照，是华南理工大学的一个独立核算、自负盈亏的部门。1992 年，该社开始尝试出版社的企业化管理，但初期的改革较为粗放，无法满足出版社快速发展的刚性需求。

作为中小型出版社，要在大社林立的出版产业中立足，必须做出自己的特色。自 2003年 7 月起担任华南理工大学出版社社长的范家巧提出了"专、实、特、精"的办社理念，提出以重大出版工程和高水平学术原创专著为龙头，以高水平创新系列特色教材为主体，以市场畅销图书为新的增长点组织选题。2008 年 1 月，该社完成了清产核资工作，并被列为第二批高校出版体制改革试点单位。在新的形势下，按照新的要求，该社规范地制定了公司章程，依法成立了董事会、监事会，完成了工商注册登记，正式成立了华南理工大学出版社有限公司，确立了今后的发展目标。

为了适应新形势下的发展需要，该社较早涉足数字出版领域，成为北大方正在华南地区签约的第一家出版社。在 2004 年中国 eBook 产业年会上，该社被授予网络出版先锋奖，之后又相继得到新闻出版总署授予的电子出版权和网络出版权。目前，该社累计出版电子图书3 000 多种，电子书复本销售额达到 200 万元。2009 年 2 月，该社出版的 690 种电子书被温家宝总理作为国礼赠送给英国剑桥大学，温家宝总理还亲自为此电子书数据库题词——中华数字书苑。据了解，该社的岭南建筑智能化数据库目前也在酝酿建设中。

打造学术立社、品牌强社发展特色

华南理工大学出版社把坚持为高校教学、科研和学科建设及社会服务作为办社宗旨，秉承"服务教育、传承文明、致力原创、追求卓越"的出版理念，发挥学校学科的优势和广东地域优势，坚持以学术精品为立社之本，着力做专做特，做精做实。

该社依托学校学科优势和出版社特色优势，先后承担了国家重点图书出版规划项目 14

项，其中有 33 种教材列为高等教育"十一五"国家级规划教材。此外，《工程硕士研究生英语教程》在众多名校主编的教材中脱颖而出，被评为全国工程硕士专业学位指导委员会推荐教材；《高等工程数学》等 4 种教材被评为全国工程硕士研究生教育核心教材，华南理工版教材已成为众多高校认可的品牌。

为了提升图书的品位，该社特聘中国工程院院士何镜堂、中国科学院院士吴硕贤、国家教学名师秦秀白等 20 多位专家、学者组成了学术顾问委员会，通过这支专家队伍，及时了解学科前沿动态和高校教研成果，从而优化选题资源和作者资源，出版了一大批优秀的学术专著，其获奖图书在广东省高校出版社中名列前茅。如，由 59 位民居专家历时八载编撰而成的鸿篇巨制《中国民居建筑》，获得了第十四届中国图书奖；《企业社会责任在中国》被专家称为我国企业社会责任研究的重大突破，入选新闻出版总署"三个一百"人文社科类原创图书出版工程；被誉为华夏客家文化典籍之精品的《客家文化研究文丛》，是国家"十五"、"十一五"规划重点图书，拟出版百种，目前已出版了 30 多种。今年 4 月，在世博会开幕的前夕，该社利用校缘优势，出版了《2010 年上海世博会中国馆》、《何镜堂建筑创作》以及《何镜堂建筑人生》，得到广东省委宣传部和广东省新闻出版局的高度赞誉。

让弘扬中华传统文化的精品图书走出国门，是华南理工大学出版社的执著追求。去年年底，在越南、柬埔寨举行的中国图书展销会上，该社的《中国民居建筑》、《客家文化研究文丛》、《中华民族民歌合唱大全》等高质量、高品位的图书，受到东南亚读者的青睐，引起版权贸易商的兴趣。

该出版社社长范家巧告诉《中国新闻出版报》记者，该社目前正在紧锣密鼓地筹划着两个极具特色的精品项目——《岭南建筑经典丛书》和《客家文化标志书系》，广东省委宣传部部长林雄担任丛书编委会主任，何镜堂院士做丛书主编。该丛书已成为华南理工大学出版社的攻坚出版项目，并将申报"十二五"国家重点图书出版规划。"我们将按照国家级重点项目的出版要求高质量、严要求地把它打造成为精品。"范家巧如是说。

推动产业规模化发展

作为企业运营的华南理工大学出版社，虽然面临的市场挑战较为严峻，但是，该社的发展目标清晰，发展决心坚定。社长范家巧更是提出了"做专做特树品牌、做实做优创效益、做新做强谋发展"的办社思路。在这个理念的指导下，该社计划在今后的 5 年里，认真编制实施"十二五"国家级规划教材，策划出版一批精品图书，冲击各类图书奖项。同时，发挥该社的优势，力促电子出版、音像出版和网络出版上规模，力争产值翻一番。该社还将设立双效图书和原创著作奖励基金，用于支持和鼓励优秀的作者。

为了建成与高水平研究型大学相适应的高水准出版社，在广东省委、省政府提出的"自主创新，建设创新型广东"的号召下，该社已在酝酿创办文化创意产业园。酝酿中的创意园是一个集传媒产业、文化会展、艺术品设计及贸易场所、教育培训、信息服务业、文化休闲旅游业等文化类产业于一体的多元化、集团化的研发基地，通过与外部资源的整合，开拓如图书批销市场租赁经营、图书出版与印刷人才培训等业务，把出版社从单一经营发展成为集团化的多种经营，成为自主创新产业的助推器。范家巧说，只有坚持自主创新，才能从根本上提升产业竞争力，才能加快经济发展方式的转变，才能使出版社朝着规模化的方向健康发展。

（载《中国新闻出版报》，2010－10－15，署名：魏晓薇）

华中师范大学出版社改革与发展记略

宋代大文豪苏东坡有诗云："一年好景君须记，最是橙黄橘绿时。"在秋阳高照喜迎丰收的季节里，在百年老校华中师范大学校园里，举行了华中师范大学出版社25周年庆典及华中师范大学出版社有限责任公司挂牌仪式。活动隆重热烈，高朋满座，湖北省新闻出版局、湖北省教育厅以及学校领导，还有部分作者代表对出版社25年来的发展给予了充分肯定，同时对未来转企改制后的前景寄予了殷切的期望。正如有人所说，这一时刻将成为出版社历史上"一座新的里程碑"，它既记录着出版社从稚嫩、弱小到不断成熟、不断壮大的筚路蓝缕的创业发展历程，也镌刻着一个新的起点，鼓舞着华中师大出版人以崭新的企业面貌、昂扬的企业精神投入文化建设与经济建设的时代潮流中去。

回首过去的25年，华中师范大学出版社犹如一株植物——它扎根于百年老校的沃壤之中，汲取丰厚的出版资源，甫一出土就显出了教育的亮色和学术的新枝；20世纪90年代，沐浴着改革开放的春风，出版社大胆尝试机制改革，勇于探索发展新路，阳光雨露的滋养使它逐渐枝繁叶茂；在新世纪的头10年里，出版社进一步深化改革，抢抓机遇，主干更显挺拔，枝叶更具丰润，结出了累累硕果。当然，它也经历过风雨，承接过霜雪，但困难已成为磨炼和财富，在它的年轮上凝成了坚毅与自信的印痕。

25年来，华中师范大学出版社始终坚持正确的出版方向，文化为本，学术为本，教育为本，举师范旗帜，铸教育品牌，在社会效益和经济效益方面取得了长足的进步。总计出版图书近5 000多种，出版电子音像产品数百种，其中为本校出版学术著作、大学教材等多达1 500余种，对学校的教学科研发展以及学科建设、对国家学术文化事业的繁荣作出了积极的贡献。在刚刚揭晓的第三届中华优秀出版物奖中，该社以8年时间精心打造的《张舜徽集》榜上有名，这已是该社第五次获得国家级大奖。在此前，《社会主义：20世纪的回顾与前瞻》、《稳定性的数学理论及应用》、《集体背景下的乡村治理》、《少儿学拼音》等图书或电子出版物曾获得过包括中宣部"五个一工程"奖、中国图书奖及国家电子出版物奖提名奖等多个国家级出版奖项；出版的学术专著、高校教材获得了包括教育部人文社会科学成果一等奖、国家高校优秀教材一等奖、湖北省社会科学成果一等奖等在内的各级各类教学、科研成果奖励上百项。出版社文化与经济并重，重视产品与市场开发，在经济效益方面稳步提高，现已发展成拥有员工过百人，年销售码洋过亿元，年出书500多种，注册资金6 500万元，成为国内有一定特色和影响，有一定品牌号召力、具有良好成长性的中等规模出版企业。

文化为本，学术为本

依托百年学府，立足桂子山，关注学术前沿，华中师范大学出版社出版了一批在学术界和出版界引起重大反响的学术精品图书，这些图书仿佛一片片闪亮的叶子，在阳光下光芒耀熠。从上世纪80年代末起，充分挖掘华中师大近代史研究的优势资源，出版社邀请著名历史学家章开沅先生策划组织了《辛亥人物文集》。此后，围绕辛亥革命这一重大历史题材，先后组织出版了《辛亥前后史事论丛》、《辛亥革命与近代中国》研究书系等，得到了史学界的好评。在即将迎来辛亥革命百年纪念日的时刻，出版社又与华中师范大学近代史研究所联合，以该校学者队伍为基本班底，广邀国内一流专家加盟，策划了《辛亥革命百年纪念文库》出版工程，收录有关辛亥革命研究的著作和文集共计 29 种，总字数逾 1 400 万。该工程卷帙浩繁、规模庞大，具有重大的史学价值和现实意义，其中《辛亥革命与中国政治发展》列选"庆祝建党 90 周年、纪念辛亥革命 100 周年百种重点出版物选题"。继《张舜徽集》之后，规模宏大的《钱基博集》20 卷也将陆续刊行。在真正的好书面前，华中师范大学出版社的坚定选择是重文化传承不计成本投入，而这些精品也给出版社带来了回报：《华中语学论库》、《村治书系》、《湖北通史》、《面向 21 世纪物理学丛书》、《科举学丛书》、《桂岳书系》、《韦卓民译康德哲学书系》等一大批学术精品，推出后得到了高度评价，其中许多品种甚至还获得了一定的经济效益。更重要的是，这些图书为出版社树立了口碑，拔高了形象，它们犹如一幅幅精美画卷，装点着出版社 25 年的发展长廊。

教育为本，学生为本

华中师范大学出版社特别注重为学校教学科研、学科建设服务，为师范教育服务，为基础教育服务，在教育出版领域秉承坚持质量、打造品牌的理念。出版社以"华大博雅"和"华大精制"为品牌先锋的高校文科教材和高职理工科教材，经过十多年的磨砺，已有动销品种近千种。其中文科教材起步早，涵盖了中文、历史、教育、心理、政治、社会等学科，一些品种如《中国当代文学》、《民间文学教程》、《中国古典文献学》、《英语词汇学》、《社会学教程》等均累计销售 10 万册以上，两个效益明显。在"十一五"国家级高校教材评选中，39 种图书入选，成为品牌中的品牌。而在基础教育出版领域，《信息技术》、《体育与健康》通过了教育部审定，成为国标教材，在中小学教育中发挥着重要作用；1993 年推出的《中小学各科重难点手册》畅销近二十载，销售过千万册，在竞争激烈的教辅图书市场上始终立于不败之地，可以说是一个奇迹。奇迹创造的秘诀就在于出版社始终本着对读者负责的态度，把质量看做图书的生命线，不仅要求编校质量达到国家标准，对教辅图书而言，保证知识的正确性也至关重要。近年来，在国家各级出版管理部门组织的图书质量抽检中，华中师范大学出版社的教辅图书全部合格，显示出过硬的品质。

以人为本，以发展为本

出版社可持续发展的关键是培养高素质的人才队伍。华中师范大学出版社于 1998 年发起成立了华中师范大学出版科学研究中心，以推动编辑出版科研活动的开展，形成浓厚的学习和研究氛围。该中心定期举办研讨活动，注重将学术研究与出版社工作实际紧密结合，先后举办了出版品牌研讨会、出版政策研讨会、教材选题出版研讨会、市场营销改革研讨会等，体现了理论研究为生产经营服务的原则。在浓厚的学习氛围和积极搭建的工作舞台中，出版社的编辑和营销队伍得到了锻炼，形成了梯队。社长范军先后获得了第五届全国百佳出版工作者、国家首批新闻出版行业领军人才称号，总编辑段维获得第四届全国百佳出版工作者称号。在全国出版科研论文奖、青年编辑论文奖以及全国青年编校大赛中，华中师范大学出版社亦有多人获奖。健全的人才培养机制使出版社涌现出一大批优秀的中青年骨干，带来了勃勃生机。

此前，华中师范大学出版社的体制转换、机制调整已经在稳步推进。干部能上能下已经实现多年，机构能设能撤更加贴近市场，收入能高能低已通过全员薪酬改革变为现实。转企改制后，该社正在积极酝酿进一步深化内部改革，要求全体员工转变观念，勇敢面对市场挑战和形势的新变化。同时，出版社也在积极筹划加强对外联合，旗下控股公司、参股公司的运作均已启动，并在认真论证异地筹办分社的可能性。而华中师范大学出版社有限责任公司的挂牌成立意味着出版社彻底告别事业单位企业化管理的出版模式，已向着现代文化企业大步迈进。为此，该社科学地制定了"十二五"发展规划，确立的目标是：把华中师范大学出版社建设成为国内外有重要影响、教育出版特色鲜明的中等规模出版强社。

今天的华中师范大学出版社，是一个团结奋进的集体，是一个锐意进取的团队。它为出版业增添的道道亮色留在了许多人的记忆中。"姹紫嫣红三春晖，赏心悦目百事兴。"可以期望，在今后的发展中，华中师范大学出版社将更加姹紫嫣红。

（载《中国新闻出版报》，2010-11-18，署名：华立群）

西南师范大学出版社百佳是这样炼成的

如果不是西南大学校领导决定以校方的名义举办隆重的纪念大会，或许西南师范大学出版社的 25 周年社庆活动，依然会以极低调的形式悄然度过；而西南师范大学出版社作为西南地区大学社中仅有的两家进入全国"百佳"出版社阵容之一的真面目，或许依然为业界所不知。

2010 年 5 月，西南师范大学出版社迎来了建社 25 周年的日子。新闻出版总署署长柳斌杰欣然题词"书香天下，传承文明"，在 5 月 20 日举行的隆重的纪念大会上，教育部李卫红副部长专门发来书面讲话稿，重庆市委常委、宣传部部长李事忠出席大会并讲话。张拥军、徐维凡、陈亚明分别代表主管部门致辞，中国大学出版社协会理事长、北京大学出版社社长王明舟代表全国大学出版社发表了热情洋溢的祝词，全国师大社和部分大学社知名领军人物与会，以"2010 年大学出版高峰论坛"的形式，为西南师范大学出版社庆生，并就此展开对大学社改革发展之道的研讨。从中，我们可以感受到西南师范大学出版社平实但不同凡响的影响力和号召力。

西南师范大学出版社从 1985 年到今天，何以能化地缘劣势为优势，从相对封闭的西南地区走向全国，雄踞一方？它又是如何从探索的挫折中回到最初战略的原点，从 1999 年 3 000 万码洋 10 年一路跃进到今天的 4 亿多码洋的？

战略领先，抢占先机，源于对教育出版本质的认识

西南师范大学出版社之所以能在 1999 年之后高速发展，迅速崛起，是因为捕捉住了新课标教材的先机。面对业界同行的这一评价，社长周安平却作了这样的解答：机遇从来是给有准备之人的。能抓住新课标的契机，并不是一种偶然，而是一种必然。从 1985 年建社起，周安平先后担任第一任班子的副社长，第二任班子的总编辑，第三任班子的社长。他说，从建社一开始，就确立了为教育服务、以教材立社的明确理念，基于对师大社服务于基础教育需求的本质认识，他们始终坚定不移地推进基础教育教材和相关助学读物的开发，1986 年底，即以一套《小学语文教学指南》、《小学数学教学指南》丛书为拳头产品，打下了基础教育读物出版的坚实基础，也为出版社奠定了发展的根基。他们倾全社之力，一门心思耕耘在基础教育国家教材的开发编写上，到 2000 年，先后组织编写了《普及九年制义务教育中学实验教材·数学》等 15 套国家级教材，为出版社积累了丰富而厚实的经验。这期间，尽管出版社也曾走了一段弯路，偏离了基础教育出版这一主轴，但经历了挫折之后，他们又坚定地回到了战略的原点，这使西南师范大学出版社在 2000 年国家新课标颁发后，得以跻身全国首批参与课程标准教材建设的 13 家出版社之列，占据了课程教材出版的先机，为出版社加速度发展注入了强劲的动力。从 2001 年到 2003 年，新课标教材《数学》、《语文》、《音乐》先后通过全国中小学教材审定委员会的审定，在重庆、四川、云南、贵州等西南地区一经推广，即得到热烈反响。为巩固成果、乘势而上，出版社开展了一系列教材体系建设工作：成立专门的课标教材编写、发行、培训机构，配备专职人员达 30 多人；深入教学一线，不间断地开展教学调研，反复修改和完善教材；开展各种类型、各种层次的教师培训活动；组织教

师撰写教学论文，培养骨干教师等等。在数字化、网络化教学资源整合、开发上，再次体现了西南师范大学出版社的战略领先眼界，从 2003 年开始，即与北大方正、中文在线、北京书生公司等开展电子书业务，成为全国第一批最早开发电子书的出版社，随后，又率先在全国出版社中与中央电教馆等单位合作，开发教学资源库、建设职能题库；2009 年 5 月，与中文在线签署战略合作协议，拉开了重庆国家级数字出版基地建设的序幕，制定了 5 年数字出版的"12345"战略。这些努力，再次使西南师范大学出版社在数字化浪潮中，站到了制高点上，赢得了先发优势。9 年间，西南师范大学出版社教材从西南地区不断扩展，走向河南、安徽、山东、广东、江西等 10 余个省（市），使用学生达 1.05 亿人次，教材经营码洋达到 5.8 个亿。

周安平颇有感触地说，善抓先机、果断决策源于他们制定了具有个性化的发展理念，而其本质是对教育出版发展规律的科学认识和坚定实践；如果从机制上看，还与西南师范大学出版社作为学校的编辑出版研究中心，在编辑、出版、版权等方向硕士生培养、教学工作有密切关系，产、教、研一体的格局，有力地支撑着西南师范大学出版社的战略规划和人才培养后劲。

构建三维战略取向，支撑出版社综合实力持续提升

一个良好和优化的产品结构，既事关一个社的战略定位及其支点，又事关一个社能否科学发展、可持续发展。发展战略不是一句空话，需要具体落实到产品线规划及其结构的构筑之中。对西南师范大学出版社来说，正是确立了教材立社、精品办社、项目强社的三大战略支点，确保了西南师范大学出版社实现了教育出版、学术出版和商业出版的有机平衡，很好地体现了实力与品牌、经营目标和出版价值的有机融合。然而，这一方针的确立，也并非一帆风顺。周安平回忆说，在 1998—2000 年前后，关于出版社到底向何处去，发展理念是什么，如何寻找正确而符合出版社实际的战略支点，一系列的问题曾困扰着领导层和广大职工。彼时，出版社的核心支柱——内地版义务教育教材也遭遇了重大挫折，时任社长现任西南大学常务副校长的宋乃庆、总编辑周安平决定打开思路、背水一战，在开展广泛深入调研、调动全社力量集思广益的基础上，决定依托西南师大在美术、音乐等艺术教育学科的优势，将高校美术教材作为突破口。当时，成人教育已显蓬勃发展之势，于是，出版社迅速组织力量，以最快速度组织出版了《中国美术史纲要》等图书，并成为学校美术专业成教、自考和函授指定教材。这一出击为西南师范大学出版社其后 10 年的发展再次奠定了先机和优势，也使西南师范大学出版社走上了建塑品牌图书群的新路。而当时全国几乎还没有能市场化、系统化地出版美术教材的出版社，出版社看准时机，乘势而上，决定将出版高校美术教材作为全社工作的核心，相继推出了《21 世纪美术教育丛书》、《21 世纪设计家丛书》等为代表的系列教材，成为众多美术院校的首选教材。如，《21 世纪美术教育丛书》是唯一通过教育部审定的高校美术专业教材，畅销近 10 年，累计销售达到 200 多万册，这些美术类教材以鲜明的"白皮书"、"黑皮书"的装帧设计风格，为美术院校、美术界、出版发行界所熟知，由此，在读者心目中牢固确立起了西南师范大学出版社美术教育及其后拓展的艺术类精品图书特色，走出了一条"专业化、特色化、精品化"的发展道路。

重大项目强社的战略考量，是出于对出版价值追求的必然选择。可以说，大凡有所作为的出版社都会自觉地予以规划并努力践行。所不同的是，有许多是作为"门脸工程"，或零

打碎敲地进行。西南师范大学出版社的项目强社，确有其自身的独到理念和策略取向，一是将项目作为战略规划的三大核心之一，追求系统化；二是高起点、高眼界、高标准，按周安平的说法，就是"跑步进京"，要瞄准国家项目、要敢于拿国家项目。比如，他们运作的第一个项目就是国家级项目《农村两元钱丛书》。为实现拿国家项目的目标，西南师范大学出版社也采取了不同一般的做法——开放、联合、共享共赢：他们先后与爱思唯尔集团合作，推出国家"十五"重点出版规划项目《教育大百科全书》（中文版）；与人民出版社等联手，共同承担国家"'十一五'重大文化出版项目"《域外汉籍珍本文库》，2008年10月，该文库第一辑面世，新闻出版总署署长柳斌杰在《光明日报》撰文盛赞该书"是当代中国最辉煌的出版工程之一"；与巴蜀书社共同承担国家"十一五"文化发展纲要重点出版工程《中华大典》，该大典的编纂工作得到了党和国家领导人的高度重视，先后有6位中央政治局常委作出重要批示和题词，其中，西南师范大学出版社承担的《中华大典·法律典》即将于年内出版。据介绍，被列入国家"十一五"文化发展纲要重点出版工程的7种图书出版项目中，西南师范大学出版社就占到了2种。这一系列国家级出版工程的获得和顺利出版，为出版社赢得了国家级荣誉的同时，表明出版社具有了国家级的专业水准和独到眼界，体现了出版社的综合实力，实现了出版社的重要价值追求，也进一步锤炼了编辑出版队伍的精品意识，可谓一举四得。

在重大项目强社思想的带动下，西南师范大学出版社发挥教学、科研、产业相结合的优势，以研发为先导，学术出版为基轴，在1994年即成立了以学校为名义的出版基金基础上，十几年来持续加大投入，推出一大批重点学术出版工程和专著，如《汉语方言与方言调查》、《大后方文学论稿》、《无限群伦基础》、《三峡库区消落带生物多样性与图谱》、《新中国成立60周年学术论丛》、《教育学原理学科建设文库》等等，构筑起了有西南师范大学出版社特色的蔚为大观的学术出版群落。

以品牌特色延展产业链，铸就核心竞争力

当今世界范围的经济发展正进入品牌营销的时代，然而，遍观中国书业，尽管不乏"品牌立社"的口号，可真切地理解品牌，将品牌理念——差异化竞争、知识产权保护、以读者为中心实施品牌营销、以品牌为核心延伸产业链等等，贯穿于出版营销之中，中国书业还有很长的路要走。西南师范大学出版社在这方面作出了积极的探索。

作为全国唯一现职带知识产权专业硕士方向的大学社社长，周安平对品牌有着自己独到的理解。他说，品牌图书产品的定位应当首先体现在差异化、个性化、特色化的原创作品上；其次，应当体现在一定的相当长的时期持续强化上；再次，以品牌产品为核心，适时延展出系列产品，使之成为市场的品牌而不是库存的"品牌"；最后，是要打造品牌的知识产权的价值和核心竞争力。早在1999年西南师范大学出版社就提出了知识产权是核心竞争力的口号，为此，很早就完善了与作者的著作权合同，包括电子音像和数字版权等权利的获得与维护。2005年，即注册了"西师版"、"西师大版"等商标，有力地提升了西南师范大学出版社的品牌影响力和竞争力。

围绕品牌产品，延展图书品牌群和产业链，是西南师范大学出版社的重要法宝。1998年之

后，他们进一步提出了"夯实艺术教材基础，拓宽市场发行领域，优化图书产品结构"的方略，在开发全国高校美术教材大获成功的基础上，经过深入调研、周密论证，决定将美术教材出版模式移植到音乐教材的开发上来，高起点、大规模地组织出版高校音乐教材。由教育部艺术教育委员会组织全国 20 多家音乐院校编写的《21 世纪全国高师音乐教材》再次异军突起，获得教育部体卫艺司审查通过后迅速畅销全国，目前已成为全国音乐院校的首选教材。为了扩大品牌影响力，出版社及时重组了发行部门，设立专门机构，组建了多达 30 多人的专营队伍负责西师版艺术教材的全国推广工作，2～3 年内，即在全国建立了近千个现货销售网点，还开辟了期货交易这一全新的方式与渠道，每年，仅《色彩》、《素描》等基础美术教材在期货交易环节就发行上万册。今天，翻开《全国大中专教材目录》，西南师范大学出版社版的美术、音乐类教材就有近 500 种，高居全国第一，牢牢确立了西南师范大学出版社的品牌优势。在此基础上，他们进一步将视野扩大到更广的大艺术领域，编写出版了如《全国普通高校公共艺术课教材》等衍生产品，使品牌影响力扩展到舞蹈、书法、影视、戏剧、戏曲等各个艺术门类。

以品牌理念打造产品线、延伸产业链还体现在西南师范大学出版社的职业教育品牌建设和"名师工程"等重点系列工程建设上。

"名师工程"系列图书是西南师范大学出版社品牌建设模式的又一佐证。为了巩固出版社已取得的新课标教材出版品牌优势，出版社决定紧紧抓住教师这一核心环节，让品牌意识深入广大教师的心目中。2005 年 10 月，"名师工程"系列丛书项目开始论证，经过反复调研、论证，一个以名师、名课、名校、名校长为对象的思路豁然清晰，随后，以中国教育学会会长顾明远任主任的"学术指导委员会"，以中国教育学会会长马立，中国教师教育学会副会长、西南大学常务副校长宋乃庆为主任的"编撰委员会"等机构得以顺利成立。2008 年1 月，首批图书面世，2009 年底，工程已达 50 多种的规模，获得了十佳渝版图书、全国大学版协优秀图书、西南地区版协优秀图书等佳誉，在广大教师中，传播和树立了西南师范大学出版社版的品牌形象。

早在上世纪末，西南师范大学出版社就敏锐地捕捉到职业教育将有大发展的趋势，策划出版了"21 世纪中等职业教育系列实验教材"，再次抢占了先机。2008 年，根据职业教育高速发展的态势，果断成立了职业教育分社，并且依托西南大学教学科研优势，以课题研究形式带动新的出版项目的开发。2009 年 4 月正式启动了"重庆市中等职业教育重大战略发展课题"，与课题相配套，正式确立了"以教学科研推动中职教材出版"的模式，一批全新的高端产品呼之欲出。

25 载光阴荏苒、几经磨砺，西南师大出版人一路追寻书香书味书品春华秋实。25 年来，西南师范大学出版社获得了首届中国出版政府奖两项、新中国百名有突出贡献的新闻出版专业技术人员称号、中华优秀出版物奖、"三个一百"原创出版工程奖、全国服务"三农"图书出版发行工作先进单位等国家和省部级奖项 500 余项，这些奖励正是西师大社"书香天下，传承文明"发展足迹的最好见证，也是对西师大社"魂系祖国，心系出版"的最好褒奖。祝愿西师大社在转企改制和数字出版洪波涌起的新形势下，能发挥战略领先、产学研结合的先发优势，再创新的蓝海，再书新的华章。

（载《中国图书商报》，2010 - 06 - 04，署名：肖武）

重庆大学出版社在服务教育中实现大跨越

累计出版图书 5 000 余种，多套图书选题列入国家、教育部重点选题出版计划，200 余种图书分别获得国家图书奖、部委和省级优秀图书奖及优秀畅销书奖；先后获得"全国教材建设和管理先进单位"、"新闻出版系统先进集体"、"全国服务'三农'图书出版发行工作先进单位"、"全国百佳图书出版单位"等荣誉称号……作为教育部直属的全国重点大学出版社，国家高校教材和职业教材出版基地，近年来，重庆大学出版社依托历史久远的综合性高等学府重庆大学的学科优势，不断地发展壮大，形成了持续、健康、稳定发展的良好局面。

依靠教育谋求发展

"出版社要求得发展，只有不断进行改革调整，不断创新，紧跟国家和国际发展的大形势，抓住机遇，乘势而上。在近年高等教育发生很大变化的形势下，我社发展的每一次飞跃都是紧紧围绕'服务教育'的大原则展开的。"重庆大学出版社社长张鸽盛说。

记者了解到，重庆大学出版社自成立以来，就被教育部确定为高校教材和学术专著出版基地。建社以来，该社严格遵循办社宗旨，积极为所在的学校服务，积极为西部的教育服务，并在立足本校和西部的基础上，服务全国的教育。

1998 年以后，高等教育由"精英教育"向"大众教育"急速转化，本科生数量急剧增加。重庆大学出版社以与西部的一些学校合作为基础，再向中部和东部扩展，组织出版了一批本科系列教材，顺应了合校和扩招的需要。

2001 年，国家提出要在大学实施双语教学，原文引进一批国外优秀教材。重庆大学出版社认真分析了国外教材和我国国情，认为简单的原文影印很难适应我国的教育，为此，该社聘请国内相关专家担纲，按照国家教育大纲的要求，在保留国外优秀教材原汁原味的条件下，缩编外版教材。这些教材一出版便受到使用学校的好评。

2004 年前后，国家提出大力发展职业技术教育，他们又组织社内编辑和高职院校的老师召开大量研讨会，在此基础上开发了一批高职高专教材和中等职业技术教育教材。此外，重庆大学出版社还组建了电子音像出版社和资源网站，为教学过程提供了大量的多媒体配套教学方案和教学信息，基本满足了教师和学生的需要。

据不完全统计，由于紧紧依靠教育谋发展，抓住教材和学术专著不松手，重庆大学出版社教材和图书重印率一直保持在 60％以上，走上了一条良性的发展道路。

创新出版促进营销

经过长期的努力开拓，重庆大学出版社在纵向的学生层次上，已经出版研究生、大学本科、高等职业技术教育、中等职业技术教育和基础教育等层次的系列教材；小学英语、高中英语两套国家课程标准教材；"十一五"国家级规划教材达到 116 种；有 3 套中职教材为国家中等职业教育新兴专业、教学改革试验教材,《体育与健康(南方版)》被列为国家中职规划教材。在市场图书品种上,已初具规模,现有英语、计算机、教育管理、艺术设计、研究方法、心理自助、休闲读物等几大板块。精心打造的《万卷方法》丛书已成为中国社会科学研究方法领域的领先品牌,成为社会科学各领域的学者和研究生以及社会调查、市场调查实务工作者的"研究方法工具箱"。该社推出的《进城务工实用知识与技能丛书》200多种,为进城务工的农民工提供了一套务实的培训、自学教材。

其中,《装饰之源:原始装饰艺术研究》获得新闻出版总署授予的"三个一百"原创出版工程奖;《教育故事:可乐男孩》被中国大学出版社协会、教育部社会科学司共同授予第八届全国高校出版社优秀畅销书奖抗震救灾图书特别奖;《评估:方法与技术》和《远离焦虑》被中国出版工作者协会授予2007年度引进版社科类优秀图书奖;《商务谈判》(第二版)和《立体构成》(第二版)被中国大学出版社协会授予2008年度全国高校出版社优秀畅销书一等奖;《设计色彩》(第二版)被中国大学出版社协会授予第七届全国高校出版社优秀畅销书一等奖;《城镇基础设施工程规划》被云南省教育厅授予云南省2001年普通高校优秀自编教材奖;《网络数据库》、《数据结构》、《控制系统计算机辅助设计》和《英语口语教程》被广西壮族自治区教育厅授予21世纪第二届(2006年)广西高等学校优秀教材一等奖。

在抓好质量的同时,重庆大学出版社也积极做好教材图书的营销工作。近年来,为改变原来重生产、轻营销的状况,出版社多次组织全体职工学习企业管理和市场营销知识,从根本上提高职工的营销意识、服务意识。

为了适应市场的要求,出版社还对营销部门进行机构调整,充实市场营销部人员,并对其管理机制、考核方式等进行改革,明确每个营销人员的岗位责任,更多地发挥他们的积极性、主动性和创造性,使出版社的发展更加符合市场经济规律、更加切合现代营销的需要。

做足大教育文章

"自成立以来,我们一直贯彻'一主两翼'的出版方针,坚持以出版教材、学术专著为主,以出版反映新兴科学技术和时代特征的图书为两翼。但随着出版社改制完成,出版社之间的竞争无疑会加剧,在这历史的转折关头,我们又制定了新的'一主两翼'战略规划,即以出版为主业,并向教育产业和文化产业相关领域拓展的发展方针。"张鸽盛表示。

记者了解到,在主业方面,重庆大学出版社将继续围绕教育谋发展,着重在职业教育教材和职业培训教材的出版方面下工夫,把高职、中职、各行业培训教材的开发作为主攻方向,争取在已有的基础上占有更大的份额。同时,对这些教材进行全方位配套服务,做到纸质、电子、网络、远程教育和教学辅助资源全覆盖,为教育提供最大、最全和最好的服务。在教材出版的同时,积极扩大一般图书的出版规模,努力在高水平学术著作、社会科学研究方法、艺术设计、大众心理学以及小众阅读等方面有大的突破,通过图书的出版,进一步提高该社的社会地位,扩大社会影响。

张鸽盛告诉记者,为了实现主业的大发展,重庆大学出版社将在组织架构上实施"内部裂变和外部联合"的战略调整。所谓内部裂变,就是按照集团化发展的模式和效益最大化原则,进一步整合内部资源,按照"独立运行,自负盈亏,自我发展"的运行机制和专业化发展的方向，将各生产单位推向市场，充分发挥其主观能动性，在市场上摸爬滚打，发展壮大。所谓外部联合，一是国内联合，就是积极寻找能够优势互补的出版机构，按照产权、资金、资源、技术等多种方式联合共赢；二是国际合作，就是按照国家"走出去"发展的方针，积极寻找与国外出版机构就版权、品牌、产权等多种形式的合作，尽快融入出版的国际化潮流。与此同时，该社还将在数字出版方面积极工作，争取利用已有的出版条件，立足独立开发，兼顾外部合作，在电子出版、手机出版和网络出版等方面形成新的出版特色。

"在多元化发展方面，我们将在与主业相关的产业上多条腿走路。一是发展教育出版产业。我们将利用背靠教育的优势和自身产业的先决条件，积极涉足中职和高职教育，实现产业的后向一体化。二是发展文化产业。利用图书出版资源，拓展在电视、电影、文艺演出等领域的发展空间，实现产业的前向一体化。"张鸽盛说。

老总感言

作为一级出版社，进入全国百佳行列，这是我社几代人努力奋斗的结晶，是对我社过去工作的肯定，更是对我社今后工作的一种鞭策。在未来的发展道路上，我们将继续努力，做优做强出版产业，在文化产业方面有所作为，不辜负祖国和人民的期望。我们坚信，再经过二三十年的发展，重庆大学出版社一定能成为集出版、教育、文化等多产业为一体的国际大型企业集团。

（载《中国新闻出版报》，2009 - 11 - 06，署名：曾革楠）

兰州大学出版社第三次创业号角嘹亮

"大风起兮云飞扬",近年大力度推进的高校出版社转制改革蔚为大观,其中,地处西北的兰州大学出版社乘风发力,不断改革创新,对内强身健体,对外勇拓市场,成为转制大潮中一簇引人瞩目的活跃浪花。

从2008年至今3年中,这个社不仅稳扎稳打,初步完成了企业化改制,而且业务经营双效显著,成绩骄人。全社销售收入连续3年每年增长25%,利润每年增长50%。他们三年三大步的跨越式发展势头表明,兰大社已步入新的发展轨道,其抢眼表现也得到了甘肃省委宣传部和省新闻出版局领导的好评。

"我们把近年借助转企改制,从而推动出版业务发展方式转变的努力称为'第三次创业'。"在接受《中国新闻出版报》记者的采访时,兰大出版社社长崔明说,"在新的起跑线上,我们既继承兰大社久有的优良传统,又围绕机制转换,在管理制度、队伍建设、企业文化、图书质量与品牌工程上下了工夫。"

薪火相传的品质坚守

创建于1985年1月的兰大出版社,是西北地区甘、宁、青3省区唯一的一所大学出版社。25年来,它立足甘肃,辐射西北,面向全国,有效利用区域内独特的文化历史出版资源,出版了以学术科研、教学教材为主的各类图书3 600多种。先后有《中国都城历史图录》、《冻土路基工程》、"世界各国市场经济模式丛书"、《赵俪生文集》、《高等理科教育改革与发展概论》、《老舍的小说世界与东西方文化》等近400种图书荣获国家和省部级奖。在立足区域、注重特色图书产品体系工程建设上,精心组织策划了一大批有关西北资源环境、历史地理、民族宗教等内容的出版物,其中《西北通史》、"年报系列丛书"、"博士文丛"、"欧亚历史文化文库"等名牌产品,或以内容质量在同类产品中取胜,或以独特眼光和别样取材视角广获口碑。

对此,崔明认为,兰大社经编辑和职工多年的辛勤耕耘和积累,已建设成了反映兰州大学及西北地区高校教学教研水平的重要窗口,同时在对"专注教育、专业出版、专心服务"理念的长期坚守中,在纷繁复杂的市场经济大潮中不盲目跟风炒作,而是坚守出版人的良知、责任、本分、尊严,形成了一种平静的可贵的品质。

"这种品质,就是对自己产品高品位和高质量的不懈追求。"崔明说,兰大社在成长壮大的路上也有过起伏坎坷,但对品质的坚守及薪火相传却使它总能持久地发出一个小社的荧荧之光。如,兰大社出版的教辅在10年前曾一度引领全国教辅读物潮流,"海淀新编·单元分级测试ABC"等数套系列教辅曾在全国名噪一时。又如,在甘肃出版界也算小社的兰大社,在"走出去"步伐及国际版权贸易上不甘落后,曾先后与美、英、德、日及加拿大、澳大利亚等国同行开展版权交流和贸易互动,引进了数十种反映国外科研教学前沿成果的教材和学术专著。

与时俱进的管理创新

如果把上世纪 80 年代中期建社之初艰苦创业的历程视作兰大社第一次创业的话，那么，90 年代中期迎着市场经济大潮奋力弄潮的过程则是该社的第二次创业期。在第二阶段前期，全社顺风顺水，一大批优秀图书陆续推出，教辅读物出版更是风生水起，发行量连年攀升，还曾创造过在全国大学出版社订货会上订货码洋独占鳌头的纪录，也因之在 1997 年被新闻出版总署评为良好出版社。

然而，伴随着新世纪到来后中小学减负政策的出台、教材多元化机制的实施及盗版图书的冲击，诸多外部不利因素使得过分沉迷于教辅红利中的兰大社好景不再。一时，全社从快速奔跑的快车道似乎又回到原地踏步不前。

市场经济中的沉浮变化及经验教训使他们懂得了一个道理：要想挺立潮头，必须掌握驾驭浪潮的真本领。2008 年春，刚组建不久的社领导班子在经过深入的调研思考后，带领全社职工吹响了第三次创业的冲锋号。在集思广益和思想动员的基础上，新班子以经营管理创新为突破口，首先改革和完善各项管理制度、规章制度，并提出了崭新的"矩阵式"管理模式。概括讲，就是实行项目管理制，以项目为龙头，确立项目负责人的业务核心地位，形成"全社围着项目转，项目围着效益转"的出版业务运营态势。

为此，社里提出了"两抓一促"的经营理念和"两书两表一会"的执行性管理方式。前者是指一手抓选题开发，一手抓市场营销，全面促进图书质量的提高；后者是指通过严格执行岗位职责说明书、年度目标责任书、月度绩效考核表、年度绩效考核表和每周一次的生产沟通协调会，以强化日常工作的执行力，从而保证年度目标的实现。这一管理和执行模式，将每个员工的岗位责任意识和绩效紧紧连在一起，成为全社效益三年迈出三大步的基石和保障。

渐成体系的企业文化

崔明认为，经营管理说穿了是一种手段和工具，影响人心的是某种文化价值取向，经济必须深植于内在的文化价值体系才有源头活水。因此，精心培育自己的企业文化，才是企业发展不竭的原动力，才是打造优秀团队、凝聚人心的根本所在。

几年来，经全社员工的交流研讨和具体实践，兰大社初步形成了自己的企业文化体系。他们的愿景是：依托兰大，辐射西北，面向全国，放眼世界，建设国内有影响的现代出版企业。经营宗旨是：创新为魂，市场为先，质量为王，效益为本。企业精神是：敬业实干，致胜致远。企业作风是：严谨、求真、务实、高效。市场观是：读者至上，市场为先。质量观是：精益求精，质量为王。管理观是：目标第一，结果至上。

在新的领导班子里，崔明主抓市场营销，副总编辑饶慧主抓全面质量，副社长雷鸿昌主抓选题开发。他们在担当着一份领导责任的同时，做人做事都率先垂范。为把企业文化真正变成全体员工的价值取向，他们十分注意在日常工作生活中倡导和体现人文关怀，要求每个干部都尊重同事，善待下属，关心职工疾苦，尽力为职工排忧解难；在单位营造一种团结互助、和谐亲密、干事舒畅的环境和氛围，并利用业余时间和节假日经常举办各种主题的企业文化活动。现在，员工们提起自己的出版社时都有同感：风正帆悬，正是鹏翼南图时。

转制机遇的全新视觉

兰大社的第三次创业号角嘹亮，有声有色。3年中，他们胸怀高远但脚踏实地，"基础教育保吃饭，大中专教材谋发展，学术著作创品牌"是他们清晰求实的业务思路；"稳步前进，小步快跑"是他们一步一个脚印的具体行动。

3年中，他们的出书特色更加鲜明，质量更加稳固，选题开发更加显示出深度、力度和开阔度，效益也越发显现。目前正在展开的"欧亚历史文化文库"、"兰州大学文库"、"兰州大学学术文库"等一系列重点大型巨帙项目的编纂出版工作，得到了社会有关专家学者和广大读者的高度肯定和热切关注。

他们的第三次创业正逢大学出版社转企改制积极推动的历史时期，兰大社抓住这个机遇，迎势而上，在近一年中紧锣密鼓地在出书方向、机构设置、管理模式、职工薪酬等方面进行改革探索和尝试，根据企业化运营方式，将原来的部门调整为营销、策划、编校三大中心生产经营机构和几个职能服务部门。遵循市场化管理模式，改革人力资源管理模式，摈弃原先事业单位同工不同酬的做法，建立起合理的岗位效益工资分配体系。

日前，他们已建立了兰州大学出版社有限责任公司章程和各项规章制度，建立健全了公司法人治理结构和公司组织结构。在初步完成企业改制之时，崔明和他的同事们已有新的视角和更高的目标：朝着"把兰大社建成在国内有一定影响，与兰大地位相称的，具有持续竞争能力的现代出版企业"的方向努力。崔明表示，改制后，他们要进一步建立健全企业运行机制，在健全出版社内部管理机制上下工夫，不断提高管理水平；要以科学发展观统领一切，积极推动出版发展方式改革，推进产业升级换代，拓展新型出版物和出版服务领域，向未来打造数字化出版迈进；同时进一步加强与国内外出版企业的合作，积极参与国际文化交流和版权贸易活动，全面提升自身的综合竞争力，以使兰大社逐步成为相关教育学术资源的集成者、运营者和服务者，从而为两个文明建设作出更大的贡献。

（载《中国新闻出版报》，2010 - 10 - 29，署名：王立强）

西安交通大学出版社转变观念 做大谋强

拥有员工 120 多人、年发行码洋 1 亿多元人民币的西安交通大学出版社，是入选"百佳"的大学社中为数极少的理工专业为主的综合性大学社。走"大出版"之路，被该社社长林全认为是入选背后最重要的原因，也是相关主管部门对于这种发展战略的一种肯定。西安交大社作为一家以理工科为主的大学出版社，其学科优势并不是市场的产业优势，相关专业图书读者面相对狭窄，市场空间有限。出版社要做大，就必须在学术专著和专业教材出版之外开辟新的领域。考虑到教育类图书良好的市场表现，该社在充分调研的基础上，开发包括考研用书、少儿英语教材等在内的教育考试用书市场，采取以出版高水平学术专著和教材为特色、以出版教育类畅销书为支撑的发展模式。经过一段时间的发展，西安交大版考研图书、"剑桥少儿英语"教材已经形成品牌，在市场上占有一定的地位。林全表示，通过这种出版领域的拓展，该社的产业规模和市场份额增大，逐步积累了企业发展和支持学术出版所需要的资金，同时也实现了高校服务社会的功能。而在作为主业的学术专著和教材出版方面，西安交大社也采取了不同的发展思路。要出版好学术著作和高校教材，大学社所背靠的高校需要具备一定的认可度和学术高度，而西安交大虽然是全国知名的高校，但无法与清华、北大这样的学校相媲美。因此西安交大社将自己的目标读者群确定为崇尚西安交大教学模式的学校师生，产品也尽量体现交大教学的特色和教学模式。以这种思路规划，该社逐渐在研究生教材、"西安交大学术文库"出版方面形成了自己的特色，产品符合当下研究型学校的需求。林全认为，并不能因为出版社身处地方就将自己看做地方出版社。实际上，"交大"是一个全国性的品牌，有着上百年的历史，交大精神在全国有广泛影响，因此出版社也很适合开发面向全国市场的高校教材。

转变用人观念是推动西安交大社发展的另一个重要因素。大学社群体很容易滋生自我否定的情绪，认为自己只在某个方面占据优势，不适合涉足其他领域。林全则认为，大学社要发展，就应该转而考虑"现有人才还适合做什么"这个问题。该社开发考研图书、儿童英语教材出版这样的业务板块，就是根据已有人才储备进行重新规划的结果。与此同时，出版社还积极引进新的编辑力量，比如最近引进了医学图书出版的领军人才，大力开发医学图书出版领域。对于未来的规划，西安交大社力图在两个方面有所作为：一是针对各类出版集团的竞争，尽力做大、做强，争取在未来的竞争格局中处于比较有利的位置；二是积极备战数字出版，做好基础性的工作，比如产品的数字化和强化资源重组的能力等等。尤其是第二个方面，林全认为大学社之间可以尝试横向联合，共同进行数字出版平台建设工作，谋求长远发展之计。

（载《中国图书商报》，2009-11-24，署名：王东）

用激情实现跨越　靠创新提升品牌

——高等教育出版社（集团）55 年改革发展纪实

编者按：新中国 60 年华诞之际，正值高等教育出版社（集团）成立 55 周年。从无到有，从小到大，高教社如今已成长为年发行图书 7 000 余种、年出版物超过 1.3 亿册、出版主业销售码洋超过 24 亿元的大型综合性出版社。一代又一代高教人用智慧与心血、胆识与魄力，在共和国教育事业，特别是高等教育事业波澜壮阔的改革发展中，打造出了令业界瞩目的教育出版品牌。

55 年来，高教人用激情实现跨越，靠创新提升品牌，以"植根教育、服务社会"作为发展方向。创新路上激情迸发，发展路上追求卓越。55 年，在历史的长河中只是短暂的一瞬，让我们穿越 55 年的"时空隧道"，去领略一个知名教育出版机构的发展历程。

植根于教育　服务于社会

55 年来，高等教育出版社（集团）以"植根教育、弘扬文化、引领潮流、竭诚服务"为办社宗旨，努力做先进教育理念的倡导者、先进教学模式的探索者、先进教学内容的传播者、先进教学资源的服务者。

1954 年 5 月 18 日，教育部批准成立高等教育出版社，新中国的教育出版事业从百废待兴中蹒跚起步。

红旗下的高教人从翻译苏联教材起步，一边探索，一边借鉴，一边继承，一边创新。1952 年中国人把第一辆自主研制生产的汽车叫做"解放"，奠定了新中国汽车业的基础；1956 年高教人开始自主研发高等教材的编订工作，凭着自我解放、自我发展的气魄，奠定了新中国高等教育出版的基石。

1977 年，中国高等教育"浴火重生"。在邓小平同志的倡导下，我国恢复了高考制度，摆脱阴霾、意气风发的高教人怀着激动的心情为重建中国高等教育教材体系而昼夜奔忙。栖身在搭建的抗震棚里，簇拥在昏暗的灯光下，他们组织起了中国教材编写史上罕见的"大工业生产模式"——组稿、编写、编辑加工、审稿的流水线紧张有序地运行着，从恢复高考到第一批新生入学用上教材，他们的高效率即使在 30 多年后的今天也称得上是一个奇迹。

改革开放使我国的高等教育由封闭走向了开放，规模不断扩大，使我国成为世界上高校学生最多的国家。高等教育在中国从人口大国向人力资源强国转变的过程中作出了突出的贡献。

1983 年，邓小平同志为高等教育出版社亲笔题写了社名。与高等教育的跨越式发展同步，高教社也赢得了发展的黄金期——从过去出版单一的理工科教材，发展到出版理工、文科、外语、自然科学、社会科学、生命科学、国际汉语等多学科领域教材，涉及高等教育、职业教育、成人与社会教育等各级各类教育资源。

自成立以来，高等教育出版社出版了大量优秀图书、音像制品和电子出版物，其中1 000 余种产品分获中国出版政府奖、中华优秀出版物奖、中宣部"五个一工程"奖、中国优秀图书奖、国家科技进步奖、国家优秀教学成果奖、全国优秀教材奖等各种国家和省部级奖励，并获得了全国优秀出版社等多项荣誉称号。

进入 21 世纪，高教社年出版物从 20 世纪 80 年代初的每年 200 余种，发展到每年 7 000 余种，其中仅新品种就达 2 000 余种，年销售册数超过 1.3 亿册，出版主业销售码洋超过 24 亿元，在国内高等教育、职业教育教材领域的市场占有率居行业首位。55 年的市场磨砺和国际化探索，使高等教育出版社发展成为以出版高等教育、职业教育、成人与社会教育等各级各类教育教学用书为主的大型综合性出版社，并已开始成功进入学术出版、社会学习资源和教学仪器生产等新领域。

管理新思维　服务新体验

在新的世纪里，面对激烈的市场竞争与挑战，喜欢读书的高教社领导层一边集体研读有关"蓝海"的最新书籍，一边把对行业发展客观规律的认识与自身的优势和资源相结合，大胆创新，敞开更宽广的胸襟，拥抱蓝海的清风。正如刘志鹏社长所言："高教社要建设成国际优质教育资源集团，要用世界上最好的资源为世界服务。"

与时俱进的高教社始终紧紧追随国家教育改革的脚步，不断推陈出新。"211 工程"、"985 工程"、"马克思理论研究和建设工程"、"高等学校本科教学质量与教学改革工程"、"国家示范性高等职业院校建设计划"、"中等职业教育教学改革"等国家改革举措出台后，高教社都认真研究，努力创新、研发教学资源内容，丰富、拓展服务形式，积极推进教育教学改革的深入实施。

在研发方面，高教社 2004 年提出了"一条主线"的业务模式，以精品教学内容为基础，以不同种类和表现形式的教学内容集成为形式和手段，最终为教师和学生提供个性化的教学服务。正如张增顺总编辑所说，高教社从课程建设出发，围绕"教"和"学"两方面的需求，用多种手段满足教学流程中各个环节的需要，从多个角度展现学科、课程的丰富内涵，并启动了百门精品教材建设计划、教学资源库与整体教学解决方案建设工程等多个项目，以《大学体验英语》、《大学物理》、《大学语文》、《基础生命科学》等为代表的一批立体化教材、教学资源库以及整体教学解决方案已进入课堂，受到了广泛的欢迎和好评。

在研发过程中，高教社体现出雄厚的技术实力。2007 年，高教社在国家质量工程的项目申报中，分别承接了全国高校精品课程培训中心、本科精品课程集成平台和高职高专精品课程平台三个国家级数字化资源平台的建设和后期的运营工作。高教社的产品，已经远远超越了教学资源的纸质时代，超越了"教材＋光盘"的开发阶段，向多样化、优质化、数字化、网络化迈进。

在服务方面，高教社建立了覆盖 27 个省、市、自治区的教学服务网络，直接获取市场信息，直接服务终端客户；成立了蓝色畅想图书发行公司，对下游的渠道资源进行了重新整合，形成了以高教教材发行为主体的分销体系，并积极进行渠道延伸，例如通过建立大学书店，逐步将触角伸向市场的终端。目前，以策划编辑、省市教学服务中心、发行公司（子公司/分公司）、大学书店为主体的多层次、多渠道、多方位的教学服务体系基本形成。基于"植根教育、服务社会"的服务理念，高教社加大了教师培训的服务力度。近年来，高教社组织各级各类教师培训、论坛数千场，参加培训教师累计超过百万人次。2007年6月，教育部批准在高教社设立教育部全国高校教师网络培训中心，目前，网培中心已建成55个分中心，培训教师23 000余人。

通过对产业链的重塑，高教社正在实现从单纯的教材出版机构向优质教学资源研发、集成、服务基地的转变。

全球化视野　本土化战略

高教社自主知识产权的"体验汉语"系列教材产品以16个语种版本销往世界30多个国家和地区，实现了品牌输出。

世界的扁平化模糊了国内市场和国际市场的界限，国内企业已经建立在国际经济秩序的平台上，成为全球供应链条的一部分。高教社将国际化提高到"二次创业"的高度来认识和实践。

1985年高教社与英国麦克米伦出版有限公司合作出版《现代英语》，开创了中外合作编写出版教材的先例。高教社在做好国内市场的同时，也积极参与国际竞争，利用国际资源、国际市场加快发展步伐。

如今高教社的目标已经不再局限于"走出去"，而是把自身作为全球产业链的有机组成部分，融入国际规则和运作模式之中。在国际合作中高教社遵循两个原则，一是"Think Globally，Act Locally"，即"全球本土化"；二是"Cooperation，Win-Win Solution"，即"合作、共赢"。

在市场开拓与发展进程中，高教社与世界30多个国家和地区的几十家出版传媒集团和教育出版机构建立了良好稳固的合作关系。合作伙伴包括培生教育出版集团、圣智学习出版公司、施普林格出版社、麦格劳-希尔教育出版公司、剑桥大学出版社、牛津大学出版社等国际知名教育出版机构。

在引进国际上最优秀的教材并对其实施本地化改造的同时，高教社也在努力将自主研发的具有中国特色的优秀出版物和教学资源推向世界，初步形成了四大国际业务板块。

——国际汉语。为实现产品在全球的合理布局，高教社采取了"点"与"面"相结合的策略。对高端市场和重点市场加大投入，不断跟进。比如《体验汉语》中小学系列教材成功进入泰国国民教育体系，超过30万的泰国中小学生在使用这套汉语教材，5万学生参加了汉语考试；《体验汉语·生活篇》的德语版和西班牙语版分别是德、西两国发行量最大的短期汉语教材之一；《汉语综合教程》成为哈佛大学唯一采用的核心汉语教程。同时，高教社对东欧、拉美、非洲等尚未形成规模的市场采取广泛布点、兼顾多语种需求的策略，不断培育市场。

——电子期刊。高教社与国际知名出版机构合作出版的Frontiers in China（中国学术前沿期刊）系列期刊，以网络版和印刷版形式陆续出版了24种刊物，涵盖自然科学、工程技术、生命科学及人文社会科学等领域，是目前国内覆盖学科最广的系列英文学术期刊。

Frontiers in China 自 2006 年创刊以来累计海外全文下载量达 32 万篇次，其期刊数据库已在北京大学、清华大学、浙江大学等 100 余所高校试用。

——学术图书。高教社将高水平作者队伍从国内扩大到海外，并与国际出版公司合作，借助其成熟的海外发行渠道，开始尝试实现"利用两种资源，服务两个市场"。目前，已形成《当代科学前沿论丛》、Advanced Lectures of Mathematics（数学高级讲义）英文版等几大系列学术出版品牌。

——数字化教学资源与教学仪器。在硬件出口的基础上，高教社提出了软硬件结合的中国教育资源"走出去"战略，充分发挥自身的研发、集成优势，将教学软件、教学系统与教学仪器捆绑推出。Digital XP（数字化产品库）是高教社最新推出的数字体验产品，覆盖了汽车、语言、化学、机械、物理、建筑、电子电工等领域。

高教社的国际化产品以 16 个语种版本，销往 30 多个国家和地区。2007 年高教社版权输出 97 项，版权贸易额有较大幅度的提高。2008 年高教社凭借在版权产业发展和版权保护方面作出的突出贡献，荣获"世界知识产权组织创意金奖——单位奖"，成为唯一获此殊荣的国内出版机构。这一奖项是迄今为止，世界知识产权组织在中国颁发的最高奖项。

崇自然之道　塑和谐之魂

高教社崇尚刚柔相济的"水文化"，党委书记刘燕以水的灵动、包容、坚韧、生机，诠释"学习、创新、继承、超越"的企业精神，强调员工与企业共同成长。她认为，高教社发展的原动力是员工不断增长的才干和拼搏奉献精神，企业文化的核心是追求卓越。这就是高教社，这就是高教人。

在文化传播的舞台上，会看到他们活跃的身影。2008 年奥运会前夕，高教社主办的"体验英语，共迎奥运"北京市民讲外语系列公益讲座，共举行 42 场，吸引了 2.4 万名观众。北京市人民政府外事办公室为了表彰高教社在举办系列公益讲座中取得的成绩，向高教社颁发了荣誉证书。高教社主办的大学基础课程系列报告论坛以及各种学术论坛活动，在相应学科领域中引起了强烈反响，已经成为学界专家、学者、教师的年度盛会。

在公益事业的最前沿，会看到他们忙碌的脚步。"5·12"大地震之后，高教人积极行动，捐赠价值 1 500 万元的教材，迅速运往四川、陕西、甘肃等灾区高校，帮助灾区人民及广大师生尽快重建精神家园。2009 年 5 月 12 日前后，高教社和国内几家出版机构共同捐助绵阳日报社的重建工作。高教社积极响应教育部支援西藏高校建设的号召，通过实施建立数字化图书馆、捐建多媒体教学设备、成立教材样本室、教师培训、贫困生资助等项目，促进西藏地区高校的综合办学能力和人才培养。高教社也因此被教育部评为"教育援藏先进单位"。

在成长的大舞台上，会看到他们迸发出的激情。高教社以提高员工整体素质为重点，深入实施人力资源工程，制定与战略规划相匹配的人力资源规划，建立了与高教社人才开发和员工职业生涯发展相匹配的企业大学——畅想书院。一支具有把握教育资源发展趋势能力、提供先进教育资源实现形式能力、进行优质服务和教育资源市场运作能力的优秀团队正在成长。为了更好地营造有利于员工成长的氛围，高教社深入开展内容丰富、形式多样的品牌文化活动，如一年一度的高教春晚、工会建小家、卡拉 OK 比赛、职工艺术展、乒乓球和羽毛球比赛、劳动技能竞赛、青年修养课堂、青年风采演讲比赛、重走长征路主题团日活动、中秋青年建家等，并组建了艺术团、篮球队、足球队、羽毛球队、乒乓球队、保龄球队、桥牌俱乐部和车友会等多个活动队。

高教社已连续 8 年被评为中央国家机关文明单位，并荣获中央国家机关先进基层党组织、全国五四红旗团委、中央国家机关五一劳动奖状、中央国家机关先进职工之家等荣誉称号。

55 年，高教社见证了"激情、创新、跨越"的发展轨迹。产品从单一学科发展到重点学科的全面覆盖，从纸介质走向数字化；服务从单纯的卖书，走向提供整体解决方案；市场从单纯的国内，走向缤纷的国际……

成就的背后，潜藏着高教人不变的信念——做中国出版业的脊梁，不变的追求——建成优质教学资源研发、集成、服务基地，建成国内一流、国际知名的教育资源企业集团，不变的性格——利万物而不争，兼容并蓄，一往无前，奔腾不息。

（载《中国新闻出版报》，2009 - 09 - 28，署名：冯文礼）

教育科学出版社"三十而立"，正是青春激扬时

从 30 年前的 3 个人、1 间房、1 部电话，加上 30 万元的借款，到现今年销售码洋超过 10 亿元——这硬邦邦的数字背后生动而又真实地记录着教育科学出版社一次次克服艰难、超越自我、实现激情的绽放和组织再造……

30 年磨一剑固然要享受满足的愉悦感，但更深切的应是体察"转企改制"背后的危机。诚如教育科学出版社（以下简称"教科社"）社长所广一在"转企改制与选题创新"的编辑研讨会上所言："通过 30 年艰苦奋斗，教科社已经站在了一个新的平台上，拥有数亿资产，近 200 人规模，荣获'全国百佳图书出版单位'称号……在这样一个重要的历史'节点'上，我们必须认真总结过去 30 年的历史和经验，并且思考而立之年的教科社未来怎么走，这是从纵向的历史角度必须认真思考的重大问题。"

自 1995 年进入教科社打拼，10 余年来，在不断追求改革创新的过程中，所广一致力于使教科社成为教育出版的"常青树"——其职业理想与抱负是打造教育出版的"百年老店"。在所广一及团队的努力之下，目前的教科社已被注入"年轻"、"时尚"、"激情"、"活力"等新元素——正当"而立"之年的教科社，正以无比的热情激扬着自己的青春。

提高教科社在出版价值链中的"微笑曲线"

众所周知，出版品牌是一个"双重体"，一半是产品（图书），一半是文化。产品是文化的载体，文化是产品的提升。人们之所以面对同类产品会作出不同的选择，无非冲着他们各自的情感诉求和价值主张而去的。也就是说，人们对出版品牌的认识往往基于这样一个规律：认可（喜欢）产品——追随内涵——享受出版品牌带来的精神和文化满足。

从建社当年的 8 种图书，到如今近 2 000 种图书；从早年荣获国家图书奖的《中国高等教育研究 50 年》、《联合国教科文组织教育丛书》、《苏霍姆林斯选集》（5 卷本）、《世界课程与教学新理论文库》等，到近年来获中华优秀出版物奖的《共同的关注——素质教育系统调研》（2 册），被选入新闻出版总署"三个一百"原创出版工程书目的《德育美学观》、《课程知识与个体精神自由》、《学习共同体》、《教育活动的社会学分析》等，再到当下的"改革开放 30 年中国教育权威品牌书系"，"守望者的凝思：读懂学校、读懂校长"系列论丛，教科社在实现选题品种与出版规模逐年扩大的同时，"教科品牌"影响力也不断提升——教科版图书无不以前沿性、唯一性、权威性的形象面世，有力地彰显着教科社教育出版的领跑角色，在教育界引起了广泛而深远的影响。

"教科品牌"不能从天而降，所广一深谙出版品牌之大义，更知其塑造之道。在所广一看来，建设独特的教科企业文化，不仅是塑造"教科品牌"的精神源泉，而且是教科社全面协调可持续发展的重要保障，能够提高教科社在出版价值链中的"微笑曲线"。他认为，精神引领是关键，"严谨执著、脚踏实地、乐于奉献"是教科人的优良传统和一贯作风，为打造"团结、务实、创新、发展"的"教科文化"奠定了坚实基础。譬如，这几年，教科社通

过完善编研发相结合的产品创新机制、组织编辑研讨会和市场工作研讨会、举办"沟通与分享"青年论坛、编辑《绿洲》员工文集、开展主体性电影观摩及书画摄像比赛等群众性文体活动，逐渐形成了独具教科特色的研究型、专业化出版社特有的文化生态。"教科社团结的班子有着共同的价值观和企业发展愿景，对企业文化的形成起到了很好的推动作用。教科人做事的规范、严谨、专业，体现在质量管理、编务管理、财务管理、安全管理等方方面面。"

改革与发展两手抓、两手都要硬，善于把握发展时机搏击长空、迎难而上、锐意进取、统筹和谐是推动教科社快速发展的另一精神动力。在教科社转企改制的过程中，员工思想稳定，生产经营有序，增长势头不减。又是什么使教科社能够在激流澎湃中做到波澜不惊、稳健发展呢？接受本报采访时，所广一向记者"揭秘"道，正是在独特的"教科精神"、"教科文化"浸润下，教科人才能够驾驭复杂的局面，应对激烈的竞争，持续以扎实的工作和优异的成绩赢得社会尊重与认可。尤其是在企业经济指标不断发展的同时，通过各种举措让教科文化、企业价值观等进一步深入人心，形成和谐的教科生态、教科环境。"2010 年，适逢教科社成立 30 周年的关键期。转制已成功在望，'十二五'规划即将启动，我们正在梳理总结教科社 30 年发展的历史和经验，并且思考'教科精神'、'教科文化'给我们的发展带来了怎样的影响。"

"风物长宜放眼量"，"教科文化"的另一个特色则体现在所广一多年来一直倡导的"反对'小富即安'的思想"，不能盲目短视而要有着眼于未来的长远眼光和战略思想。对此，所广一则以比喻的方式做了生动说明："小舢板和大舰船在搏击风浪时候的情形完全不同。'做强做大'不仅是国家对整个出版业的要求，也是我们自己发展的内在要求。小社做小事，大社做大事，我们站在 10 亿元的平台上，我们的视野，我们的资源，我们的底气，我们的风格，完全是另一番景象。"所广一的这一视野和抱负令业界回味无穷。

时刻紧绷选题创新这根弦

对于图书出版业，人们都有这样的一个"共识"，那就是出版业的发展依赖于图书选题的创新，图书选题的创新依赖于编辑人员的思想创新。编辑人员在出版业发展过程中发挥着不可替代的举足轻重的作用，编辑人员是图书产品的研发者，是图书市场的引领者，是出版业发展的推动者。因此，不断加强图书选题的策划和编辑人员培养既是教科社，又决然可以是每一个出版社（出版公司）的生命力所在。

在这个过程中，教科社为我们上演了一堂精彩的战略运筹、出版品牌打造的案例课程。如《教育大国的崛起》、《科学发展观青少年学习读本》、《对话教育热点（2009）》及至近阶段围绕《国家中长期教育改革和发展规划纲要（2010—2020 年）》出版的《教育规划纲要学习百问》、《教育规划纲要辅导读本》和《全国教育工作会议文件汇编》等，紧扣时代发展和社会热点，出版了一批有重大社会影响、学术影响的拳头产品，这一直是教科社让人津津乐道之处。

教科社总编辑李东高兴地告诉记者："这些图书的出版进一步扩大了教科社的社会知名度和社会影响力。而面对出版社转企改制后更加激烈的市场竞争，特别是面对我国教育改革与发展给教育出版带来的十分难得的发展机遇，我们要从两个方面努力：其一，着力提高以图书质量为龙头的选题、编辑、出版、发行的内在质量，以切实通过修炼内功实现内涵发展，顺利完成由规模发展为主向规模与内涵协调发展的转变；其二，着力打造以品牌图书为特色的教科传统、教科创新、教科生态、教科价值一体化的教科文化，以切实通过塑造品牌实现特色发展，顺利完成由规范发展为主向规范与特色协调发展的转变。"

图书选题策划也是所广一重点关心和探讨的一个核心问题，他说："作为出版社龙头的编辑部门要首先有充分认识，每一个选题实际就是一个投资项目，怎么样做选题，关系到投资的效果。所以，这方面工作多用心、多思考，就是把自己工作做好的具体体现。对转企改制背景下进一步抓好 2011 年选题创新工作，抓好编辑队伍的管理和培养也都将会产生重要影响。"

正是加强了选题策划，在历年教育类核心期刊引用统计中，教科社出版的图书引用率位居前列；多种教育理论图书在多家师范院校被作为指定教材使用；一大批青年学者通过教科社搭建的平台著书立说，成为我国教育研究领域的领军人物。除理论著作外，教材出版也在扩大教科社图书品牌辐射面与影响力上功劳卓著，从 1992 年的"河北语文教材"出版到 2001 年课标教材的全力投入，再到后来的高校教材、对外汉语教材、中职教材、幼儿教材的全面建设，在提高品质和拓宽市场上取得了相当不俗的成绩……

站在辉煌的背后，教科人也面临新的危机和紧迫感。李东表示，当前出版形势日新月异，编辑人员不能仅停留在用传统出版的思维去考量和策划选题了，除纸质图书出版外，还要时刻绷紧数字化出版这根弦，要关注新技术、新媒体带来的附加价值，要对出版的图书进行产品的多元化布局与开发，考虑如何进一步创造图书出版的多卖点，实现选题价值和效益的最大化。同时，要更加清醒地认识到，数字出版绝不仅仅是一种出版介质的变化，而是将重构出版的管理模式、运营模式、产品开发模式、营销模式、服务模式。

谈到编辑人员的培养，李东更是意味深长地说："在这样一个挑战与机遇并存的时期，作为推动出版业发展的编辑人员，我们不能观望，也不能等待。我们要做的是认真思考和积极行动，要转变我们的思想和我们的意识，使其符合市场规律下出版业的发展规律，并在这种符合出版业的市场发展规律的思想和意识的指导下从事我们的出版实践工作。我们要有这样的认识，编辑人员意识与行动的转变无疑是推动其高速发展的基本原动力，而意识转变更为重要。"

那么，教科社又具体是如何培养自己的编辑人员呢？"始终坚持'快速入门的技术性培养、师徒共赢的实践性培养和开拓创新的解放性培养'三种模式来对不同层次的编辑进行有针对性的、系统性的培养，并从体制机制上为编辑人才的脱颖而出和持续成长提供温暖的土壤和保障，从而构建适应教科社未来发展的合理人才梯队。"李东如此向记者透露了教科社编辑人员的培养思路。

为了让编辑人员更好地应对转企改制后的发展问题，教科社邀请中国书业资深营销策划人、资深畅销书策划人三石、黎波先生来社，就选题创新和全程营销、产业发展情况和畅销书策划运作等主题，给全社营销和编辑人员进行授课指导。两位业界专家深刻独到的行业见识和图书策划营销能力给大家留下了深刻印象，精彩的讲座也为教科社今后科学、持续、健康的发展注入了新的理念。

转企改制——下个 10 年更精彩

过去 30 年，教科社伴随着我们国家的出版业一起前行，跨过坎坷，走过了一段充满激情的希望之路，未来也是如此。但未来的教育出版市场一定会更加激烈，这已是业界的一个普遍共识。所广一相信，机会将留给有准备的人。在教育和出版业面临转型的关键时期，站在转企改制后下一个 10 年的起始点上，他一直在思考"转企后怎样做出版"。

"今后的发展绕不开'企业化'、'集团化'、'教育规划纲要'这 3 个关键词。战略、组织以及人力资源的支撑作用将更加凸显，规范、产业化的组织管理平台将逐步形成。"据所广一透露，在"十二五"期间，教科社的组织结构、发展思路、合作模式、工作重点将有重大变革，企业重组、分社架构、产品创新、产业链延伸等战略规划都将出台。

中国教育出版传媒集团的组建，将是教科社发展历史上面临的又一次重大变革，对今后 10 年的发展影响深远。所广一表示，在集团架构下，对教科社的业务领域也会带来一些变化，但是我们总的判断是乐观的，"教科社将进一步明确战略定位，加强战略规划和产业研究方面的职能，对战略进行清晰的表述和全员宣传贯彻；建立更适应未来出版竞争形势的组织结构，建立有效的内容创新机制；加强和发挥人力资源的支撑作用，建立有效的激励机制，健全考核评价体系；加强财务考核，对全社经营指标和各个项目投资进行科学的考核评价等"。

与此同时，《国家中长期教育改革和发展规划纲要（2010—2020 年）》勾勒了今后 10 年教育事业的发展宏图，也必将引起教育出版行业的重新调整。对此，所广一同样信心十足，他说："我们将积极面对挑战，及早谋划、主动变革，以应对《纲要》实施后对教育出版的影响。教育改革和发展与教育出版具有联动效应，随着教育投入的增加，教育出版的市场规模也将更大。但这并不意味着固守传统的产品格局、产品结构、产品形态与服务方式就能在新一轮的竞争中胜出，所以我们必须积极面对挑战。"

另外，从事业单位转制为企业，也会面临许多新的问题。特别是"出版业逐步进入资本经营阶段，以资本为纽带，以共赢为基础，介入到更多的相关产业领域，投资管理方面的职能也将加强，这在过去也是不可想象的。所以，出版作为文化创意经济，创意和想象力不仅仅体现在内容创新上，同样也体现在资本运营上，需要大家发挥充分的想象力，谋求更大的发展"。所广一的一席话让人无限憧憬和期待。

置身于历史长河之中，30 年只是一个新的开端。雄关漫道，教科人正把美好留给过去，用创新引领未来。

（载《中国图书商报》，2010-11-26，署名：潘启雯）

图书在版编目（CIP）数据

中国高校出版社发展报告.2005～2010/教育部社会科学司编.—北京：中国人民大学出版社，2011.9
ISBN 978-7-300-14297-5

Ⅰ.①中… Ⅱ.①教… Ⅲ.①高等学校-出版社-研究报告-中国-2005～2010 Ⅳ.①G239.22

中国版本图书馆 CIP 数据核字（2011）第 184085 号

中国高校出版社发展报告 2005—2010

教育部社会科学司　编

Zhongguo Gaoxiao Chubanshe Fazhan Baogao 2005—2010

出版发行	中国人民大学出版社		
社　　址	北京中关村大街 31 号	**邮政编码**	100080
电　　话	010 - 62511242（总编室）		010 - 62511398（质管部）
	010 - 82501766（邮购部）		010 - 62514148（门市部）
	010 - 62515195（发行公司）		010 - 62515275（盗版举报）
网　　址	http：//www.crup.com.cn		
	http：//www.ttrnet.com（人大教研网）		
经　　销	新华书店		
印　　刷	北京市易丰印刷有限责任公司		
规　　格	200 mm×275 mm　16 开本	**版　　次**	2011 年 10 月第 1 版
印　　张	17	**印　　次**	2011 年 10 月第 1 次印刷
字　　数	380 000	**定　　价**	68.00 元